東京の貝塚を考える

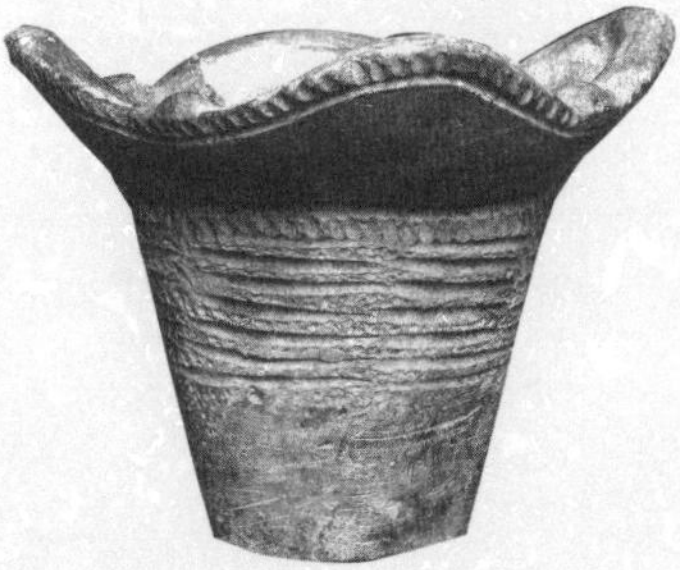

坂詰秀一 監修　品川区立 品川歴史館編

雄山閣

大森貝塚の出土遺物

深鉢形土器

浅鉢形土器

注口形土器

A 貝塚出土縄文晩期の土器

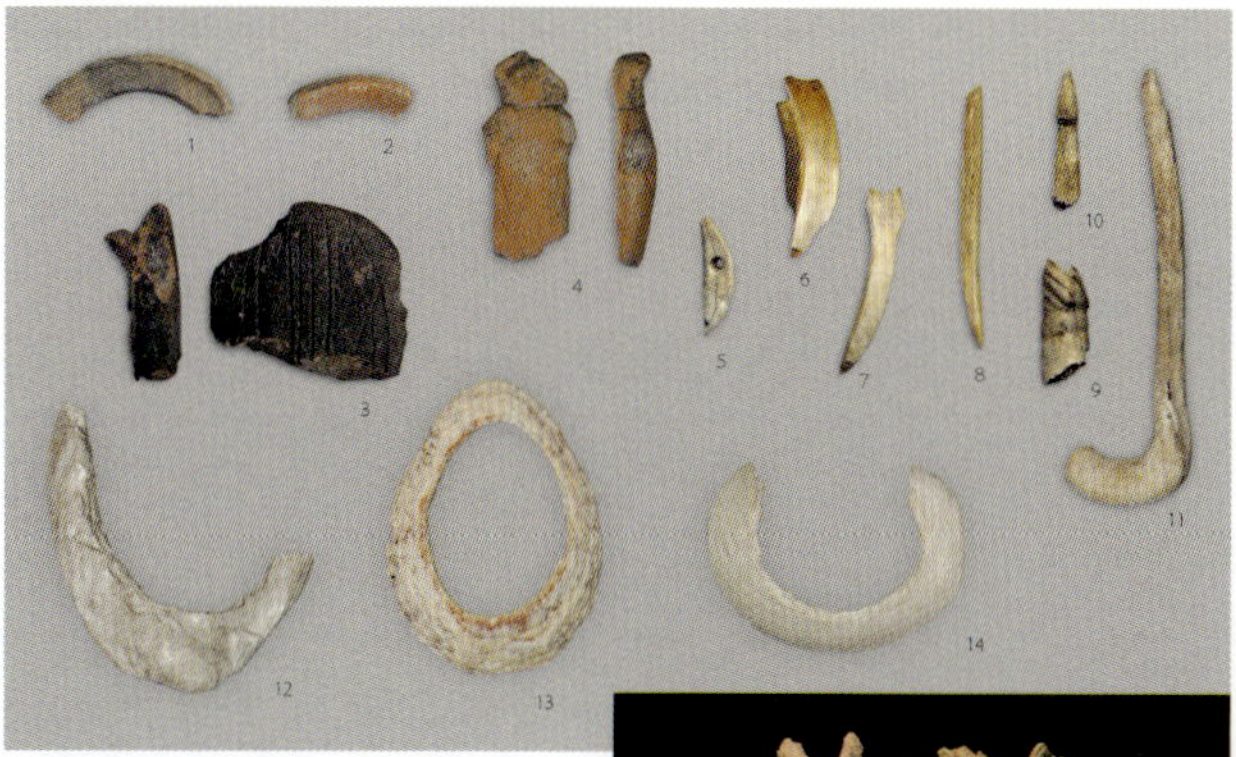

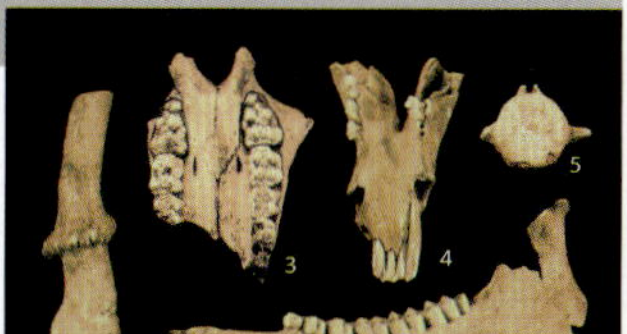

土製品・骨角器・貝製品と動物遺存体の一部

（上段と中段左は東京大学総合研究博物館，中段右と下段は品川区立品川歴史館提供）

大森貝塚の再発見

1984年，品川区による第1次確認調査

発掘区中央付近を北東から撮影

調査区東側を北から撮影

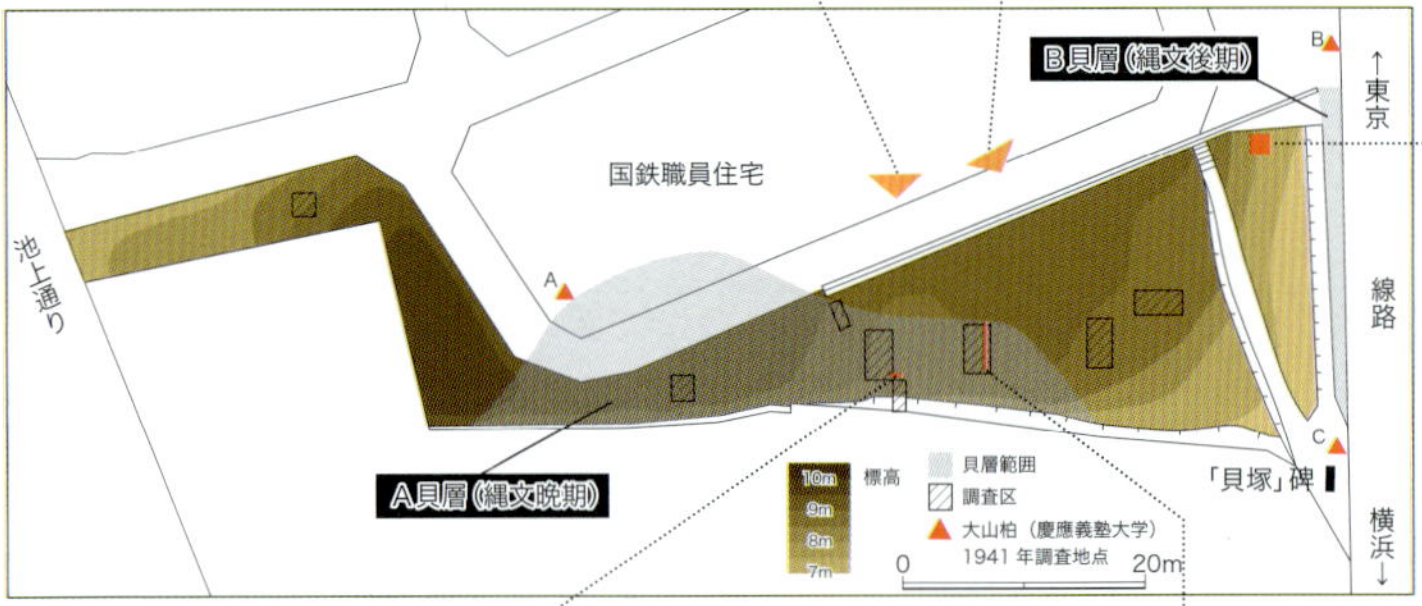

発掘区模式図

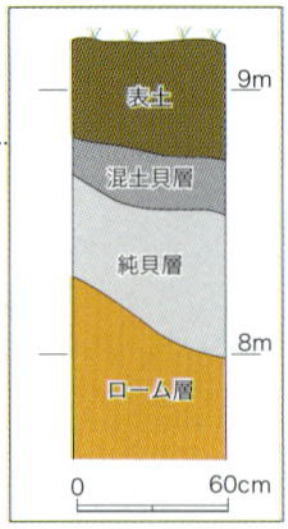

B貝塚
断面模式図

最下の土混じり貝層

A貝塚の貝層剥ぎ取り標本

（品川区立品川歴史館提供）

東京の貝塚

（北区教育委員会提供）

西ヶ原貝塚（北区西ヶ原）

住居内に堆積した貝層

人骨出土状況

貝層断面

中里貝塚（北区上中里ほか）

貝層断面

丸木舟出土状況

東京の貝塚分布図

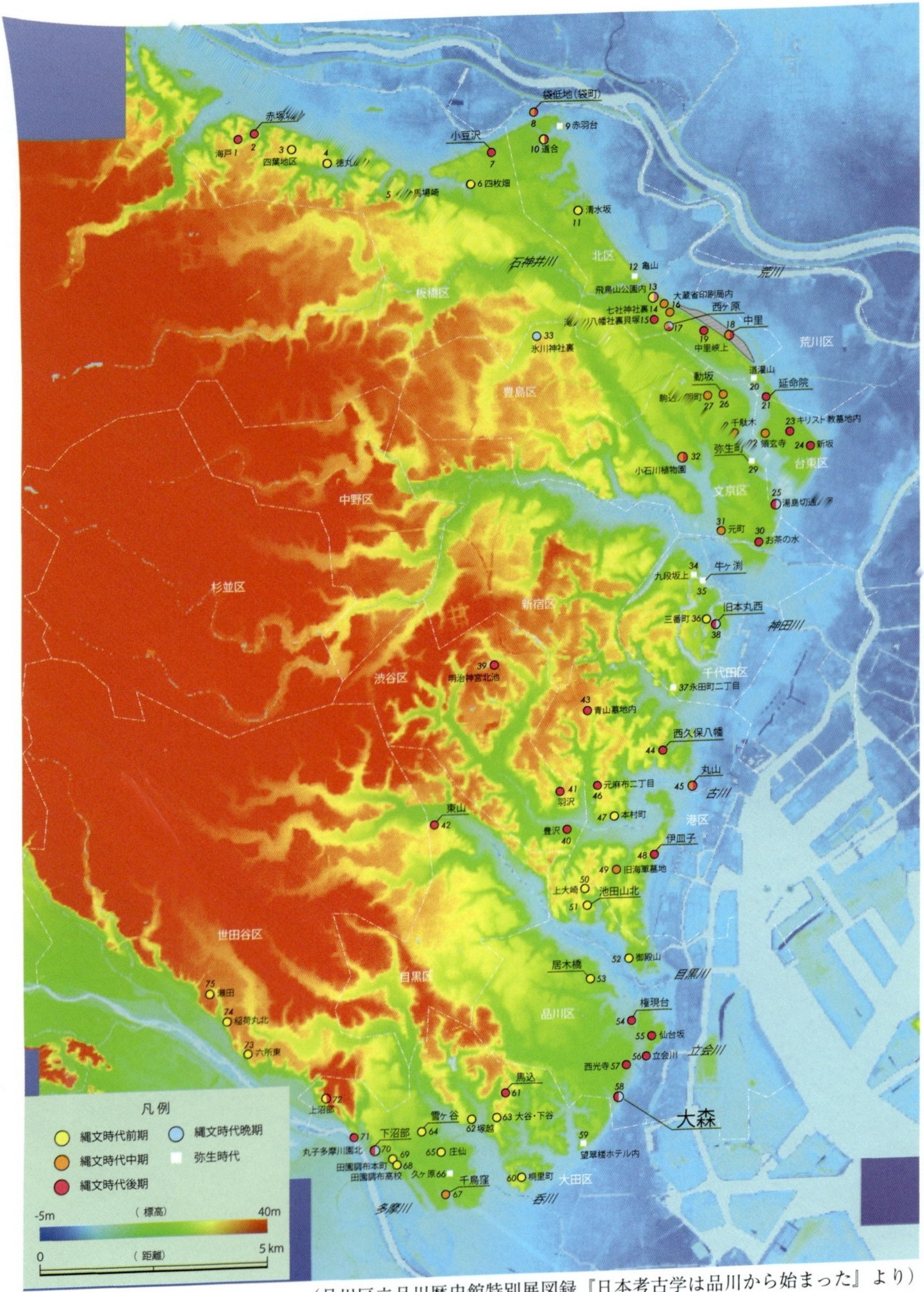

（品川区立品川歴史館特別展図録『日本考古学は品川から始まった』より）

はしがき

品川区立品川歴史館では、二〇〇七（平成十九）年十月より十一月にかけて特別展「日本考古学は品川から始まった―大森貝塚と東京の貝塚―」を開催した。

エドワード・S・モースが一八七七（明治十）年に発見・発掘した大森貝塚の発掘一三〇周年を記念しての企画であったが、あわせて品川区政六〇周年を記念した催しであった。

大森貝塚については、すでに一九八五（昭和六十）年五月の品川歴史館開館記念特別展「モース博士と大森貝塚」を開催したことがあり、この度は二度目の企てであった。

大森貝塚の発掘は、科学としての日本考古学の出発点であり、原点であったという由縁により、大森貝塚を中心とした明治時代の考古学の展開を軸に据え、日本の貝塚調査の淵源地である東京の貝塚研究史をも視野に入れることにしたのである。

現在、国指定の大森貝塚は、品川区の大森貝塚遺跡庭園として整備し公開されている。一方、出土遺物は、重要文化財として一括指定され東京大学総合研究博物館に、発掘に関する文書類は、東京都公文書館に保管され、日常的に眼に触れることは難しい。特別展の開催にあたりこれらの資・史料類を展示し、あわせて南方熊楠が若い日に大森貝塚で採集した土器などとその時の日記、かつて大山柏などが発掘した時の写真、品川区の発掘した出土資料の初公開などを展観することにした。

また、東京における貝塚の発掘史および現状の写真に加えて、大森貝塚の日本考古学史上における位置づけと貝塚研究の現段階を掲げたシンポジウムを開催した。

これらの企ては、幸い関係諸機関と多くの関係識者の全面的な協力を頂き、日本考古学協会の後援をえて実施することができた。

本書は、特別展記念のシンポジウム「東京の貝塚を考える―貝塚研究の新視点―」の記録として編んだものであるが、斎藤忠先生に特別寄稿を賜わるとともに東京の貝塚研究史上に重要なレポートをも収録した。シンポジウムの企画と実施にあたってはとくに阿部芳郎教授（明治大学）の協力をえたことを明記して感謝の意を表させて頂きたいと思う。

『東京の貝塚を考える』と題した本書は、さきに品川歴史館の二〇〇五（平成十七）年特別展「東京の古墳」の開催記念として実施したシンポジウムの記録『東京の古墳を考える』（二〇〇六年）とともに東京における考古学の現状を展望したものであり、貝塚研究の一里塚として各方面に利用されることを願っている。

特別展の開催とシンポジウムの実施、本書の編集にあたりご協力を頂いた関係諸機関と多くの皆さんに対して改めて厚く御礼を申し上げる次第である。

二〇〇八（平成二〇）年八月

品川区立品川歴史館
館長　坂詰秀一

『東京の貝塚を考える』　目次

第三部　都内の貝塚と貝塚研究史

第一部　大森貝塚とモース

私の大森貝塚に関するいくつかの思い出

斎藤　忠

一　私と大森貝塚

大森貝塚では　昭和四（一九二九）年に本山彦一大阪毎日新聞社長や大山柏公爵などにより建碑式が開かれた。私は、すでに大山公爵の邸宅の一部におかれていた「史前学会」の会員でもあったので、「大森貝塚建碑紀念文集」（一九二九年十一月三日）によりその内容を意義深く興味を持って勉強していたのであった。

私が大森貝塚に最初に一歩を踏み込んだのは、昭和七（一九三二）年の秋の頃であった。この年の四月に東京帝国大学文学部の国史学科に入学したのであったが、また理学部人類学教室にも出入りを許されたので、人類学教室の甲野勇などにも大森貝塚のことをいろいろ教えていただいたのであった。

その後、私は昭和十五（一九四〇）年から文部省に勤務し、史跡調査および埋蔵文化財関係の仕事をするようになった。私の家は、奇しくも大森にあったので、朝と夕には電車の車窓から大森貝塚を望見することができた。

その後、私が中心となり調査することになった。東京市の関係者とも話し合い、また何度も訪れ、私なりに調査研究し、多くの苦労を伴いながら、昭和三十（一九五五）年三月二十四日に国史跡に指定することができた。

私は、モースの大森貝塚関係の刊行物については『日本の発掘』（東京大学出版会、一九六三年三月）、『増補　日本の発掘』（同、一九八一年四月）の中に「大森貝塚の発掘」の一項が収められた。

その後、昭和五十二（一九七七）年十月二十一日朝日新聞社講堂での第四〇回朝日ゼミナールでは「考古学のあゆみ」

が公開され、「大森貝塚から百年」と題して発表した。

二　記念碑についての三人の発表

大森貝塚については、とくに史跡の地域（品川区と大田区）の二ヵ所に記念碑が建立されているため多くの人々から問題にされている。このことは一つの学史的な意義のあるものであるが、この問題について研究者の中で異彩な内容を発表したのは甲野勇である。

早く『ドルメン』（第四巻六号、一九三五年）の中に発表した。しかし、本名でなく「松岡巌」というペンネームであり、題名も「大森介墟の分裂」であった。

甲野勇は、『日本考古学人物辞典』（二〇〇六年、学生社）の中にも紹介したが、日本の縄文時代の研究に大きい功績を残した人であった。

その内容は、「一人の好古の老人が庭を見ながら「貴公」という一人の老人と語り合った」というものである。その初めに「ナニ、わしにモールス先生の発掘された大森介墟の本当の位置を話せというか云々」という出だしがある。そして、終わりは、次のような結びである。

所で「貝墟」碑の方の始末をつけんければいかんな、之も儂には大体見当はついちよる。介墟編に「此より（大森介墟）南方の野にも嘗て一介墟ありしと伝ふれども、今は耕種の地と為りて殆んど其形跡を失へり」とあるが、その介墟ではないかと思ふのじや。今では全く貝殻は散つて居ないが、聞く所によると多少出た事もあるそうじやからな、兎に角此処の様な変化の少い地形の丘に大貝塚が出来る事は稀じや。小さなものなら出来るかも知れん。どうじやえらいことを知つとるじやらう、昔とつた杵づかじや。こんな点から此処を大森介墟の南方の一貝塚にあてるのも一案じやらう。だがこれは単なる憶測かも知れんから強いて言ひ張るつもりもない。くれぐれも云ふとくが、だからと云ふてわしは決して、今までに切角たてられとる碑をどうしろと云ふのではないぞ。再前も云つた様にモールス先生の遺業を後世に伝へる為めのものならそれは現在のまゝで、一寸も差支へないのじや。物事はつまらん感情をすて、大きい目で見んければいかん。

やれ〳〵貴公につられてとんだ年寄りの冷水をしたわい。まあそう急がんでもよからう。どうじや、わしの自慢の蘭でも見て今日はゆつくり話して行かんか。

さらに、この問題については、宮坂光次は「大森貝塚記念碑建設の経過」（『史前学雑誌』第二巻第一号、一九三〇年）の中に発表した。次の文である。

大森貝塚の遺跡と見作さるべき場所は、現在二ヶ所を算へ得る。一つは大森町入新井新井宿山王下二五五〇臼井米次郎氏の邸内に在つて、地形変化し旧態を留めない。他は大井町鹿嶋谷二九五五殿村平右衛門氏の庭前に在り、未だ大体自然の状態を存する。モールス教授の発掘報告によるに、後者の地形・位置等の吻合はその発掘地点の跡に近いことを想はせるのみならず、鉄道線路に面する一隅には未だ尚ほ貝層の残存する部分あり、学術的価値より見るも紀念碑の建設に最も適当な場所である。

また、小松真一の「日本に於ける貝塚調査の始まり」（『人類学雑誌』第三七巻第九号、一九二二年）の中の文も参考になる。小松は、かつて東京大学人類学教室にも関係した人であり、私も親しく交際していた。

この内容には、大森貝塚の現状について、次のように述べている。

一方大森貝塚の現状はどうなつてゐるかと云ふと其後に江見水蔭氏等考古家の発掘もあり（同氏、『地中の秘密』）今日は殆ど跡形を失つた云々

なお、以上の三人の文は、大森貝塚の記念碑にも述べているものであるが、このほかに、大森貝塚については、鳥居龍蔵の「世界貝塚発見史としての大森貝塚」（『武蔵野』第一八巻第一号、一九三二年）の発表があり、これは、「世界の貝塚」という大きい立場から記述したものとして大いに注目されるものである。

三　大森貝塚は「大貝塚の貝塚」であること

私は、ここまでの長い考古学研究の生活の中にあって、とくに、貝塚については、北は北海道から南は沖縄県まで、とくにその重要なものについてはほとんど調査研究することができた。そして北海道のモヨロ貝塚や、愛知県の吉胡貝塚は発掘にたずさわった。

私が、もっとも早く発掘したものは宮城県の大木囲貝塚であった（『考古学とともに七十五年』二〇〇二年、学生社）。

このような各地の貝塚を研究して注目したことは、とくに大貝塚といわれている遺跡では、単に一ヵ所に貝塚が埋蔵しているだけでなく、多くの小貝塚群の集まりによってできていることである。大森貝塚もまたその一例である。

そのことにより、各地の貝塚の報告書の中には、たとえば「大貝塚と小貝塚群」とかあるいは「貝塚A・B・C」とか「貝塚1・2・3」、また「北の大貝塚と南の小貝塚群」とか、あるいは「大きい貝塚を中心とした二、三の小貝塚」であるなどと記されていることが多い。

なお、大森貝塚の発掘された頃の景観などについてモースは、その報告書の中に次のように述べている。

○介墟ノ概状

大森介墟ハ東京ヲ距ル凡六マイル東京横濱間鉄道線ノ西ニ在リテ気車ニ乗ル者大森停車場ヲ発シ僅ニ北シテ能ク窓内ヨリ之ヲ瞰ルヲ得ヘシ即チ鉄道線其一部ニ亘テ線外ノ野ニ盡ク土器ノ破片介殼ヲ散布ス介墟ノ鉄道線ニ沿ヘル長ハ大約八十九メートルニシテ厚ハ其最ナル処ニ於テ四メートルアリ又該線ヨリ西ノ方九十九メートルノ処ニモ一介墟アリ但未タ彼此互ニ相通スルモノナルヤ否ヲ審ニセス又此ヨリ南方ノ野ニモ嘗テ一介墟アリシト伝フレモ今ハ耕種ノ地ト為リテ殆ント其形跡ヲ失ヘリ都テ此等ノ介墟ハ東京湾ノ水涯ヲ距ル丶殆ント半マイルニ在リ

四　父（松村任三）と子（松村瞭）との貝塚への奇遇

―大森貝塚の学史的な一断面―

モースが、日本を訪れて、とくに動物学を中心とした蒐集・整理さらに、植物などの研究・採集をしたり、かつ貝塚を研究するにあたり、日本の学者として最初に出会い世話をした人に、松村任三がいる。この人物については、私は『日本考古学人物事典』（二〇〇六年、学生社）に、「一八五六（安政三）年一月九日、常陸国多賀郡下手綱村（茨城県高萩市）に松岡藩士の子として生まれた。」とし、さらに「一八七七（明治十）年、東京大学法文学部卒業。一八八三（同十六）年、東京大学助教授、次いで教授。一八九七（同三十）年に大学付属の植物園園長になった。」と記した。そして「植物学者だったが、モースが来日し江の島に実験所を設けたとき、助手となって協力した。大森貝塚の発掘にも参加した。」と結んだ。

ちなみに、昭和二（一九二七）年に『地名の語源』という本も著わしている。

大森貝塚に、モースに同伴して参加した佐々木忠次郎と松浦佐用彦の先輩であった。

松村は、モースが大森貝塚の地に第一歩を刻んだときに同伴したのであった。すなわち明治十（一八七七）年九月十六日の日曜日であった。このことはモースの『日本その日その日』の中にも記述されているが、子の瞭が保存していた父の日誌にも「九月十六日」の中に記されている。

ここに、私は子の瞭について述べる。氏について、私はやはり『日本考古学人物事典』の「松村瞭」の項に、明治八（一八七五）年常陸国多賀郡松岡の下手綱（高萩市）で生まれた。明治三十三（一九〇〇）年東京帝国大学理科大学人類学科に入り、体質人類学を研究した。大正十四（一九二五）年助教授に任命された。のち、昭和十一（一九三六）年五七歳で亡くなった。

氏は、人類学教室におり、とくに貝塚の研究にも活動し、早く沖縄の荻堂貝塚を発掘し、のち千葉県加曽利貝塚、姥山貝塚の研究にも関係している。

私は、二代の学者が、大森貝塚に関係したことに、この貝塚への一つの奇縁を感じるものである。そして、私は、子の瞭の文章に、当時刊行された『人類学雑誌』の読者の人々に対する気持とともに、亡き父を偲ぶ情感の念を読み取ったのである。

ちなみに、私は、東京大学の学生の時、理学部に正式聴講の許可をもらい、博士の講義を一年間拝聴した。そして、父任三の面影を偲んだのであった。

なお、子の瞭が『人類学雑誌』（第四一巻第二号、一八八六年）に発表した「大森貝塚とモールス教授の研究」の中に大森貝塚の立地環境などについて、見事に次のように描写している。

発見当時の大森貝塚は、どの位の面積を有つてゐたか介墟編に依ると、鉄路は既に貝塚を貫いてゐて、其の当時鉄路の西側に沿ふて、約八十九米の長さに亘つて貝塚が広がっていたとある。そして其処から西の方へ九十五米（和文には九十九米）を隔てた所に、深い貝層の露出するのがあつた。けれども之が鉄路のと連続するかどうかは疑問であると述べ、尚こゝから南のほうにも、一貝塚があつたさうだが、今は取り去られて耕地となつてゐるとある所から推察すると、大森貝塚は其の面積も広くもあり、また其の附近には他の貝塚の存在してゐたことが分かる。

佐々木先生の玉稿に依れば一ヶ月も及んだのであるが、介墟編にはその辺のことは明記されてない。けれども長い事を推察させる節はある。それは土器は頗る多いが、石器類は稀有であることを述べた時に、自分等が大森貝塚の調査に費した時日をば、仮に一人の仕事として計算すれば、一日平均七時間として、八十余日を消費した訳になる。それにも拘はらず唯一個の石鏃さへも見出さなんだと叙し、また土器を記述した内に、土器は多少完全なるもの五十個とある。如何に五十年前だからとて、一日や二日発掘したのでは、五十の完形土器はむつかしい。あれやこれやから推測しても、余程の面積を発掘したに相違ない。

さらに、貝塚を発掘したときの地主についての謝金などについても細かく記載している。

我々が今日発掘しても、いつも心配の種となるのは、地主に対する挨拶である。いくら五十年前だからと言って、数十日に亘る大発掘を試みては、まさか地主へ知らぬ顔も出来まい。いくら掘つたか知りたいやうな気がする。勿論こんなことは、介墟編にはありよう筈もない。所が之も幸なるかな。東京大学の年報で分つた。即ち前掲の第六年報に、介墟発見の件と題して左の記事がある。

「十年十一月を以て是より先き教授モールス氏が武蔵國荏原郡大井村に於て発見する所の介墟に生物学生徒を遣し、該内に埋没せる古土器を発掘せしむ既にして該器の完形、砕片、数百を得たり之れが為め其介墟の地主に金五拾円を償ふ蓋しモールス氏の説に拠れば該器は日本有史前に生存せし土人の製造に係ると云ふ（但一説にアイノの製造なるべしと云ふ）実に稀世の古物にして最も本邦の史学に関係ある者と為すべし仍て同十二月文部省該器数種を天覧に供す。」

五拾円といへば、其の当時では大金であつたらう。而かも此は所謂荒し代であつて、人夫賃などは含んでゐないのだから随分奮発したものである。

五　私のモースに関する断片的な話

①　モースは大正十四（一九二五）年十二月二十日、本国で突然逝去された。八七歳であった。『東洋学芸雑誌』では、先生の米寿の記念号を計画中であったが、変更され大正十五年二月号（第四二巻第二号・第五一四号）に「追悼号」が出された。また、『人類学雑誌』大正十五年二月号（第四一巻第二号）も「追悼号」とした。これらの中には、モースに関するいろいろな思い出や逸話などが載せられた。

②　私が記憶している二、三のことを申し上げたい。モースは、学問的なことは別として人間味あふれる豊潤な人

物であったようである。たとえば、モースは、子供たちを大変可愛がり官舎のなかでよく一緒に遊んだという。有坂鉊蔵もその一人で「私は幼少の頃から考古に関することが好きであつたが、十四五歳の時と思ふ、モース先生が二度目に渡来された際、先生の本郷の官舎に遊に行つて、古い土器などを研究して居る先生を見て、益々石器時代の遺物などを採集する趣味を増した。」と幼い頃の思い出を記している。

③　佐々木忠次郎は、明治十年九月大森貝塚を松浦佐用彦とともに発掘している。また、明治十二年（一八七九）、陸平貝塚を発見し、日本人だけによる初めての発掘を学問的に行なった人である。

大正十五年（一九二六）五月、大森貝塚発見以来、本年はちょうど五〇年に当たるとして、

　一本の松樹の立てるを見て
五十路をもすきにけらしな大森の
　　塚の上のたかき松の一本

と詠んでいる。

この樹の下で昼の弁当を食べたり、休憩したりあるいは話し合ったりと思い出深いものがあったのであろう。

④　モースの脳は特殊なものがあったようである。

『東洋学芸雑誌』（第四二巻第二号、一九二一年二月）に、石川千代松は、次のように書いている。

　先生は斯様に御忙しくてあられたが、先生は又仕事が非常に早くして又夫れが先生には一つの脳の両側を同時に働かせる事が御出来になつたのであるから、其早い御仕事が又人二倍出来る訳であつた先生の此の驚くべき脳の動きに就いては先生が初めに来朝された時から私共は驚いて居たが、先生には黒板に絵を書かるる時にも一方の手で絵を書かれるのと同時に他の方で文字を書かれたり、又は左右形の違つたものの絵を両方の手で同時に書

かるるのである。併し先生の脳の働きは之れ計りでなく、夫れは誠に複雑した事柄で二つの全く違つた事柄を同時に双方の脳で致されるのである。

六　モースの北海道と九州への旅

モースは、旅行が好きであった。それは研究の旅であるとともに趣味でもあったようである。旅では、学者としての視点から、得意のスケッチを描きながら、貝塚などの考古学的関係をも研究しつつ、蒐集などをし、また、民芸的な面にも興味をしめし多くの物を収集した。北は北海道から、南は九州鹿児島に旅行している。ここに、この旅を、今一度追求してみたい。

北海道への旅行

明治十一（一八七八）年七月十三日夜に横浜港から北海道へ出帆している。そして、函館の港に着し、ここにしばらく滞在し、その後、航行により小樽に着陸し、ここから札幌に向かった。さらに、室蘭を経て、再び函館に戻って研究している。

佐々木忠次郎は、「日本動物学の恩人モールス先生」（『人類学雑誌』第四一巻第二号、一九二六年）の中で、次のように述べている。

先生は同行者と共に汽船にて函館より小樽港に着せらる当時開港は、日本人少なく蝦夷人（アイヌ）多し。先生は動物採集の側ら其人格習慣等を調査せられ、或は酒を振舞つて、其舞踏を見或は其里謡を聴取し研究の資に供せられ或は同所にて多数の矢の根石を蒐集せらる。

また、鵜沼わかに『モースの見た北海道』（一九九一年、北海道出版企画センター）があり、北海道の旅をつぶさに紹介している。

とくに、「函館仮博物場」には、その収集や、函館における土器などの発掘活動についても詳しく述べている。その後、先に述べたように小樽に寄港し、この地から、標本や資料などを馬で札幌に運搬させている。モースも途中馬に乗じていたようである。

『日本その日その日』には、

四本の脚の一本一本の足踏が、私を空中に衝き上げ、その度に十数回の弾反が伴つた。私は早速馬を引きとめた。だが札幌へ着く迄に、私は馬の強直な跳反に調子を合はせて身体を動かすコツを覚え込んだので、非常に身体が痛くはあつたが、それでも、どうやらかうやら、緩い速度で走らせることが出来た。

と記しているが、だいぶ馬が気にいったようで札幌から函館への帰途は馬を利用しているが、馬上の人となったのは、この北海道が最初であり最後であったようである。

私は、モースの研究でとくに述べたいのは、アイヌ人とのことである。モースは旅の中で、アイヌの調度品などに鋭い目を向けている。『日本その日その日』の中に、「毒矢」についての一文がある。

泥酔した一人の老人が、彼らの持つ恐怖すべき毒矢を入れた箭筒を見せ、別の男が彼に「気をつけろ」といつた。彼が一本の矢を手に持ち、私の後を単調な歌を歌ひながら奇妙な身振で歩き廻つた時、私は多少神経質にならざるを得なかつた。一人の男は弓弦を張り、彼等の矢の射り方をして見せたが、箭筒から矢を引きぬく時、彼は先づ注意深く毒のある鏃を取り去つた。この鏃は竹片で出来てゐて、白い粉がついてゐるのに私は気がついた。使用する毒はある種の鳥頭ださうで、アイヌ熊が殺されて了ふ程強毒である。

と述べていることは、生物学者モースの一面を彷彿させるものがある。

私の北海道への研究旅行は、仙台の旧高等学校時代の時からであり、旭川市の郊外でアイヌの民家の人と仲良くなり、少年たちと石狩川で舟遊びなどをした。その後、各地のアイヌの村落などをまわり知里眞志保氏とも友人となったが、故人となられた時、私はその墓前に詣した。また、金田一京助博士が親しくしていた家を一緒に訪れたこともあった。なお、金田一京助博士の書いたものに「故知里幸恵さんの追憶」があり、金田一京助『北の人』（一九六一年、世界教養全集二一）に収められている。

なお、『北海道人類学会雑誌』第一号（一九一九年三月）の「雑録」の中に「外人の本道調査」があり、次の記事がある。

米国人エドワード、エス、モールス　東京大学理学教授にて動物学者兼先史考古学者である、同年八月十三日より往復五十日間、本道の動物標本採集並学術研究の目的を以て横濱を出帆して函館に到り、渡島胆振後志石狩諸国を巡歴し、函館より海路帰京した、同行者は同大学理学部教授兼博物館長矢田部良吉である。彼の有名るモールスの大森介墟編は、翌十二年七月に発行された。

なお、アイヌ関係については、次のような文献がある。

・『河野常吉ノート』宇田川洋校註（一九五四年、北海道出版企画センター）
・『河野広道著作集』（一九三〇年、北海道出版企画センター）
・『アイヌと考古学』名取武光著作集（一九六四年、北海道出版企画センター）
・宇田川洋『アイヌ考古学』（一九八〇年、教育社）
・埴原和郎ほか『シンポジウム　アイヌ』（一九七三年、北海道大学図書刊行会）
・ふじもとひでお『アイヌ研究史』（みやま書房）

九州への旅行

明治十二（一八七九）年五月九日、横浜港を出帆し、神戸港に寄り、さらに長崎港に着し、ここから長崎・熊本・鹿児島の各地を旅行している。

長崎について、『日本その日その日』に次のように記している。

朝の八時、我々は長崎湾に投錨。私は急いで上陸し、正式に知事を訪問して、我々の派遣の目的を説明した。他ならず、港内並にその附近の海で曳網を行ひ、帝国大学の博物館のために、材料を蒐集するといふのがそれである、我々の仕事を都合よくするには、実験室に使用するよき部屋を手に入れることが必要である。一時間と立たぬ内に、我々のために税関で、大きな部屋を一つ見つけてくれた。我々は曳網　綱、鑵、瓶を取り出し、その他の荷を解き、なほ充分時間があつたので私は当地の展覧会を見に行つた。

五月十三日。我々は素晴らしい曳網をやつた。我々の舟の乗組は、男二人と女一人とであるが、この女も男と同様力強く櫓を押した。この附近では、女が石炭を運んだり、船に荷を積込んだり、舟を漕いだり、男のやる仕事をすべてする。私の眼は、絶えず曳網から雄大な景色――水ぎはから頂上まで鬱蒼たる樹木に被はれた高い丘にかこまれた長い入江、木々にかくれた小さな家、寺、神社それ等に通ずる石段――の方に向かふので、現に行ひつゝある仕事に注意を集中することは、容易ではなかつた。私は曳網で、熱帯性の貝や、棘皮動物や、甲殻類や、その他私には物珍しい種類を引上けつゝあつたのだが、而もこのやうな美しい眺望から眼を離して、曳網の泥土に頭をつっこんでゐるといふことは、困難だった。午後我々は港の岸に沿つて、干潮時の採集を行ひ、大きな石をひつくり返しては貝類の興味ある「種」を沢山採つた。

なお、私は、この長崎においてモースが海岸を出るとき、学校の校庭を通っていたときの一場面が印象づけられた。すなわち、

海岸へ出る開いた場所を求めて歩いた私は、学校の庭を通りぬけた。男の子たちは恰度休み時間で、みな石垣から紙鳶を上げてゐた。彼等はすべて私を見つめ、そして私が出て行くと共に声を揃へて「ホランダ　サン」「ホランダ　サン」

と記していることに長崎という地の一つの姿を思うのである。

鹿児島においては、

海岸に沿ふて航行するにつれて、山の景色の雄大なパノラマが展開した。南方へ下ると、多くの山は水際から直に聳へるらしく、その殆ど全部が火山性で、それ等の多くは煙を噴く火孔や、湯気を出す硫黄泉を持つてゐる。五五七図を見る人は山脈の大体の概念を得るであらう。薩摩の海岸に近づくと、山の景色は依然として継続するが、山は一層険しくなり、岸に近い岩は北方のものよりも更にギザ〱してゐる。五五八図は薩摩の海岸にあるこれ等の山や岩の特性を示してゐる。五五九図は南へ航行しながら近づいた野間崎で、鋸の歯のような尖端の、顕著な連続である。鹿児島湾の入口へ近づくのに、我々はこの岬を廻つた。（図省略）

と記し、鹿児島湾の素晴らしい絶景を賞している。

熊本では、初めに県知事を表敬している。そして、肥後の海岸での出来事を書いている。

海岸を立去る時、一人の漁夫が船側へ来た。彼の舟の中で、私は蟹や小海老の間に、奇妙な蟹を百匹ばかり手に入れた。これは後方の二対の脚が、見受けるところ場ちがひに胸部から上向きにまがつて、ついてゐる。最後に私はその中の一匹が、円形の二枚貝（ヒナガヒ）に被はれてゐるのを発見した。二つの小さな鉤爪の役目は、それを背中に支持することなのである（五五五図）。この蟹の背中は人間の顔に、怪異的にも似てゐて、これに関係ある伝説が存在し、それをこの漁夫は私に物語らうとつとめた。

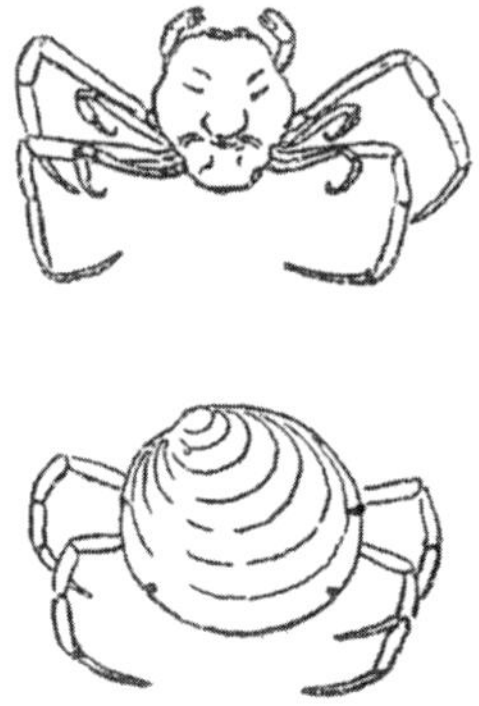

図１　肥後の蟹
（『日本その日その日』より）

同じ蟹でも特色ある蟹に目をつけ研究するなどさすがである。また、ここで貝塚および石槨を研究している。

貝塚を調査したことは最も感激し満足行くものであったと考えられる。すなわち、現在氷川町大野にある「大野貝塚」である。これについては、江上敏勝「エドワード・S・モースと八代—熊本県八代郡大野村（現竜北町）調査を中心に—」（『夜豆志呂』四九、一九七八年）があり、江上氏は次のように述べている。

大野村とは現在の竜北町大字大野のことで合併前の吉野村大字大野のことである。モースがこの村にいくつかの貝塚があるとのべているが、おそらくその貝塚は、大野貝塚を中心に西平貝塚、四つ江貝塚、土穴瀬貝塚などをさしているのだろう。海岸線まで五マイルあると言っているが、現在の海岸線まで約六kmある。モースは明治十二年の六月頃、地質学者ライマンと一緒にきて、大野貝塚を調査しており、その際発掘された押型文土器は東京博物館に残されているとのことである。

私は『日本考古学史辞典』（一九九四年、東京堂出版）に、次のように述べた。

大野貝塚《おおのかいづか》〔発掘・発見史〕①熊本県八代郡竜北町大野にある。②明治一二年（一八七九）モースが調査した。『日本その日その日』（石川欣一訳）の中に、次のような一文がある。「我々は篠つく雨の中を大野村に向かつて出発したが、間もなくづぶ濡れになり、終日この状態のまゝでゐた。我々はかぎられた時間で出来るだけ完全に貝塚の調査をした。我々は沢山の骨を手に入れたが、その中には大森の貝墟に於ると同じく、食人の証痕を示す人骨の破片もあつた。一本の人間の脛骨は並外れに平たく、指数五〇・二といふ。記録された物の最低の一つである。また異常な形の陶器も発見された。一つの浅い鉢には矢のような模様がついてゐた。」

なお、この大野村の、法道寺薬師堂には素晴らしい樟樹がある。モースが訪れた時のスケッチがあるが、地上三・五メートルの位置の幹の直径は約二・五メートルぐらいある大樹であったと次のように書かれている。

昨日大野村からの帰りに、我々は美事な老樹の前を通つたが、その後には神社があつた。（中略）形も大きさも実に堂々たる一本の樟樹があり、地上十呎の所に於る幹は、直径八呎もある（『日本その日その日』）。

私も二、三度まわっているが、この樟樹が今でも残されていることに感慨ひとしおで、モースを偲ぶものである。

七　モースと陶器などの趣味の人々との交友

モースは学問研究の上から、日本の多くの学者・友人と交際したが、ほかに陶器その他の趣味の人々との交誼があった。その中の二人について述べたい。

一人は蜷川式胤であり、もう一人は根岸武香である。

蜷川式胤との交際

私は、蜷川式胤については『日本考古学人物事典』（二〇〇六年、学生社）の中で次のように記した。

> 一八三五（天保六）年五月二十三日、京都に生まれた。幼名は与三郎、また親胤と称し、のち式胤と改めた。遠祖は醍醐天皇のとき、山城国山科を領した四位宮内大輔朝臣弥益。幼いときから玩古の癖があったが、和漢の書籍を学び、一八六九（明治二）年、新政府から制度調査御用掛を命ぜられた。

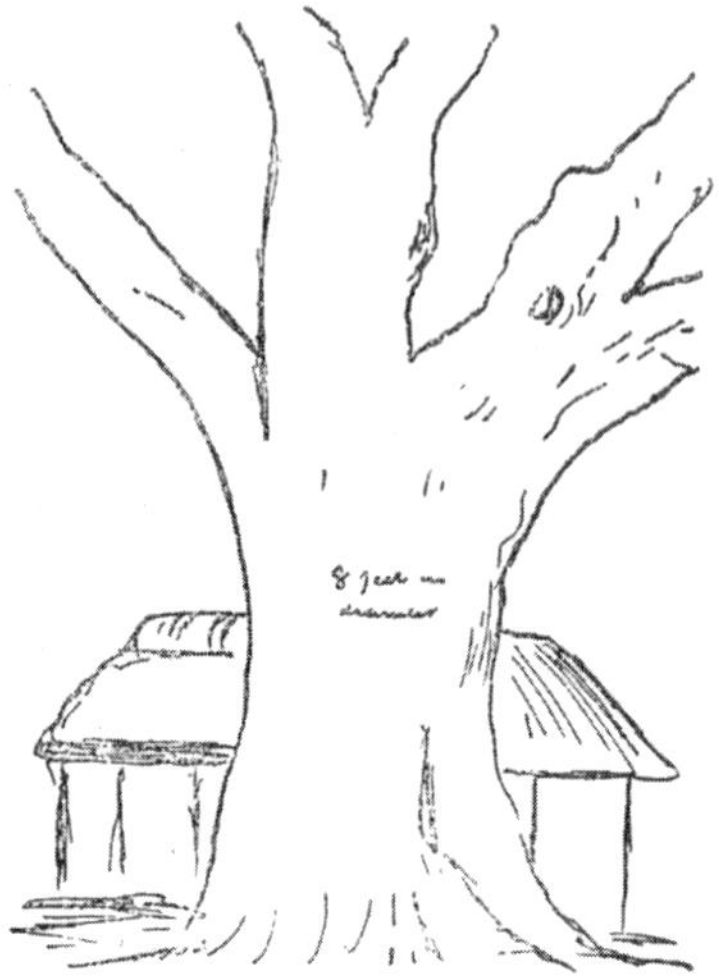

図２　大野村の大樹
（『日本その日その日』より）

図３　蜷川先生の碑（筆者手拓）

蜷川式胤は、あたかも明治十（一八七七）年、モースが来日したとき『観古図譜』という本を著わしフランス語・ドイツ語の冊子をも付している。モースにとっては、いかに感激したことであったろう。なお、図版は昭和十（一九三五）年、小野賢一郎編により陶器全集刊行会から復刊された。

その後、モースとの交際は長く続いた。ウェイマン著・蜷川親正訳『エドワード・S・モース』（一九七六年、中央公論美術出版）があるが、親正は曾孫である。この中に次のようにある。

蜷川とモースは深い親交を結ぶようになった。蜷川はモースに陶工の製作日付、地方、伝来の家系について書いてある自分の原稿から、モースが書き写すことを許した。「ある日私は、蜷川を事実上誘拐して、彼がいやがり抗議するにもかかわらず、人力車に乗せ写真屋へ連れて行き、生まれて初めて彼に写真を撮らせた」

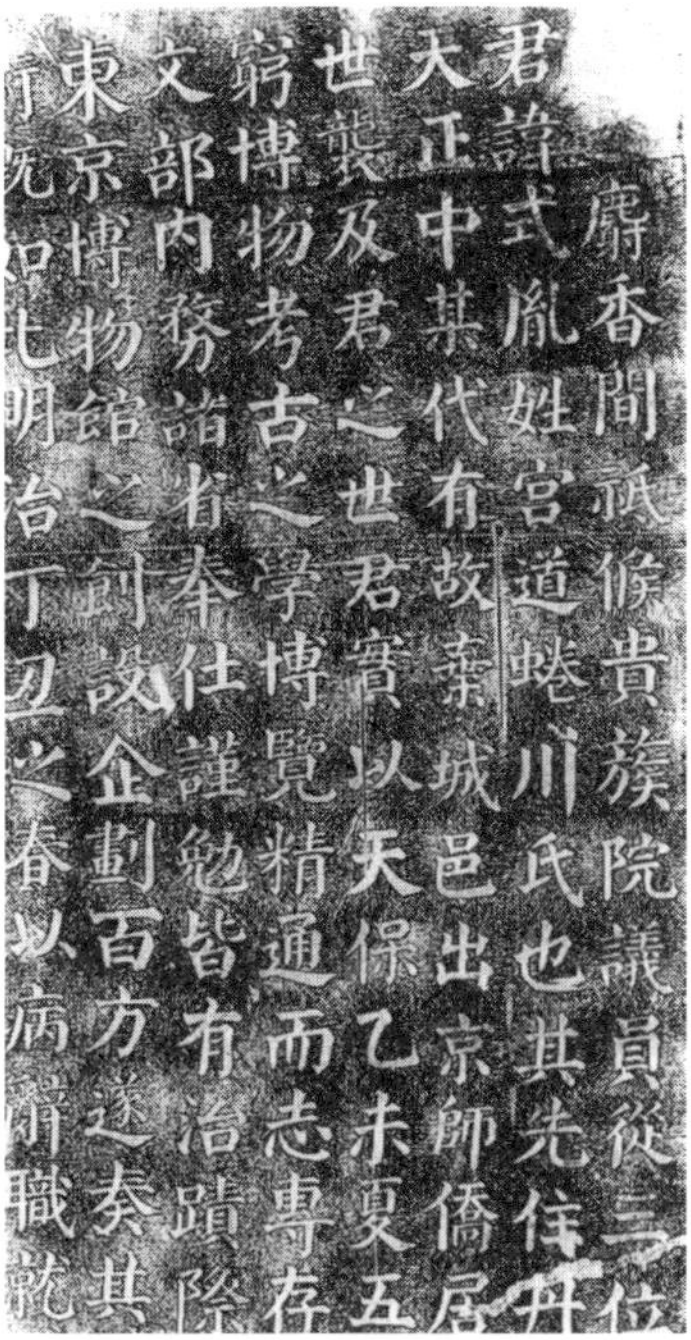

図４　蜷川式胤墓誌拓本
（筆者手拓）

図５　根岸家所蔵のモースの図

と、モースは自分の日記に書いた。二人が知り合いになったのは、あたかも運命が計画していたかのように、時節を得ていたものである。蜷川は一生涯かかって集めた学識を、アメリカ人に伝え遺した。そして、蜷川の死に際しては、葬式に参列している。

根岸武香との交際

根岸武香については、私は『日本考古学史辞典』（一九八四年、東京堂出版）の中で述べたが、新しくは『日本考古学人物事典』（二〇〇六年、学生社）にも述べている。武香は天保十（一八三九）年武蔵国大里郡冑山の豪農の家に生まれた。家の近くに冑山古墳や吉見百穴があり、考古学上の遺跡や遺物を探究していた関係で、東京その他各地から多くの人々が訪れ、その蒐集品を見せてもらうのが常であった。モースもその一人であった。とくに人物埴輪を賞賛し、またその邸宅をスケッチし、"*JAPANESE HOMES*"（1886, TICNOR AND COMPANY）に紹介した。

根岸武香は「武藏國横見郡北吉見村百穴之記」を印刷しており、その中に次のように記している。

埼玉県下武藏國横見郡北吉見村ハ旧根古屋、柚澤、土丸、流川、ノ四村ナリシテ明治八年合併シテ吉見村ト称シ同十二年又分テ南北二村ト為シ流川一村ヲ南吉見村根古屋、柚澤、土丸ノ三村ヲ北吉見村ト改メタルナリ、此北吉見村ハ郡ノ南西隅ニ在テ市ノ川ノ小流ヲ以テ比企郡松山町ト分界ス而シテ松山ノ古城跡ハ本村ニアリ是レ永禄天文ノ頃数回戦争アリシ所事古史ニ審ナリ北方近接丘陵亘スル所ニ古来百穴ト称スル一地アリ雑木蕃茂草芳途ヲ塞ク丘陵ニ土室二十計露出セリ傳ヘ云フ是レ往昔ヒノ雨ノ降リシキ里人ノ遁ゲ隠レタル所ナリト或ハ曰ク松山城主ノ兵器ヲ蔵メタル処ナリト百穴ノ称蓋シ土室ノ多キヲ云フナリ余カ性好古ノ癖アリ而シテ此百穴ノ地ハ大澤藤助ト余トノ共有地ナリ所有地内ニ現存スル古跡ニシテ其詳ヲ知ラズ遺憾殊ニ甚シトス往年神田孝平、黒川眞頼、柏木貨一郎諸氏又外人ニハ「ヘンリー、ホン、シーボルト」氏及ビ「エドワルド、エス、モールス」氏等来観アリテ或ハ草昧時世ノ民居ノ跡ナリトシ或ハ埋葬ノ壙ナリト言フ皆充分ナル研究ニ基ケル説ニアラズ根岸武香は、明治三十五（一九〇二）年一月三日、六四歳で亡くなった。「何事もなしはてずして紅葉ばとともに散り行く我が命かな」と辞世の句を残した。

なお、根岸武香については『特別展図録　根岸友山・武香の軌跡』（二〇〇二年、大里村教育委員会）、『根岸友山・武香の軌跡』（二〇〇六年、さきたま出版会）がある。

※本文中の引用については一部の漢字を常用漢字に改めた。

（『品川歴史館紀要』第二三号、二〇〇八年三月より転載）

大森貝塚と都心の貝塚

永峯光一

一　モースと大森貝塚

「横浜に上陸して数日後、初めて東京に行った時、線路の切り割りに貝殻の堆積があるのを、走っている汽車の窓から見て、私は即座にこれを本当の貝塚であると知った。……私は数ヵ月間誰かが私より先にそこに行きはしないかということを、絶えず恐れながら、この貝塚を訪れる機会を待っていた」

エドワード・エス・モースが、大森貝塚を発見したいきさつについて『日本その日その日』に書きしるしている有名な一節である。モースが触手動物の腕足類を研究するため、蒸気船東京丸で横浜港についたのは、明治十年六月十七日の夕方であった。当時のわが国は、徳川幕府の瓦解後、わずかに十年、近代への扉が、ようやく開き始めたばかりの頃であった。

モースは、腕足類がたいへん豊富に生息するということを知って、個人的に明治十年から三年の間の夏だけを日本で過ごす計画で来日したのだが、人生はまったく予測のつかない転換をするものである。

モースが新橋駅をおり立って、最初に尋ねたのは、文部省顧問デビット・マレーであった。マレーは、モースを誘って、開校してわずか二ヵ月ばかりの東京大学を訪問し、文部大輔田中不二磨に引き合わせている。

モースの学識と人格はたちまち関係者を魅了したのだろう。東京大学は緊急会議を開いてモースを招くことを決め、七月十二日付で動物学生理学教授に任命した。モースにとっては思ってもみなかった方向が開かれたわけで、大学教授の肩書や収入によって、たいへん恵まれた環境での研究を約束されたことになる。

それやこれやで、モースが大森貝塚をおとずれることができたのは、横浜についてから三ヵ月を経過した九月十六日である。

同行者は助手松村任三と専門生徒の松浦佐用彦、佐々木忠次郎の三名であった。松浦と佐々木はモースの大森貝塚発掘についてとくに重要な役割をになった人たちで、佐々木は後に農学部教授として名をなしたが、松浦は調査の仕事がすっかり終わらないうちに夭折した。脚気が悪化したためといわれる。モースはこの不幸な教え子の死を深くいたみ、葬式と墓石を建てる費用を負担したばかりでなく、学生たちの求めに応じ、谷中墓地の松浦の墓に墓碑銘を書き残している。

モースおよび彼の協力者たちは、前後三回にわたって、鉄道敷地内の貝塚を発掘した。そしてそこをほとんど掘りつくしてしまうと、こんどは東京府の斡旋によって、隣接する荏原郡大井村二九九〇番地字鹿島谷にある二畝あまりの桜井甚右衛門所有の山林（現在の品川区大井六丁目二一「大森貝塚」の記念碑がある付近）を発掘することになった。東京大学は発掘の補償として五〇円を所有者に支払っている。当時としては破格の大金である。

こうして桜井所有地の発掘は開始され、十一月五日、モースが一時帰米をした留守中も、松浦、佐々木の両人によって続けられていて、翌明治十一年三月十一日、東京大学は採掘を中止したむね、地主に通告しているところをみると、同年四月のモース再来以前に終了したのであった。

さて、モースが車窓から大森貝塚を発見したのは、全くの偶然とはいえない点がある。それは、モースがアメリカのノースカロライナ州やメーン州などの貝塚の発掘に参加した経験と知識とを持ち、日本にも、当然貝塚があることを予想していたからである。

モースが来日した当時、モースのほかに貝塚がどのような性格をもつ遺跡であるかを知っており、そしておそらく貝塚に関心を抱いていたであろうと思われる三人の外国人学者が滞日している。小シーボルトの名で親しまれているハインリッヒ・フォン・シーボルト、ナウマン象の命名で有名な地質学者エドムント・ナウマン、そして地震学をはじめて伝えたジョン・ミルンである。

現に、九月二十九日に佐々木忠次郎は鉄道敷地を発掘しているとき、地質学教師ナウマン先生に行き会ったと、彼自身、日記に書きしるしている。モースがはじめに誰かに先を越されはしまいかとの不安を述懐しているのは、たぶんこの三人を意識したことではないだろうか。しかし、モースが彼らに先がけて大森貝塚を発掘できたことは、幸いであった。

モースが今もなお、人びとから日本考古学の開祖として敬愛されているのは、なにも貝塚発掘第一号であるからではない。日常の講義や講演、あるいは大森貝塚調査の報告書を通じて接する深い学識、そして日本人に対して、何の偏見をももたなかった人柄によるところが、実に大きいのである。

だが、せっかくモースによってまかれた科学的研究の種も、復古主義、国粋主義の思潮が徐々に強くなっていこうとするその頃の社会に根をおろすことはできず、日本の考古学は、少なくとも数十年の回り道を余儀なくされるのである。

二　都心の貝塚

南　部

それぞれの由緒から名付けられたたくさんの坂に表徴される東京山ノ手台地の地形は、荒川と多摩川の間にひろがる武蔵野台地東縁を開析した、谷地の発達に由来するものである。それらの谷地は、海水の浸入によって溺れ谷となったり、海退や地盤の隆起によって入り江の干潟や湿地となったりした。

複雑に入りくんだ谷と台地とは、縄文人に限らず、古代の住民たちに格好の環境を提供したから、谷沿いの台地縁には、古代人がしばしば住居の跡を残している。ただし入り江に臨むからといって貝塚だけではなく、普通の集落も少なくない。そして、ここに挙げようとする貝塚のほかにも、まだまだ多くの貝塚が各所に散在していたのであって、名称だけ伝えられて位置や性質が不明なものを合わせれば、かなりの数にのぼるだろう。

しかしながら、貝塚の密集地帯としての関東地方全体から眺めると、山ノ手台地の貝塚の密度は、けっして高いものとはいえないし、また、下総台地などに発達しているような、環状や馬蹄形状の大貝塚には、絶えて接することはできないのである。

ところで、縄文人の生活圏は、なにも台地に限られるわけではない。山ノ手台地の東方にひろがる東京東部低地にも、かすかながら縄文人の足跡を認めることができる。足立区花畑町大鷲神社付近、同じく東伊興町氷川神社脇、そして北区志茂四丁目先の荒川放水路の河川敷などから、後期の土器片が検出されており、また山ノ手台地の低地に営まれた北区赤羽一丁目袋町貝塚、および有名な北区中里貝塚には、やはり縄文後期の土器が多く混じっているから、縄文時代後期頃からの、荒川谷の陸化に伴う縄文人の生活圏の拡大を意味する現象とみてよいであろう。後に弥生時代の末から古墳時代にかけて、東部低地の中では、いち早く本格的な居住が開始される地域だけに興味深い。

なお、墨田区立花一丁目吾嬬神社境内から出土した縄文後期の深鉢形土器は、鳥居龍蔵博士以来有名なものだし、隅田川の西岸、浅草観音本堂脇から、縄文後期の土器片が発掘されていることも書き添えてよいであろう。

再び舞台を山ノ手台地に移し、谷筋をたどって、都心部の貝塚をひとわたり探ってみよう。

まず、都心西部の古川（渋谷川）流域に眼を注ぐと、芝公園東照宮の裏手にある丸山古墳の東側斜面が、縄文後期の丸山貝塚であり、東京タワー構内駐車場のあたりに紅葉山貝塚があった。北岸に南麻布三丁目本村町貝塚がある。縄文前期である。谷筋が違って赤坂の谷の支谷に当たるけれども、港区西久保八幡町八幡神社境内にも、後期の貝塚が知られている。また古川筋にもどれば、白銀支谷に属する明治学院大構内に塩水性の縄文貝塚があった。

天現寺から北上する広尾支谷には、東岸の元麻布二丁目麻布高校付近に、縄文後期の元麻布貝塚が存在し、谷頭に

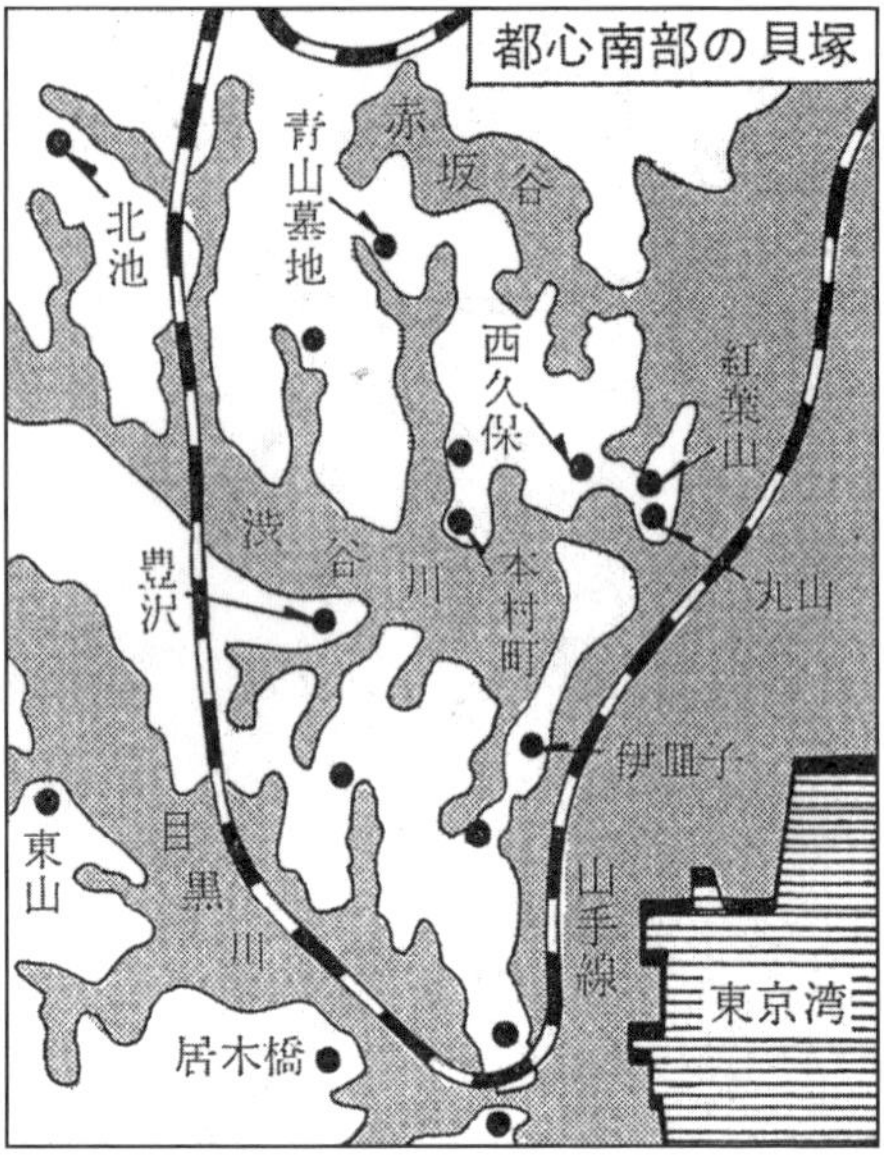

図１　都心南部の貝塚

当たる南青山二丁目青山墓地西北隅に青山墓地貝塚がある。塩水性で、縄文早・中・後期の遺物が認められる。広尾の谷の北に並んで羽沢支谷が入りこみ、左岸に羽沢貝塚が立地する。渋谷区広尾三丁目東京女学館から日赤構内にまたがる縄文後期の貝塚であった。一方、主谷の南岸、恵比寿二丁目広尾病院背後の丘には縄文後期の豊沢貝塚がある。

渋谷川の上流、穏田支谷は渋谷駅辺から北に向かい明治神宮裏手に至って谷奥となる。神宮内苑宝物館東方の北池A貝塚は穏田の谷の谷頭部の右岸、高速四号線脇に露出していた、縄文後・晩期の遺物が採集された。

目黒川の谷では、中流域の右岸に東山貝塚がある。縄文中期から晩期にかかる小貝塚群であって、東山三丁目国土地理院の北方、玉川通りの南に当たる。下流の五反田支谷に下ると、その谷頭の上大崎一丁目に縄文前期の上大崎貝塚があり、主谷の南岸、大崎三丁目芳水小学校の南方には、居木橋貝塚が拡がっている。縄文前期を中心とした小貝塚群である。

谷口に至ると、北岸に御殿山貝塚、南岸に権現台貝塚があった。御殿山貝塚の位置は、北品川四丁目あたり。権現台貝塚は品川区広町二丁目国鉄大井工場の構内に含まれる。

ここで谷筋から出て、都心方向にもどろう。三田台の東縁、三田四丁目電電公社研修所の中心部に伊皿子貝塚がある。久しく縄文前期の貝塚とみられていたが、最近の調査で、実は主体が縄文後期の大規模な塩水性貝塚だとわかったものである。

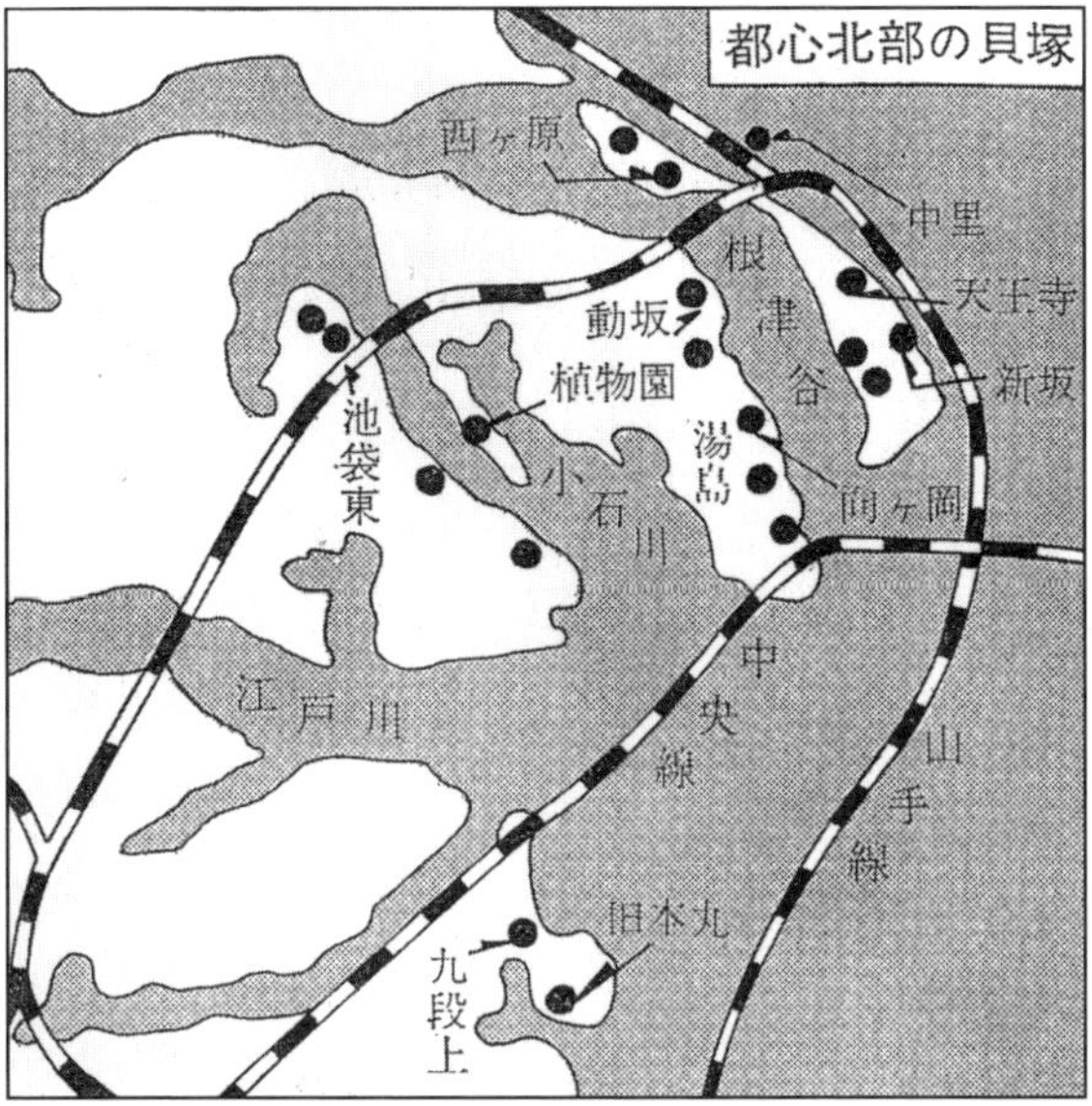

図２　都心北部の貝塚

北部

皇居一帯は淀橋台地の東縁に当たり、原地形では日比谷の入り江から湾入した谷に面して旧本丸貝塚がある。蓮池堀北端の斜面で戦後みつかった縄文後期の貝塚である。

清水濠から牛ヶ淵へ続く皇居の北縁は、江戸川谷の南岸に当たり、台地はさらに飯田橋方面に伸びている。その途中、九段坂にある住宅公団（旧偕行社跡）から九段中学にかけて九段坂上貝塚がある。弥生時代後期の小貝塚であった。坂下には牛ヶ淵貝塚がある。九段南一丁目九段会館北脇の低地に位置し、古墳時代の塩水性貝塚であったが、縄文土器も出土したという。「貝塚碑」が建っている。

江戸川谷の東隣には、小石川（谷端川）の谷が刻まれている。谷口に近い西岸に文京区小石川三丁目伝通院裏貝塚があり、少し上流の学芸大付属小学校付近に久堅町貝塚があった。そして対岸、小石川植物園内貝塚は、すでにモースのころから著名である。園内南部の温室付近を中心とする縄文中期から晩期にかけての小貝塚群で、はじめは塩水性、のちに淡水性の貝塚に変わっていったようだ。

小石川の谷はさらに北に伸びて、大塚駅付近で山手線を越し、西に大きく湾曲して谷頭に達する。そのあたりの右岸に池袋本町三丁目氷川神社裏貝塚と、東方に池袋東貝塚が並ぶ。前者は縄文後期に属するが、後者は前期のものである。

本郷台地の先端部には、お茶の水貝塚がある。東京医科歯科大学構内に当たり、縄文前期から晩期に及ぶ。本郷台地の東側には、藍染川が流れ、その谷口に当たる川筋の痕跡が不忍池である。西岸、湯島四丁目最高裁書記官研修所構内の旧岩崎邸本館前庭に、湯島切通し貝塚が営まれていた。縄文後・晩期の塩水性貝塚である。そしてこの貝塚の真北に当たって、弥生式土器命名のもとになった弥生町向ヶ岡貝塚が位置する。

明治十七年に発見された弥生式土器の出土地点は、長いこと不明になっていたのであるが、弥生二丁目の東大浅野地区工学部九号館の東端付近の崖際に一部を残している塩水性貝塚が、昭和五十年の調査によって、いろいろな状況から、往古の向ヶ岡貝塚に該当することが判明した。

その折に、弥生時代の卜占に使ったシカ灼骨が検出されて注目を集めたものである。以前は浅野邸内遺跡と呼ばれていたところで、弥生町向ヶ岡貝塚の候補の一つであった北隣の農学部構内貝塚とともに、小規模な貝塚であったらしい。

向ヶ岡辺から藍染川の谷は、根津谷と呼ばれるようになる。遡ると右岸千駄木一丁目に今でも痕跡の残っている千駄木貝塚に至る。縄文中期・後期の貝塚である。そして駒込動坂に達すると、動坂貝塚がある。本駒込三丁目都立駒込病院の正門脇に記念碑が建つ。北方の神明町貝塚と一巡のもので、中期の大集落の中に点々と営まれた塩水性小貝塚群の一つだ。

根津谷のさらに上流、山手線をまたいだ東岸の北区西ヶ原三丁目昌林寺裏から飛鳥中学校庭にかけて、名高い西ヶ原昌林寺貝塚が、その跡をとどめている。

すでに明治二十五年、坪井正五郎博士によって調査の手が加えられた縄文後・晩期の淡水性貝塚である。

昌林寺貝塚の立地する飛鳥山台地の東側に、東部低地を見おろす西ヶ原二丁目貝塚がある。印刷局滝野川工場内に存し、縄文中期を中心とする塩水性の小貝塚群で、古くは農事試験場内貝塚などの名称で知られていたものである。

また、東部低地の上中里駅あたりから田端駅近くまでの間に、中里貝塚があった。貝塚か自然の貝の堆積かで明治時代に論争されたことがあり、今ではもう、そのいずれともきめることは困難だが、北区上中里二丁目尾久機関区の東北隅で、縄文中・後期と古墳時代の小規模な遺物包含層が検出されたことがある。

上野台地に移ると東部低地に臨んで天王寺貝塚と新坂貝塚がある。天王寺貝塚は焼失した谷中の五重の塔付近から日暮里駅南のキリスト教墓地にかけて広がる縄文後期の貝塚であり、新坂貝塚もまた同時期で、東京国立博物館の裏から寛永寺墓地、忍岡中学一帯に及んでいる。他方、根津谷に面しては荒川区西日暮里三丁目延命院貝塚、台東区谷中四丁目領玄寺貝塚が知られ、ともに縄文後期が主体となっている。

以上、一巡してきた都心部の貝塚のほとんどすべては、江戸以来の町作りによって、すっかり破壊されてしまったり、残骸が残っていても都市の下に埋もれてしまったりしている。今はただ、面影をしのぶのみである。

（『江戸以前』東京新聞社、一九八一年より転載）

モースの科学的精神

小林達雄

大森貝塚は天下一。モース博士の発掘で学問としての考古学の道が拓かれた原点である。その由緒によって、開発の波間をかいくぐって残った地点は史跡となり、出土品は重要文化財に指定された。そして、いまや一三〇周年を迎え、品川歴史館は、一二年前の開館記念特別展『モース博士と大森貝塚』に続いて、再度の企画展を実現した。時恰かも区政六〇周年の吉祥の奇縁にめぐり合ったのだ。

そもそも品川歴史館は大森貝塚遺跡庭園と共存共生の関係にあり、それだけ大森貝塚の発信に執拗なこだわりを見せる。蓋し当然とは言い条、常日頃の継続的な実践は並大抵ではなかろう。

その成果が、この特別展によく盛りこまれている。観て一巡すると、適切な資料の選択と効果的な展開に大いに魅きこまれ、充実感に満たされた。そこには坂誥秀一館長が見据えた地平と、それを着実に現実のものとする学芸員の確かな存在感が伝わってくる。

企画展は、常設展とは大きな違いがある。とりわけ、その最たるものが期限付であることだ。手間暇かけ、丹精こめたものを取り壊さなくてはならない。経験した者は誰しもその切なさに心が痛む。ここに展示図録の重要さがある。跡形もなく消える展示の内容の単なる記録保存を超えて、いつでも検証できるばかりでなく、将来への活用を保障してくれるのである。このたびの図録は、展示内容とその雰囲気さえも伝えるものとなっている。

とにかく、日本考古学の出発点、大森貝塚についての関連資料を余すところなく収集してみせる。大森貝塚自体だけでなく、とりまく周辺事情をも採りこんで、四方八方に視線が注がれる。当時の学会の様子から南方熊楠が遺物を採集していたエピソードなど、いかにも興味をそそられる。

大山柏の本格的な調査による出土品は戦災で失われたものの、概要を初めて知ることができた。なかでも埋葬人骨と埋葬イヌは貴重である。

さらに「貝塚発掘時代」に焦点をあて、坪井正五郎と東京人類学会によるわが国自前の考古学の発達をさまざまな資料で示してくれている。とくに、守田宝丹奉納の土器片付扁額は、まさに当時の世相について百万言を費やすよりも効果的に物語るものである。

ところで、企画展とは、設定されたテーマに関するさまざまな資料をただ網羅的に並べて見せることでは勿論ない。個別の資料を評価しながら視点毎に組み合わせて意味づけ、それらを構造的に編集することである。単なる資料展示を超えて、展示自体が意味を持つ存在に止揚されるのである。展示の本分は、モノによって語らせ、モノの力で発信できるところにある。いわば三次元的、四次元的な構造体にこそ、展示の効果があり、二次元的な解説図録では到底望むべくもない特色である。

その意味からしても展示の第Ⅰ～第Ⅳ部構成はテーマの目的と内容について、必要十分な提示をすることに成功している。おそらく、これまで全国各地の博物館や美術館で開催されてきた多種多様な企画展の中にあっても、もっとも優れたものの一つとして記憶されるはずである。

しかしながら、完璧を期することなどもとより叶わぬ相談である。それが世の習いとは言い条、注文がないわけではない。

つまり、第Ⅰ部が大森貝塚と日本最初の科学的な貝塚発掘という事績の顕彰となり、第Ⅱ部以下は、その周辺とその後を物語る役回りを演じている。ところが、内容の評価にほとんど目が向けられていないのである。大森貝塚が日本考古学の真の出発と目されるのは、その発掘という事実なのではなく、発掘がもたらした内容である。換言すれば、発掘報告書『大森介墟古物編』こそが肝心要なのである。しかし、そこのところがやや手薄になっている。このことは、いまに始まったことではなく、実は発掘直後からずっと軽視されがちだったのだ。

名実ともに日本考古学のパイオニアの坪井正五郎からして正当に理解するところとはならなかったようである。さもなくば、モースが世界各地の考古学資料を大森貝塚出土品と交換したりしながら収集した博物館の標本を粗末に扱うはずはなかったと思われる。とにかく、一定の規格の板に綴じ付けた土器や石器の糸を切って、ことごとくひっぺがえすという信じられないような暴挙に出ているのだ。山内清男は口の中で非難しながら、遺物が貼り付いていた個所が褪色を免れて遺物のかたちをとどめている影を頼りに残された遺物をあてがい、いちいち元通りに復元したのであった。私がそのお手伝いをし、写真撮影したのは一九五八年である。しかしながら、そのときすでに、残念ながら相当数が失われていて、完全には復旧できなかった。

その後、今日に至るまで、大森貝塚が明治十年に発掘された事実だけが、本当の学問的な内容から遊離したかたちで喧伝され続けてきているのである。それは、ちょうど羽化した蟬を看過して、抜け殻だけを愛でるのに似ている。

もっとも、近藤義郎は岡山大学における演習授業でモースを講じていた。その成果が大森貝塚百周年を記念して『考古学研究』九五・九六号、大森貝塚発掘百周年記念特集で大々的に特集したのである。やがて岩波文庫『大森貝塚』に結実した。

それとは別に、私事ながら、大学院を出てから、多摩ニュータウンの遺跡調査に従事し、下宿に戻って毎晩独りで『Shell Mounds of Omori』の表紙から終頁までを余さず読みきったことをなつかしく思い出す。遅ればせながらのモースとの出会いは、ただ縄文が好きというだけで、若気にまかせて無手勝流で突っ走ってきた考古学を改めて見直すきっかけとなった。その後、教壇に立つこととなり、迷わずモースを演習で学生とともに学び続けてきたのである。ときには、現代語訳に着手した佐原真の話し相手を務めることができたのはうれしい勲章の一つである。

そして、何よりもモースの大森貝塚には、正真正銘の日本考古学の原点があり、それが故にこそ初めて「日本考古学は品川から始まった」と言い切ることができるのである。大森貝塚とその発掘やその周辺の事情にはそれだけでも重要な価値が勿論ある。しかし、大森貝塚の何が日本考古学への道につながったのか、その理解なしには掛声に終わり、いつしか忘れ去られてゆく虞がある。

モースの専門は動物学、それも腕足類である。人間あるいは人間の歴史を解明する考古学とは相当の懸隔がある。この周知の事実を重く見て、モースは偶々考古学にも興味を抱いていたから発掘したのであり、あくまで門外漢の横好きの所業と見做して、それ以上の内容を端《はな》から予想しようともしないかにみえる。坪井正五郎の偏見も、もしかしたらその辺に由来するのかもしれない。北アメリカのフロリダ海岸などでの貝塚調査の参加も、貝塚出土の貝類目当てであって、所詮考古学研究を経験したわけではないのだと勝手にあてずっぽうで済まして来た憾みがありそうだ。だから、報文をパラパラめくっても、きちんと読もうとはしなかったのではないか。それでは正当な評なぞ出来はしない。何も始まらない。

己の先入観に捉われてあなどっていてはならない。きちんと報文を読まなくては何も判らず、何も始まらないのは当然である。まず、きちんと読むことから始めよう。そして改めて日本考古学の出発の根拠を探らねばならない。たしかにモースは考古学プロパーではなかった。しかし、いい加減な好奇心だけで発掘に臨んだわけでは決してない。ダーウィンの進化論をいち早く支持し、書簡も交わす仲でもあった。それだけたしかな科学的精神を身につけていたのだ。具体的に貝塚出土の腕足類をはじめとする動物遺存体の観察と分析は優れたものである。その科学的精神が大森貝塚考古学の随所に発揮されているのだ。的確な観察に基づく推測や仮説の提示にみる論理性は、現代の考古学に互して決して遜色ないばかりか、むしろ模範的でさえある。

縄文土器の図版においても、現在にも通用するほどに形式毎にまとまっていて、観察に基づく分類のたしかさを知る。そして土器の中で目をつけた一点の特色を他と区別して、時代差の可能性を考える。実際は東北地方からの搬入品で同時代であったが、具体的な観察から抽象的な推量へと進む方法は評価されねばならない。さらに、文様施文が土器本体の乾燥程度によって区別されることを明らかにしたことは看過されがちであったが、極めて重要な指摘である。実はこの施文のチャンスは様式毎の特徴的な個性として認められるのである。あるいは、土器に附着する炭化物によって煮炊き用と推定する。そして土版の破損状態や磨滅している点などに注意して用途をあれこれ推定するのである。その吟味は慎重で、消去法によって絞りこみ、しかも複数の可能性を併記する。しばしば十分な吟味を欠いたり、他説を度外視して一つの可能性のみを強弁する独善が横行しがちな現在においても、その論理性と客観性は大いに学ぶべきところがある。こうした点こそがまさにモースの科学的精神の表われなのである。

モースが土器について総括し、膨大な量、無限とも言うべき器形、文様のバラエティ、波状口縁、突起をもつことに注意を促す。この特色は、長い縄文土器研究の蓄積の現在においても通用する、縄文土器の本質的性格である。縄文学の泰斗山内清男にもほとんど同様な趣旨の発言があるが、初めて縄文土器に出会ったモースがすでにはっきりと見抜いていたことは驚異的でさえある。

また、モースは大森貝塚の年代推定に果敢に挑戦する。貝塚地点と海岸線との距離から相当古くにさかのぼることを推定した。ジョン・ミルンの具体的な測定年代値の提案に先駆けたものとして、その先見性は高く評価される。

ところで、ヒトの扁平脛骨、シカ、イノシシの骨格の頑丈さ、貝塚に豊富なハイガイが絶滅して大森海岸にはみられないことなども重要な指摘である。

因みに、モースは大森貝塚の人骨が食人の風習を示すと主張した。その根拠として、シカやイノシシの骨と同様に細かく砕かれているのは髄を食べた証拠とする。また、獣骨にみられる切創などが同様な部位の人骨にも認められるとする。実際は、人骨の切創は明瞭でなく、現在は確たる証拠とはならないとされている。しかも、この食人風習の存在の指摘は、当時センセーショナルに報じられたりするのに、あえて拘泥するのには理由があった。つまり日本の史書や民俗に痕跡をとどめないほどに古い時代の別の人種によって貝塚が残されたのではないかと考えようとしたからであった。結果的には切創の判定に妥当性を欠いたが、年代推定のために、いくつもの証拠固めをしようとした方法論にみるべきものがある。

モースの大森貝塚考古学における成績はたしかに満点ではなかった。それにしても、その方法と論理的展開は科学的精神の水準をよく示しており、学ぶべき点の多いことを知るのである。このたびの特別展には、こうした視点と内容の提示が不十分であった、しかし、これをあげつらうというわけでは勿論ないし、ないものねだりをする心算は毛頭ない。むしろ残された問題を正しく認識することによって、将来の大森貝塚特別展第三弾が約束されることを確信するからである。

（『品川歴史館紀要』第二三号、二〇〇八年三月より転載）

第二部

東京の貝塚を考える

基調講演

東京における貝塚調査のあゆみ

坂詰秀一

東京における貝塚研究のあゆみをご報告させていただきます。文献1から17までの資料をあげておきました。これらの文献に添って話を進めてまいります。

皆さんもご存知のように、大森貝塚の発掘は明治十年にモースによって行なわれました。その二年後一八七九年に、報告書が刊行されます。邦訳も出版され記念すべき文献です。この明治十二年には、茨城県美浦の陸平貝塚を、モースの発掘に直接参加しました東京大学の学生が掘って報告をしております。このようなモース中心の発掘調査が明治十年に行なわれたことから、日本の考古学が始まると理解できるのではないかと思います。

その発掘の終了後、しばらくの間、つながらないようです。文献2にありますように、坪井正五郎を中心として東京人類学会が創設され、ただちに『東京人類学会報告』――現在の『人類学雑誌』――の刊行がなされました。明治十九年『東京人類学会報告』第一巻第五号を見ますと、一一ヵ所の貝塚が報告されています。坪井の「東京近傍古跡指明図」ですが、モースの発掘の後に、ただちに東京周辺の貝塚に対する認識が高まり、これだけの数の貝塚が報告されています。この年、坪井は、「東京近傍貝塚総論」という論文を書きます。これは、地理学の雑誌に発表されましたが、ここにも、東京の貝塚の報告がなされています。このように考古学・人類学だけではなくいろいろな分野で「貝塚」についての知見が示されたのではないかと思います。

貝塚に関する報告が、どのような媒体に掲載されたのかといいますと、ほとんどが、『東京人類学会報告』を中心とする現在の『人類学雑誌』でして、その時報欄などに、発見された貝塚の状況について書かれています。一方、文

文献1
一八七九（明治十二）年　E・S・モース『Shell Mounds of Omori』（『大森介墟古物編』矢田部良吉訳）
文献2
一八八六（明治十九）年　坪井正五郎「東京近傍古跡指明図、附言」（『東京人類学会報告』一―五）
小豆沢、中里、新坂、西ヶ原、弥生町、池袋氷川神社裏、小石川植物園内、元麻布二丁目、大森、馬込、千鳥窪
文献3
一八八九（明治二十二）年　鳥居邦太郎『日本考古提要』
文献4
一八九三～一八九五（明治二十六～二十八）年　坪井正五郎「西ヶ原貝塚探究報告」其一～其七（『東京人類学会報告』八―八五～一〇―一〇六）
文献5
一九〇七（明治四十）年　江見水蔭『地底探検記』
一九〇九（明治四十二）年　江見水蔭『地中の秘密』
（参考　一九一七（大正六）年『考古小説三千年前』）
文献6
一九三五（昭和八）年　大山　柏・宮坂光次・池上啓介『東京湾に注ぐ主要渓谷の貝塚に於ける縄紋式石器時代の編年学的研究予報』第一編（『史前学雑誌』三―六代冊）
中台馬場崎、小豆沢、雪ヶ谷、千鳥窪、下沼部、上沼部、六所東
文献7
一九三五（昭和十）年　鈴木　尚「東京湾を繞る主要貝塚に於けるハマグリの形態変化による石器時代の編年学的研究」（『史

前学雑誌』七―一二）
中台馬場崎、小豆沢、清水坂、西ヶ原、弥生町、大森、雪ヶ谷、庄仙、千鳥窪、下沼部、六所東

文献8
一九三六（昭和十一）年　甲野　勇「東京市内の貝塚」（『ミネルヴァ』一―六）
中台馬場崎、小豆沢、清水坂、大蔵省印刷局内、中里、西ヶ原、延命院、神明町、弥生町、湯島切通、氷川神社裏、小石川植物園内、青山墓地、木村町、芝丸山、東山、権現台、大森、馬込、雪ヶ谷、久ヶ原、下沼部、上沼部

文献9
一九三九（昭和十四）年　酒詰仲男「貝塚遺跡による古代集落の研究（第二回報告抄録）」（『（財）服部報公会研究抄録』七）

文献10
一九四三（昭和十八）年　江坂輝彌「南関東新石器時代貝塚より観たる沖積世に於ける海進海退」（『古代文化』一四―四）

文献11
一九四八（昭和二十三）年　酒詰仲男「石器時代の東京湾のハイガイ」（『人類学雑誌』六〇―一）

文献12
一九五〇（昭和二十五）年　吉田　格『東京近傍石器時代遺跡案内』（武蔵野博物館叢書三）

文献13
一九五九（昭和三十四）年　酒詰仲男『日本貝塚地名表』

一九六一（昭和三十六）年　酒詰仲男『日本縄文石器時代食料総説』

文献14
一九七八（昭和五十三）年　江坂輝彌「日本貝塚研究一〇〇年」Ⅰ～Ⅳ（『考古学ジャーナル』一四四・一四六～一四八）

文献15

一九八一（昭和五十六）年『伊皿子貝塚遺跡』
文献16
一九八五（昭和六〇）年『都心部の遺跡―貝塚・古墳・江戸―』
文献17
二〇〇七（平成十九）年　阿部芳郎「貝塚から縄文社会を読み解く」（『考古学ジャーナル』五六三）ほか

献3、一八八九年に日本人が初めて書いた考古学の概説書といわれていますす鳥居邦太郎の『日本考古提要』が刊行されました。内容的には、いろいろと問題がありますが、その本の中に、日本の貝塚の分布地名表が掲載されております。そこには、一五ヵ所の貝塚が列記されています。前年の一八八八年には、すでに東京の大田区下沼部貝塚が発表されておりますので、坪井以降のデータも入れながら、『日本考古提要』はとりあげていると思います。その後、明治二十一年から二十二年の三、四年にかけまして、荒川区の延命院貝塚が、関保之助によって発見されました。関は、考古学の専門家ではありませんが、帝室博物館――現在の東京国立博物館――に勤め、有職故実の研究をされていた人です。この人が延命院貝塚を報告しています。ここでは貝塚以外にも、竪穴住居の断面の報告もされ、明治二十年代には、すでに、各地域で貝塚が次から次へと発見されたことを知ることができます。

この時期の代表的な例として、文献4の坪井の「西ヶ原貝塚探究報告」が発表され、この論文は、モースの報告書に匹敵するような内容を日本人の学者が書いたものとして注目されます。これが東京における貝塚の本格的な研究の始まりであろうと思われます。その後、明治の終わりから大正にかけて、文献5に掲げました、作家の江見水蔭が『地底探検記』や『地中の秘密』という本を書きました。一般の方々にも、大いに考古学を紹介し、貝塚を発掘すればどのようなことがわかるのか、といったことをわかりやすく触れています。とくに品川区内の大井権現台貝塚を発掘し、江見が徹底的に掘った記録も残っています。随筆のようなかたちで貝塚が明治末・大正期に紹介されたといえます。

その後、昭和に入り、大山史前学研究所の人たちが中心となり、文献6に示したような、報告が出ました。この中で、東京関係の貝塚の調査はあまり多くないのですが、東京市内の貝塚の数が少なくなってきているという状況が反映されているのではないかと思います。すでに明治期に多く発掘された貝塚が失われて、あまり遺されていなかったようです。この大山史前学研究所の発掘は、土器の研究だけでなく自然遺物の面にも注意を払いました。自然遺物の研究が貝塚研究にとって重要なテーマである、これが大山柏をはじめとする研究所の方々の主張であろうと思います。

そのようなことは、文献7にあります、鈴木尚のハマグリの形態変化による研究、あるいは、土岐仲雄、後の酒詰仲男のハイガイの研究にもみられます。このような自然科学的な内容をもつ研究が大山史前学研究所を中心になされるようになったと思います。それに関連して、史前学研究所に関係しておりました甲野勇などは、自然遺物についての注意を盛んに喚起されています。

文献8に掲げましたのは、昭和十一（一九三六）年に刊行された『ミネルヴァ』です。これには、東京市内にどのくらい貝塚があるか、ということをすでに煙滅したものを踏まえて、二三の貝塚の例を列挙しております。昭和十年代に知られていた貝塚を示しているデータだと思います。

そのような状況を踏まえまして、文献9、あるいは文献10に表われておりますように、大山史前学研究所とは別に当時、若い人たちによって組織された貝塚研究会に所属しておりました江坂輝彌先生などが、盛んに東京市内で発掘を行ない報告書を出しています。有名なものでは、板橋区の小豆沢、四枚畑貝塚がありますが、それらを掘りまして貝層の下から竪穴住居を完掘し、当時、学界から注目されていたと聞いております。このような場合にも、やはり江坂先生などと一緒に調査に参加されていました、直良信夫が自然遺物に関心をもたれています。貝塚は、縄文時代の自然遺物研究に大きな役割を果たしたと思います。

その後、戦後になりまして、昭和二十年代になりますと、戦前の成果を概括するような研究が行なわれるようになります。文献12に掲げました、吉田格の『東京近傍石器時代遺跡案内』は小さなパンフレットですが、この中に東京、そして近傍における貝塚の例が紹介されております。その後、吉田は、東京区内の貝塚を精力的に掘られます。とくに昭和三十年代以降、東京都内に残っております貝塚、すでに煙滅したと考えられている貝塚を、片端から掘りまして、多くの成果を上げております。三十年代に入りますと、戦前からの研究を総括するという意味で、酒詰仲男が『日本貝塚地名表』であるとか、『日本縄文石器時代食料総説』という労作を発表し、あわせて、貝塚を地形上から、どのように理解したらよいかを考えた「地形上からみた貝塚」とか、あるいは「編年上からみた貝塚」といった論文を相次いで発表されました。貝塚研究を広い立場からまとめる方法を発表されたのです。このような動向をみますと貝塚の研究は、明治以来、煙滅した貝塚、あるいは新しく発見された貝塚などを加えて、東京都内の貝塚が認識されてきたと理解されます。

その状況を踏まえて、文献14で江坂輝彌先生を中心に一九七八年、大森貝塚の発掘から一〇〇年記念として、『考古学ジャーナル』で特集をやりました。その中には、八幡一郎の日本貝塚研究一〇〇年のエッセイとか、あるいは、後藤和民の「貝塚のとらえかた」の論文と一緒に江坂先生の貝塚研究レポートが載りました。連載はその後、四回続き、日本の貝塚研究はどう行なわれたのかを総括した内容が公けにされました。このレポートは「日本貝塚研究一〇〇年」と書いておりますが、江坂先生ご自身が東京を中心とする貝塚研究に対して大きな役割を果たしてきたこともあり、私的な回想録をも踏まえて、報告書に現われない史実にも触れられている文献といえるのではないかと思います。

その後、文献15に示したように、鈴木公雄を中心にして伊皿子貝塚遺跡の発掘報告が出ます。これは、旧電電公社が三田ビルを建設するにあたって、貝塚そのものをそっくり取り上げその中に含まれている土器とともに自然遺物も採取して、そのデータを分析した画期的な報告書でした。伊皿子貝塚遺跡の報告書により、東京に存在する貝塚について新しい視点から研究したという動きが出てきたのではないかと思います。

そのような動向を踏まえて、文献16に示した一九八五年『都心部の遺跡』が出ました。この本は、東京都教育庁の事業として、「東京都心部遺跡分布調査」が滝口宏を中心に行なわれましたときの報告書です。この中で、貝塚担当の永峯光一先生、あるいは安孫子昭二さんが中心となって東京における貝塚の一覧をまとめています。このレポートは、昭和六十（一九八五）年の段階で、東京の貝塚は、どういったあり方をしているのか、またこれまでの貝塚調査は、どのようになっているのかということを網羅的にまとめられたものです。

そう考えますと、文献16は重要なレポートになっています。この本は、各研究機関とか行政図書館などに架蔵されています。明治以降における東京の貝塚調査を総覧したもので、東京都の三年間にわたる調査研究の総括を一九八五年に出したことは、以後における新しい研究の拠り所となる画期になったのではないかと思われます。このような状況を踏まえまして、都心部における貝塚の残存状況が知られてきたわけですが、以降、開発にともないまして、あちらこちらから、貝塚の再発見が相次いでおこります。貝塚の再発見も、やはりこの『都心部の遺跡』の内容を踏まえて行なわれていますので、東京における貝塚の研究は、この本を中心として展開した、ということになろうかと思います。東京における貝塚研究の基本的な文献として、われわれは捉えることができるのではないかと思われるのです。

このような状況を踏まえて、東京の貝塚は、意外に残されている、ということがわかってまいります。東京には、貝塚が残っていないと思われていたのですが、実際には、かなり残っているというのがわかりました。

本日は貝塚のあり方を、いろいろな方面から検討していただくのですが、貝塚は、単なるゴミ捨て場ではなく、その貝塚のあり方から縄文時代の社会構造を研究する材料として、今後、位置づけられていかねばならないと思います。明治以来の多くの先輩の研究を踏まえて検討していただくことになろうかと思います。

最後に文献17で指摘されていますが、阿部芳郎さんを中心にして、いくつか新しい視点を提供していただくことになると思います。今後における、大森貝塚の研究は、古くて新しい内容をもっているものではないかと思います。大森貝塚発掘一三〇年にあたり、品川歴史館では、大森貝塚を単にモースの業績の中に止めることなく、貝塚研究を新しい視点から展開できないだろうか、一口でいえば、大森貝塚は学史的には有名ですけれど、それは一つの視点です。この貝塚から新しい学問的な情報を発信する場として、今回の展覧会も計画しました。

そういう点を踏まえて、これからシンポジウムをお願いしますが、品川区教育委員会では、モースの発掘以降、遺跡公園の造成にともない、大森貝塚を二回にわたり発掘調査し、成果が上がりました。モースの発掘以降、貝塚についてはは有名ですが、集落問題についてはは、知る手掛りがありませんでした。しかし、品川区の発掘により、竪穴住居が発見され、貝塚と貝塚を遺した人々の住居の位置も具体的にわかってきました。そのようなデータをご報告して、その後に大森貝塚を中心とした貝塚研究の新しい問題について触れていただきたい、と考えております。ご挨拶を兼ねて簡単に東京の貝塚研究のあゆみに触れさせていただきました。

コラム①

日本考古学と大森貝塚

大森貝塚は、教科書にも出てくる全国区の遺跡ですが、モースが書いた発掘調査の報告書 *Shell Mounds of Omori*（一八七九年）が岩波文庫に入っています。遺跡の発掘報告書が文庫本になっていることはきわめて珍しいのですが、それが好評です。一九八三年に出版されました『大森貝塚』（岩波文庫）は近藤義郎先生と佐原真先生が日本語に訳されました。文庫の発掘報告書として刷を重ねてきましたが、二〇〇一（平成十三）年には七刷が公けにされました。この『大森貝塚』は、モースの英文報告書が出版された直後に矢田部良吉が日本文に訳された『大森介墟古物編』と異なり、モースの英文報告書を訳されたものです。加えて、大森貝塚の発見とそれにまつわる史料をあわせ収め、そして解説が添えられています。大学で考古学を勉強する学生諸君にとって必読の本となっていますが、多くの読者人にも好評です。

このような一つの貝塚の発掘報告書が、いま文庫本に収められているということこそ、大森貝塚の意義を物語っているといえましょう。大森貝塚は、日本考古学の原点とでも評すべき〝孤高の存在〟なのです。

遺跡の発掘調査は、発掘の報告書と引き換えに発掘された遺跡が煙滅する運命にあります。近頃、新聞に日本最古とか最大とか、また、日本で最初とか報道される遺跡がありますが、その意味づけはともかく、発掘された時点で多くの遺跡は失われてしまいます。発掘の報告書が重要視される点がここにあります。

大森貝塚は、東京・横浜間の鉄道線路の設置によって破壊されましたが、モースによって発見され、ついで学術的な発掘調査が行なわれて報告書が出版されました。発見の端緒は、貝塚の一部が工事によって破壊されたことに発しますが、それがモースという人を得て一三〇数年後の現在にいたるまで伝えられていることになります。

現在、大森貝塚のモース発掘地点は品川区大井六丁目内と考えられていますが、二つの貝塚碑（品川区側の大森貝塚、大田区側の大森貝墟）の存在によって示されているように広い範囲にわたって形成されていたことも推測されます。モースの発掘の頃、大井町の停車場はまだありませんでした。貝塚に行くには大森の停車場でした。そこで大森の貝塚、大森貝塚と呼ばれ、発掘調査の報告書もまた大森貝塚とされたのでした。その後、大森貝塚の発掘は多くの研究者によって試みられました。

モースやその後の発掘の対象となった地域は、傾斜面とその下方でした。貝殻が斜面とその下方に堆積していましたので、発掘は、貝塚の存在するところが主対象であったのです。斜面に当時の人たちが食した貝の殻が捨てられていたわけですから、住居は当然のことながら斜面上の台地の上に存在し、そこに集落が形成されていたことが考えられるわけですが、その地が発掘の対象とされるには、かなりの歳月が必要でした。

大森貝塚の存在する地を品川区が買収して国の史跡範囲を整備した一九八四（昭和五十九）年のときは斜面に残っていた貝層部分の発掘を実施しましたが、台地上には及びませんでした。その発掘整備の九年後、品川区は隣接地を買収して公園を造ることになりました。一九九三（平成五）年の夏、待望の台地上の発掘調査が実施されました。その結果、予期した通り、そこには集落が残されていました。台地の端の部分から平坦な台地上にかけて六軒以上の竪穴住居跡が発掘されました。モースが大森貝塚に発掘の鍬を入れてから実に一一六年ぶりに貝塚を残した人びとの集落が明らかにされたわけです。

貝塚は、集落を形成する遺跡の一つですから、当然、住居の存在が考えられます。貝塚と住居は切ってもきれない関係にありますから、一九九三年の発掘はきわめて重要な成果を挙げたことになります。住居跡の存在地の調査によって、貝塚を残した人たちの集落は、現在の池上通り——そこは馬の背状になっていますが——あたりにまで及んでいたことが知られたのです。これによって、大森貝塚は台地上につくられていた縄文時代後期の集落に住んでいた人たちが、東京湾側の傾斜地に貝殻を捨てていたことが明らかになりました。

そこで品川区は、傾斜面下の碑（大森貝塚）のある部分だけでなく、貝層の残存が良好であった傾斜面、その上方の台地上にいたる広い範囲の保存活用を意図して「大森貝塚遺跡庭園」を整備しました。それは、従来の貝塚碑のある周辺のみでなく、当時の集落の空間を考えた史跡公園の構想でした。大森貝塚の碑は、傾斜面の下に位置しています。モースたちが発掘した地点は、恐らく傾斜地の下部から、さらに下方の平坦面――それは線路の施設によって結果的に平らになったのですが――に散布していた貝殻の残存範囲であったことでしょう。その貝の分布は、一ヵ所ではなく、いくつかの地点にわかれて存在していたことも考えられます。貝塚の形成は決して一ヵ所ではなかったようです。

このように考えてくると、大森貝塚はここである、というように一地点を限定して考えるのではなく、貝殻の分布している複数の地点、さらに台地上に住居跡の残されている地域まで、広く面として捉えることが必要になってくると思います。

「大森貝塚遺跡庭園」の開設が実現し、さらに、大森貝塚の出土品とレプリカ、そして大森貝塚とモースの文献を所蔵している品川歴史館の関係について一寸触れておくことも必要かと思います。

ヨーロッパやアメリカ、そしてアジアの遺跡には、遺跡の傍らに博物館が建てられていることがあります。日本でも近頃このような傾向がみられますが、それらは遺跡博物館（サイト・ミュージアム）と呼ばれています。

大森貝塚と品川歴史館も、広い意味でこのような関係にあります。

品川歴史館の建設にあたり、その用地の発掘が実施され、古墳時代から平安時代にかけての集落遺跡が発掘されました。それは竪穴住居から構成されていた集落でした。いま、その住居跡は部分的に歴史館の地下に保存され、展示室のフロアーにはタイルで住居跡の存在していた場所が示されています。品川歴史館は、一九八五（昭和六十）年に開館されましたが、開館記念の特別展は「モース博士と大森貝塚」でした。また、第一回の歴史講座も「モース博士と大森貝塚」でした。品川歴史館には「モース博士、大森貝塚資料」が常設展示され、「大森貝塚遺跡庭園」とは密接な関係があります。大森貝塚の遺跡博物館としての一面を有しているのが品川歴史館と申せましょう。

大森貝塚は、日本考古学発祥の地として、教科書にも紹介され、日本の考古学に関心を寄せる人だけではなく、全国の多数の人からも注目されていますし、さらに、モースの生誕地であるアメリカ（メイン州ポートランド市、品川区の姉妹都市）をはじめ、外国の人たちにもオオモリの地は知られています。

大森貝塚発掘一〇〇年を記念して東京都大森貝塚保存会のメンバーは、モースの発掘報告書を覆刊し、顕彰事業を広く展開しました。一方、専門家集団の考古学研究会も、機関誌『考古学研究』で発掘一〇〇年記念号を刊行しましたが、このような動きが契機となって文庫本の『大森貝塚』が発刊され、改めて大森貝塚が巷間の話題となるようになってきました。

品川区による二回の大森貝塚の発掘、その結果をとり入れた遺跡庭園の開設、さらには、遺跡博物館としての一面をも加味した品川歴史館の開設は、日本の考古学界にとっても朗報として迎え入れられてきました。

大森貝塚という日本を代表する遺跡を区内にもつ品川区にとって、今後、この貴重な歴史遺産をどのように活用していくべきか、その方向が多いに注目されています。

（坂詰秀一）

（『品川歴史館紀要』第一八号、二〇〇三年三月より一部修正して転載）

コラム②

貝塚研究の展望

二〇〇七年は、E・S・モースの大森貝塚発掘（一八七七年）以来一三〇年目にあたる。その発掘は、日本考古学の黎明を告げた事例として日本考古学史上に位置づけられ、人口に膾炙されているが、それは発掘の二年後に報告書 *Shell Mounds of Omori*（日文版『大森介墟古物編』の刊行も同じく一八七九年）が刊行された所以にもよっている。大森貝塚の発掘と報告書の刊行は、発掘に参加した佐々木忠次郎・飯島魁の学的刺激を惹起し、陸平貝塚（茨城県美浦）の発掘（一八七九年）と報告書 *Okadaira Shell Mound at Hitachi*（一八八二年）となって結実した。しかし、同門による貝塚の調査、考古学分野の研究は継続されることなく終息した。その要因は、佐々木・飯島が他分野の研究に専念し、大森貝塚の発掘と報告書の刊行に尽力した松浦佐用彦が急逝（一八七九年）したことによる。

他方、一八八六年に東京人類学会が発足し、一八九三年には東京大学の人類学講座開設の中心となった坪井正五郎らは、モースと直接関係なく、独自の貝塚調査と研究を展開した。坪井による東京都西ヶ原貝塚（一八九三〜九四年）、下村三四吉・八木奘三郎の茨城県阿玉台貝塚（一八九四年）、鳥居龍蔵らによる東京都中里貝塚（一八九四年）の調査報告は、それぞれ土器形態の分析、土器型式の把握、貝塚の立地状態などについて注目すべき視点が披瀝され、後の研究に示唆をあたえた。また、東京大学人類学教室編の『日本石器時代人民遺物発見地名表』（I—一八九七年、II—一八九八年、III—一九〇一年など）には、各地の貝塚所在地名が収められ、貝塚調査の基礎となった。地名表は、その後、IV・V、Vの補遺が作成されたが、一九五九年刊の酒詰仲男『日本貝塚地名表』の刊行により学史上の文献となった。

貝塚の調査・研究は、その後、松本彦七郎（一九一九年）の分層的発掘による土器型式の把握と変遷の基底を構成する基礎資料として重視される一方、千葉県加曽利貝塚（一九二四年）、同姥山貝塚（一九二六年）の発掘を実施した東大人類学教室の成果は、その頃、昴然と勃興していた縄文式土器の編年研究に大きな役割を果たすところとなった。さらに、かつて八木奘三郎などによって着目された貝塚における貝の鹹淡性質とその貝層中に包含されている土器型式とが当時の環境の復原と土器型式の前後関係に示唆をあたえているとする見解（一八九四年）は、八幡一郎の千葉県山崎貝塚における所見（一九二七年）によって具体的な事実関係は否定されたが、かかる方向は、大山柏が主宰した大山史前学研究所による組織的な調査研究となって展開していった。貝塚構成の貝種（鹹淡）による地形の復原的研究は、すでに東木龍七（一九二六年）によって試みられていたが、甲野勇の埼玉県真福寺貝塚の発掘資料をもとにした研究の視点（一九二八年）は、大山史前学研究所による計画的発掘に基づく調査によって結実した（一九三三年）。その発掘は「毎週一日一貝塚」、発掘面積は「五～一〇m^2」を最小とし、表土、貝層、貝層下土層に含まれる人工遺物と貝の種類を把握することに主眼がおかれた。また、酒詰仲男は、とくに貝塚における貝種と動植物の遺存体の研究に意欲を傾注し、地名表の作成と遺存体の集成研究（一九六一年）を試み、直良信夫も同様に自然科学の眼をもって貝塚研究を行なった。その視点は、金子浩昌などに引き継がれている。

近年にいたって貝塚を集落形成と有機的に関連させる方向性が具体的に説かれるようになり、貝塚とそこに遺存しているすべてのモノをヒトの生活と文化、それを生み出した環境の背景を理解する方法の確立へと進展している。

モースによる大森貝塚の発掘以来、一三〇年。いま、日本考古学における貝塚研究は、新しい方法論の確立を目指して着実に展開していると言えるであろう。

（坂詰秀一）

（『考古学ジャーナル』第五六三号、二〇〇七年十月より転載）

報告

E・S・モースと大森貝塚の調査

松原典明

一　はじめに

大森貝塚は、E・S・モース（以下モース）が発掘調査を行なってから今年（二〇〇七年）で一三〇年目にあたります。一三〇年という歴史は、日本の考古学の歴史そのものといえますし、モースが大森貝塚を発掘したことで、日本における近代考古学は出発しているといえるでしょう。

ここでは、モースの発掘後一三〇年の歴史の中で行なわれた調査について、モースの発掘調査の成果に触れながらモース以後の調査についても簡単にまとめてみたいと思います。とくに、昭和、平成の調査成果については、すでに刊行されている調査報告書類の結果を援引しつつ、調査時の所見も含めながら再度まとめてみたいと思います。

二　これまでの大森貝塚の発掘調査

これまで大森貝塚の発掘調査は、次の三つの時期に行なわれており、①明治の調査　②昭和の調査　③平成の調査としてまとめられます。以上の三期の調査成果を順を追って確認したいと思います。

明治の調査

明治の調査はいうまでもなく、モースによる調査です。モースは明治十年（一八七七）六月十七日に横浜港に来航し、翌日自身の誕生日に上陸しています。そして横浜から東京に向かう列車の車窓から、貝殻の堆積を見つけ、九月の二回の予備調査（九月十六日と九月十八～十九日）を経て、十月九日に本調査を実施して大きな成果を得ました。これらの結果は、『Shell Mounds of Omori』（明治十二年刊行）の報告書としてまとめられました。話は前後しますが、モースは、来日して到着した翌月の七月十二日には、東京大学初の理学部動物学の教授に就任します。そして同じ動物学教授である矢田部良吉とともに、すぐさま江ノ島臨海実験所を開設し研究を行ないます。そしてそこで彼の来日の大きな目的でもあった腕足類の研究に没頭しますが、傍らで発掘調査の準備を進め、先に示した二回の予備調査を経て、佐々木忠次郎、松浦佐用彦、松村任三を率いて本調査を行なったのでした。この時、モースは科学博物館の嘱託にも任ぜられており、任命に当たっては東大教授に就任した日付まで遡って委嘱状が発令されていることが公文書などで確認できます（図1）。これによれば当時の報酬は二年の期限付き嘱託で年俸四百円（当時）のようでした。

　参考までに明治期の「お雇い外国人」と呼ばれ政府に招聘されたほかの外国人たちの給金などをみ

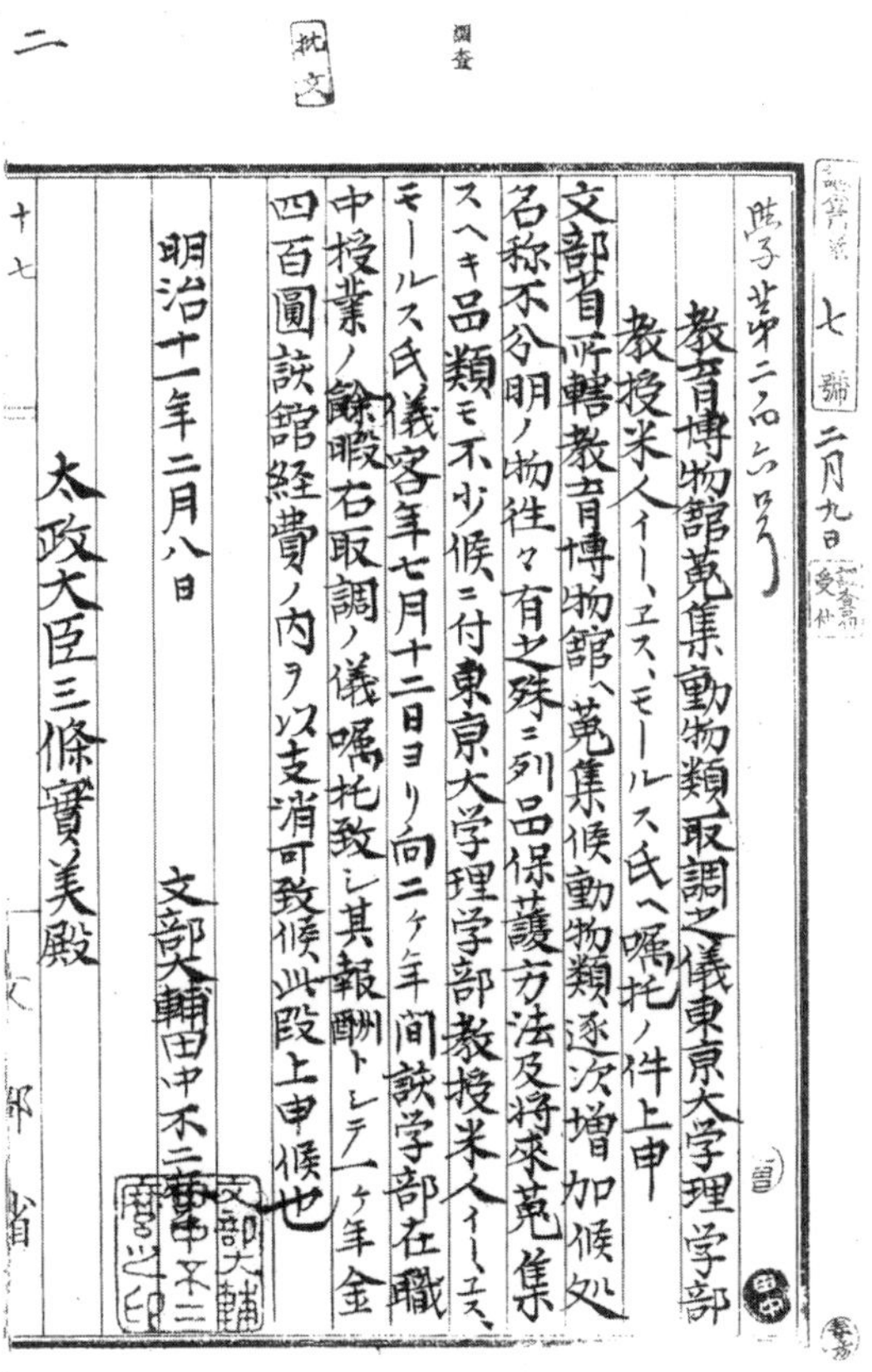
教育博物館蒐集動物類ノ取調之儀東京大学理学部
教授米人イー、エス、モールス氏ヘ嘱托ノ件上申
文部省所轄教育博物館ヘ蒐集候動物類逐次増加候処
名称不分明ノ物往々有之殊ニ列品保護方法及将来蒐集
スヘキ品類モ不少候ニ付東京大学理学部教授米人イー、エス、
モールス氏儀客年七月十二日ヨリ向二ヶ年間該学部在職
中授業ノ余暇右取調ノ儀嘱托致シ其報酬トシテ一ヶ年金
四百圓該館経費ノ内ヲ以支消可致候此段上申候也
明治十一年二月八日
文部大輔田中不二麿
太政大臣三條實美殿

図1　『公文録目録』第4より

てみます。梅渓昇氏らによって明治の黎明期の頃のお雇い外国人たちの研究が進んでおり、当時の彼らと日本国との関係や、雇用契約などについてはすでに詳しく触れられております。これらの資料を根拠として明治初期の日本の「お雇い外国人」とよばれた人々についての雇用事情を見ておきたいと思います。

当時の「お雇い外国人」の中でも重要な人物のひとりで、日本の「学制」制定に大きな役割を担い、日本の近代教育の出発の礎を築いたW.E.Griffisフルベッキーという人物がいます。彼の明治六年の正院翻訳局との雇用契約を参考にすると九条にわたる厳しい条件の下、契約が交わされており、給金については第三条に「一箇月ニ付日本金貨四百円ト定メ……云々」と記されていることが紹介されています。また、考古学に関連してよく紹介されるロマインヒッチコックという人物がいます。彼は、明治十九年、大阪に英国語教師として雇われます。当時の新聞記事によれば、月収が当時の日本円で二五〇円と報道されているようです。アメリカからの渡航船代が五五〇円の時代ですから一ヵ月の給金の大きさがわかります。

それではモースの場合はどのようであったのでしょうか。モースが明治十一年に最初に交わした教育博物館との契約内容では、二年間の期限付きの雇用で「一ヵ年四百圓」ということが記されています。これは、フルベッキーやロマインヒッチコックなどに比べると安いように思えますが、雇用契約の中には「授業ノ余暇」に博物館蒐集の不明なものについてのコメントをするといういわば副業的な仕事に対しての支払いであったようです（『公文録目録』第四明治十一年二月八日付　學第二百六号　教育学博物館蒐集動物類取調之儀東京大学理学部教授米人イー、エス、モールス氏へ嘱托の件上申）。

モース著『大森貝墟古物編』の発掘調査報告書　続いてモースが発行した報告書の内容はどのようであったのか、改めて確認してみたいと思います。

遺物についての記載は、一視点に定められた統一のある実測図が細かに記されています。東京大学総合研究博物館に残る当時の実測図そのものを確認すると、実測の際に使ったと思われる針穴が確認できるそうです。つまり、遺物を紙の上に置き針で位置を刺し、線を結ぶという実測方法の痕跡を確認できるようです。実測図に関連して同報告書には一八枚の彩色の図版が掲載されています。木村静山という昆虫画を得意とした専属の画家が描いたとされていますす。この画家の事績は定かでないようですが、モースとの接点を考えると、モースは明治十年に当時文部省管理であった教育博物館の嘱託となっています。教育博物館は、現在の国立科学博物館の前身です。現在、国立科学博物館には木村静山筆の昆虫画がいくつか残されていてその力量を再確認することができるそうです。このようなお抱えの絵師が実測図を描き石版、銅版画によって報告書を作るという方法は、当時ヨーロッパ、とくにドイツやオーストリアの考古学の世界では行なわれていたことがすでに指摘されています。モースも、いち早く同様な方法によって報告書の刊行を行なったものと思われます。木村静山は、スケッチを描くことは行ないましたが印刷ということについてはどのような状況であったのか全くわかりません。想像をたくましくしてみると、当時の日本の国勢は、西欧に大きく傾き、廃仏毀釈による文化財の海外流出や、万国博覧会への日本の参加もあり、海外における日本人気ジャポニズム（日本趣味）の影響で、ますます、文化財が流出することに拍車がかかった危機的な状況でありました。しかし、明治四年には「古器旧物保存方」が発布せられ、翌年の五年には壬申検査が行なわれ、状況は変わりつつありました。しかし一方では闇で多くの美術品が海外に流出し、海外市場でのジャポニズムがさらに高額で取引されたという相反した状況もあったようです。海外における日本の美術品の流出の様子については、当時造幣局が、石版画の技術を取り入れ印刷技術の導

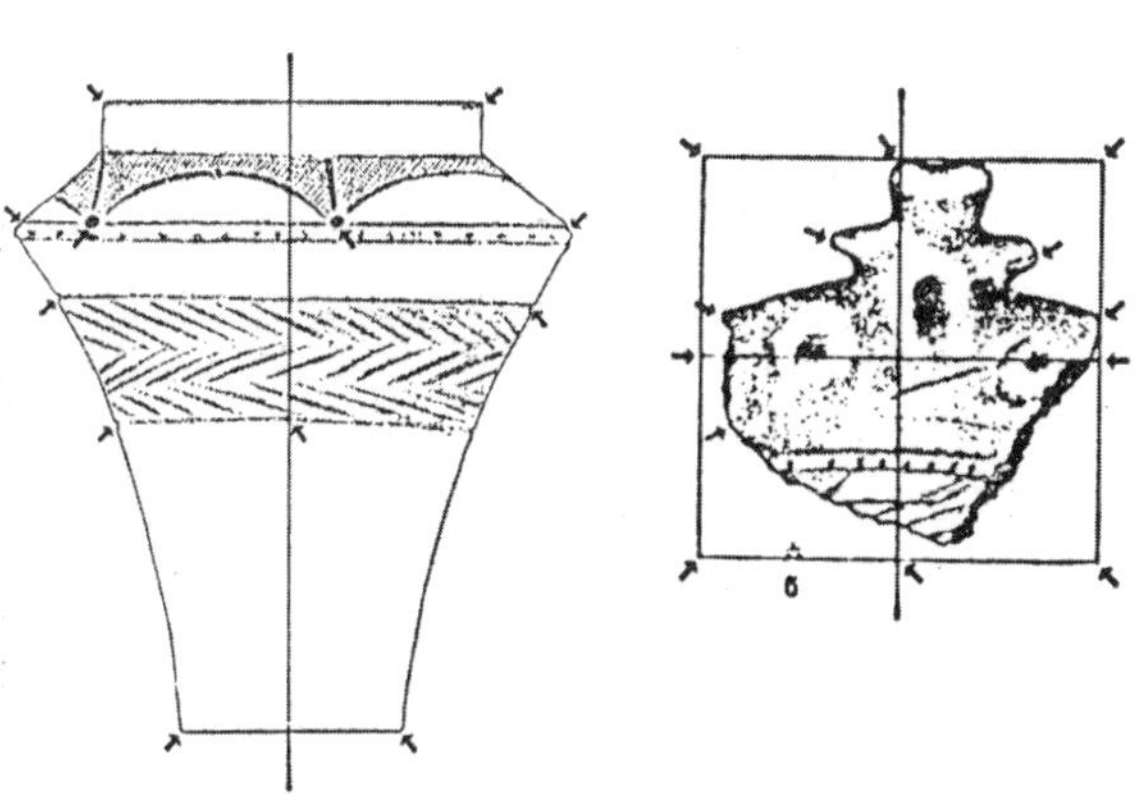

図２　実測方法のわかる実測図図版
（『考古学研究』24-3・4、佐原原図より）

入を目指す中で、イタリアから招聘したお雇い外国人である彫刻家エドアルド・キヨッソーネが、造幣局長・得能良介に進言したことにより明確になったようです。かかる国内外の文化財の危機的状況に対して得能良介は、局独自で文化財の保護を目的とした美術品の調査を行ないました。いわゆる「近畿調査」と呼ばれるものです。その調査の集大成が多色石版画『国華余芳』です。この『国華余芳』が完成するには、石版画の研究、写真による石版画の印刷など、写真術を応用した研究開発が盛んに行なわれ、明治初期の印刷、写真術の発展へとつながりました。明治十二（一八七九）年のことです。大森貝塚の報告書の刊行も同じ年であることも注意しておきたいことです。

昭和の調査

続いて、昭和の調査について触れてみたいと思います。昭和の調査は、昭和十六（一九四一）年に当時慶應義塾大学の講師をしていた大山柏が発掘調査を行なっています。そして少し年代は新しくなりますが、品川区教育委員会が昭和五十九（一九八四）年に発掘調査を行なっています。

大山柏の大森貝塚発掘と二つの碑　昭和十六年に大山柏が、大森貝塚の発掘調査を行ないますが、この発掘調査までに大森貝塚には大田区側と品川区側に二つの顕彰碑が建立されます。この二つの碑の建立が、後のモースの発掘調査地点論争の始まりでもありました。

昭和四（一九二九）年、品川区に建立された「大森貝塚」碑は、毎日新聞社社長であった本山彦一氏が発起人代表となり建碑されました。そして昭和五年には品川区側の碑から南へ線路沿いに約二五〇メートル離れた地点に、東京大学が中心となりモースの業績を顕彰する事業の一環として「大森貝墟」という碑が建立されました。いずれの碑もモースの一番弟子の佐々木忠次郎の記憶に基づいて建立されたのですが、定かでないままに建てられたようであり、これが長くモースの大森貝塚発掘地点の確定の論争へと発展したわけです。

モースの大森貝塚発掘地点を特定するために、昭和三十七（一九六二）年三月二十三日に人類学者松村瞭、考古学者の宮坂光次、甲野勇、佐々木忠次郎は現地を訪ねています。その結果は、『人類学雑誌』第四一巻第四号に記されています。

このようなモースの発掘地点の解明は近年、大きく進展し、今現在ではほぼ品川区側の碑の位置が発掘地点に相当するであろうことが明らかになっています。

モースの発掘地点を解明　解明のきっかけは、椎名仙卓氏（当時、国立科学博物館図書館長）が、『東京市史稿』帝都十二の中に、発掘地点の持ち主である櫻井甚衛門が政府に対して提出した「補償金請求書」を発見したことに始まりました。その後、日本考古学協会は、「モースと大森貝塚」という展覧会を、大森貝塚一〇〇年を記念して昭和五十三年に行なうこととなり、カタログの作成担当となった佐原真氏が、椎名氏の発見した「請求書」を東京都公文書館で確認した折に、「請求書」文書には収録されていなかった「公図」を発見しました。この公図が、まさに櫻井甚衛門が「請求書」とともに提出した付図でした。

付図を細かくみると「品川区荏原郡字鹿嶌谷二千九百六十番三等林二畝六歩」と請求書に書かれた住所と合致する場所が記されており、土地の形状も明確に記されているものでありました。以上の二つの発見が、モースの発掘地点解明の有力な手がかりとなったのです。この公図の場所（網掛け部分）と、遺跡庭園の端の形状がまさに重なり、モースの発掘調査を行なったおおよその位置が明らかとなりました。

昭和十六年の発掘調査地点　モースの発掘地

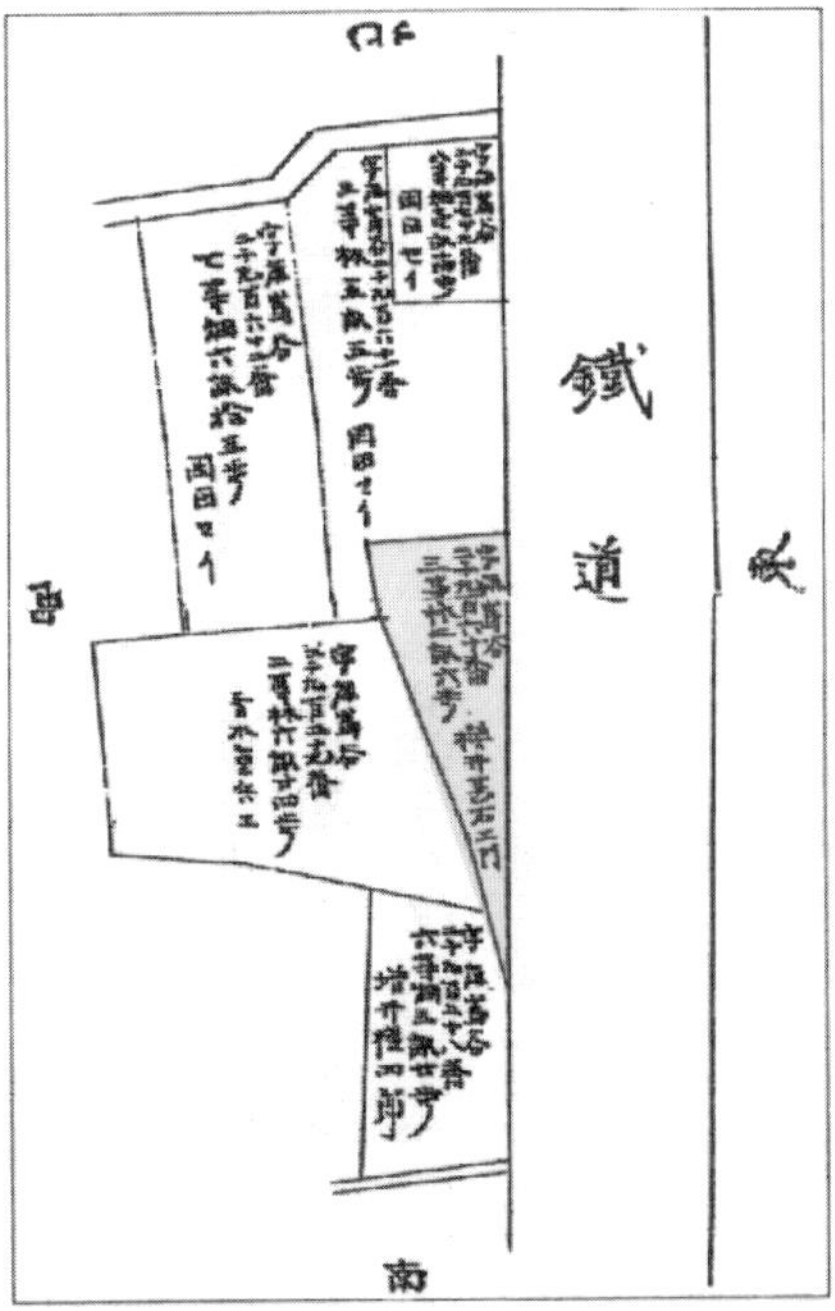

図３「補償金請求書」につけられた付図

点は地籍図の発見によって解決しましたが、ほかに大森貝塚において発掘地点が不明な調査があります。それは、昭和十六年の大山柏が行なった発掘調査の位置です。当時慶応義塾大学の講師であった関係から慶応義塾大学が中心に調査が行なわれたようですが、保管されていた資料がすべて戦災によって焼失してしまい、当時の情報が皆無となってしまいました。しかし品川区の今回の展覧会に際して行なわれた情報収集により、昭和十六年の調査内容の一部が明らかになり、調査全容の解明に向けて少しですが進展したようです。

明治大学の阿部芳郎先生のお手元に遺された大山柏関係資料の再検討から写真（図5左上）が見つかったことと、今回の展示に際して、当時大山柏が調査した土地の所有者であった「殿村さん」のご子孫が、大事に保管されていた調査当時の写真がはじめて公開されたことで、発掘調査に参加されていた清水潤三のメモによる発掘地点位置図の再検討が行なわれ、大山柏の発掘した地点を推測する第一歩になったようです。

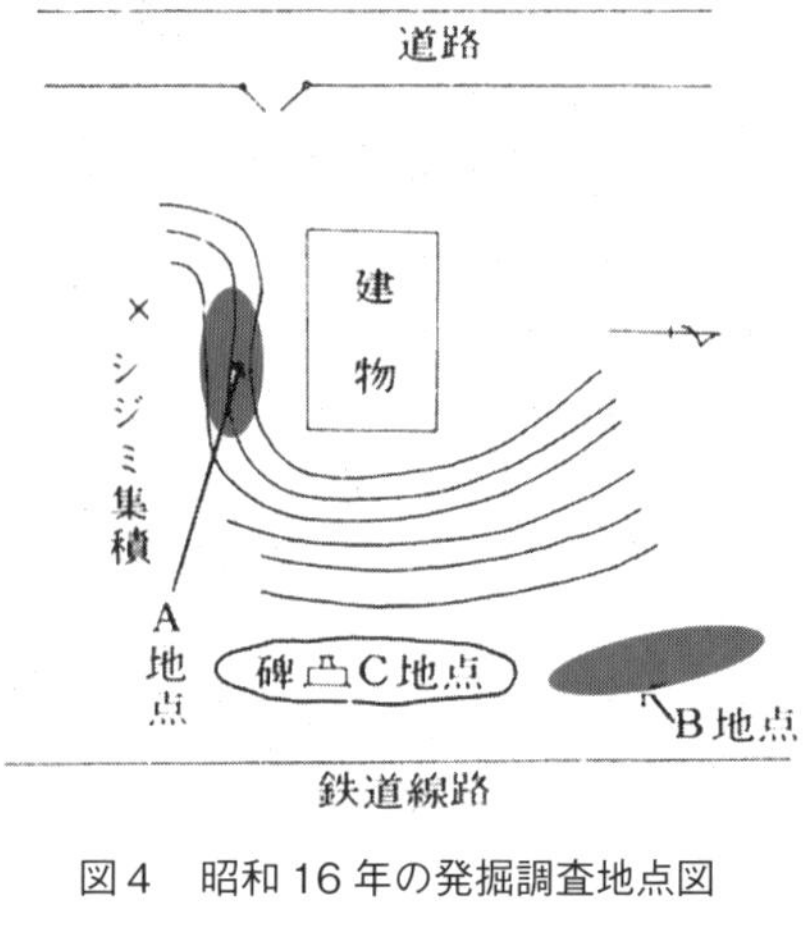

図4　昭和16年の発掘調査地点図

これによれば、後に詳しく触れますが、品川区が昭和五十九年に発掘調査で確認した貝層の範囲と清水メモの貝層の位置は重なるであろうということが示されました。A貝塚の範囲に、清水のA地点が含まれ、C地点とされていた部分が「碑」の部分に当たり、B地点がB貝塚の範囲に含まれるであろう、ということが推測できたようです。

そして、昭和十六年の調査でもうひとつ気になることは、なぜ、昭和十六年に大山柏が大森貝塚に興味を示し発掘調査を行なったかということです。この点については、阿部氏の『失われた史前学』の第一一・一二章などを紐解くとよくわかります。つまり当時の大山柏の積み重ねた業績の大きさと深さはもちろんでしたが、彼のもとに集まった研究者たちの業績があったからこそ、当時の発掘調査を可能にし、多くの成果を今日に遺しえたのだということが明

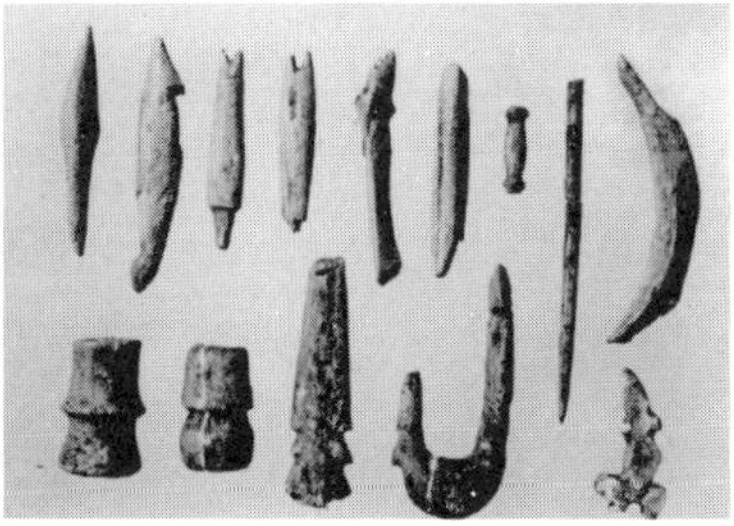

昭和16年出土骨角器（大山 柏氏）

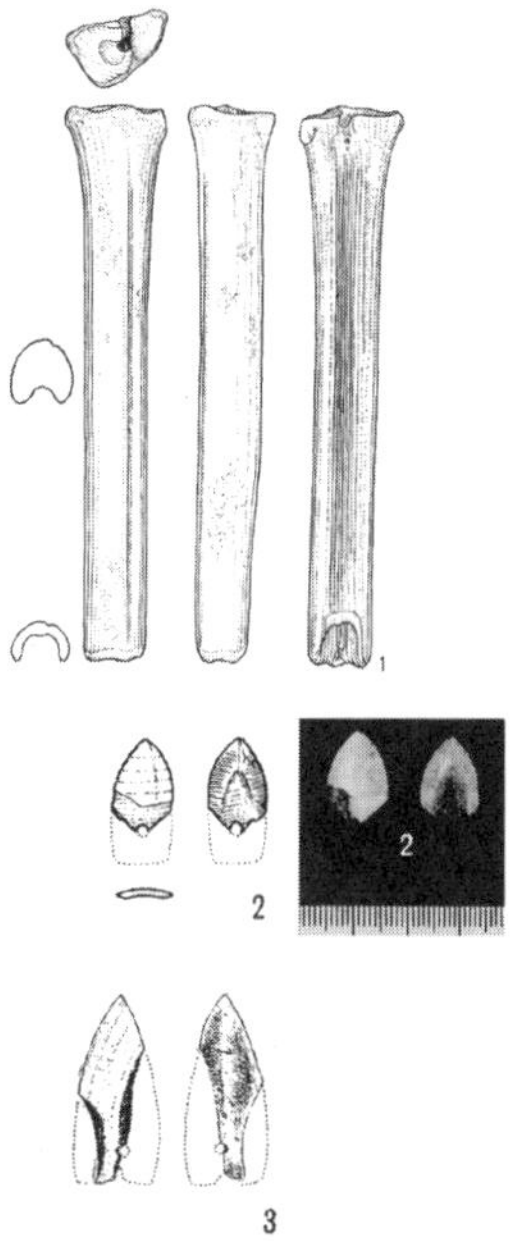

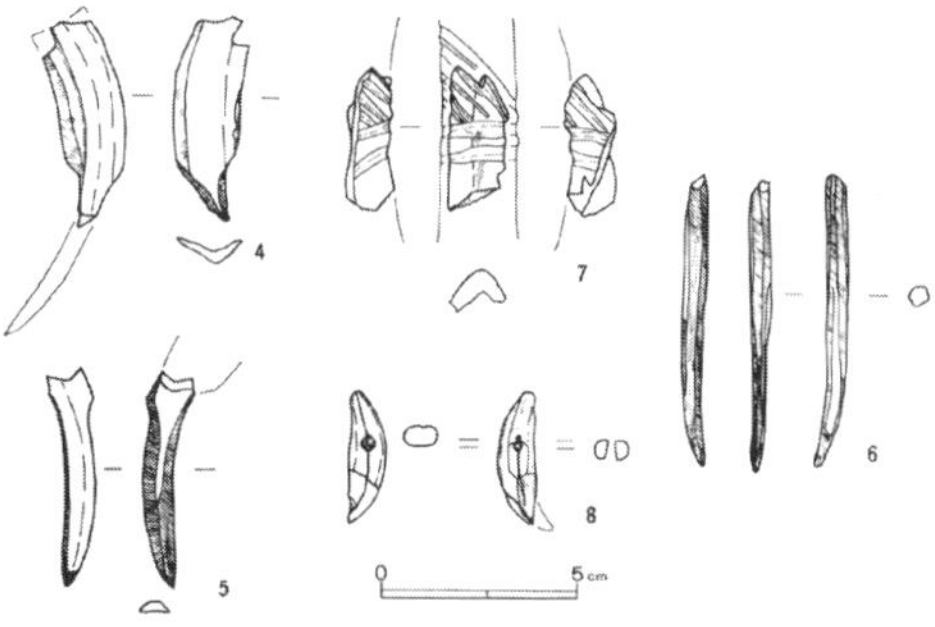

4～8 平成5年報告

1～3 昭和59年報告

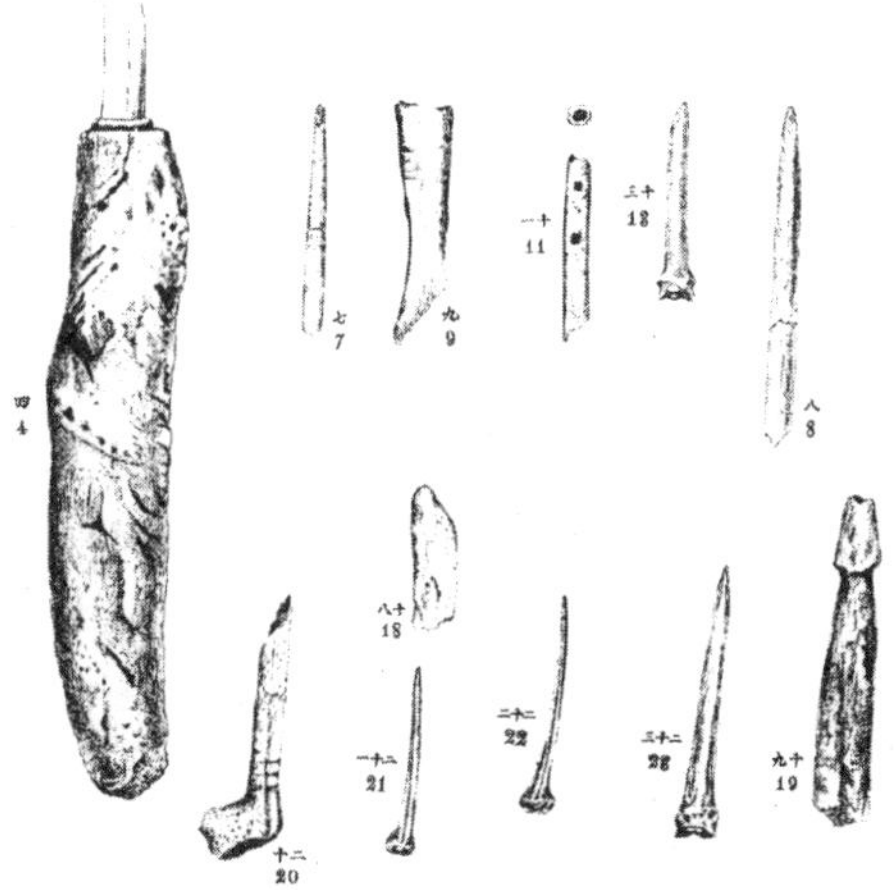

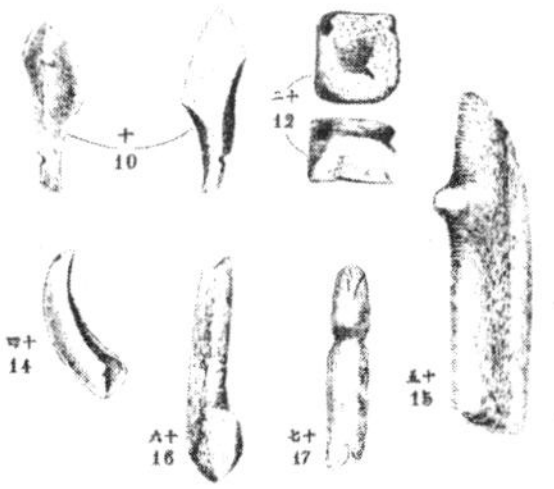

モース発掘の骨角器類

図5　大森貝塚出土の骨角器類

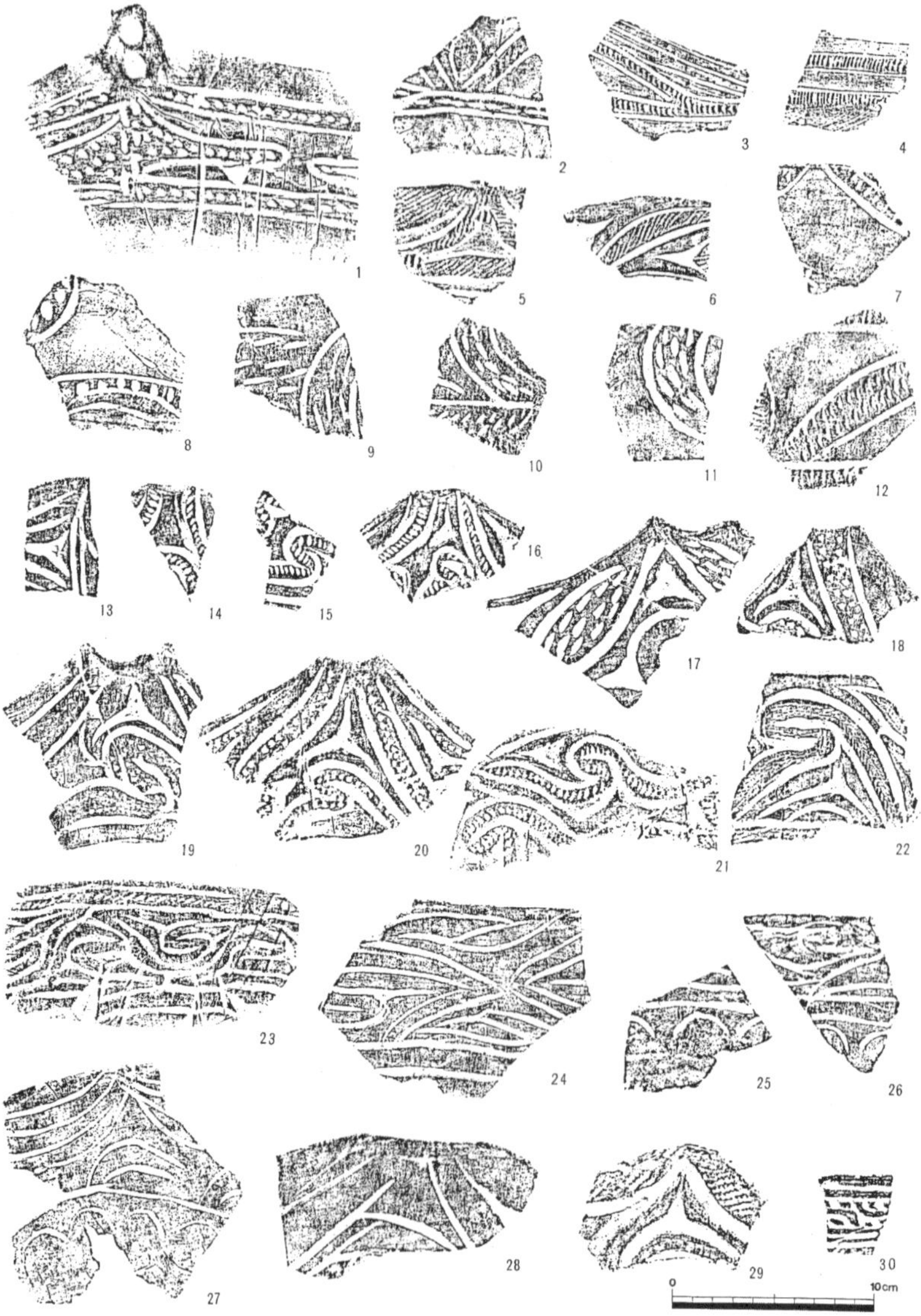

図6　竹下次作氏保管の昭和16年出土土器類の拓本

確にわかります。簡単に触れると、大山柏は大森貝塚発掘以前にも多くの貝塚遺跡を調査しており、その成果が『史前学雑誌』に発表されていました。とくに昭和八年にまとめられた「東京湾に注ぐ主要渓谷の貝塚に於ける縄紋式石器時代の編年学的研究予報（第一編）」は研究所の総力をあげてまとめられ、「時の法則」に基づく貝塚の層位学的な発掘の重要性とそれに基づく貝種の研究方法を示し、これらの研究を支えたのが、大給尹（動物遺存体の研究）と甲野勇（縄文土器の編年的な研究）でした。

大給尹は、昭和九年から史前学研究所に参加しますが、それ以前から多くの動物遺存体の研究を行なっており、自身の持っている資料の蓄積も相当量あったといわれています。また、甲野勇は、昭和十八年に「関東地方に於ける縄紋式石器時代文化の變遷」（『史前学雑誌』第七巻第三号）をまとめており、貝種と土器編年をいち早く考究されていました。この両氏の業績があって始めて大山史前学研究所は成り立っていたようです。

昭和十六年の成果の内、骨角器類の写真が貴重であり、後に触れる昭和五十九・平成の調査における発掘された遺物との共通性も指摘できます。また発掘当時調査に参加されていた竹下次作氏の保管していた遺物の拓本（図6）が残っており貴重な資料となっています。

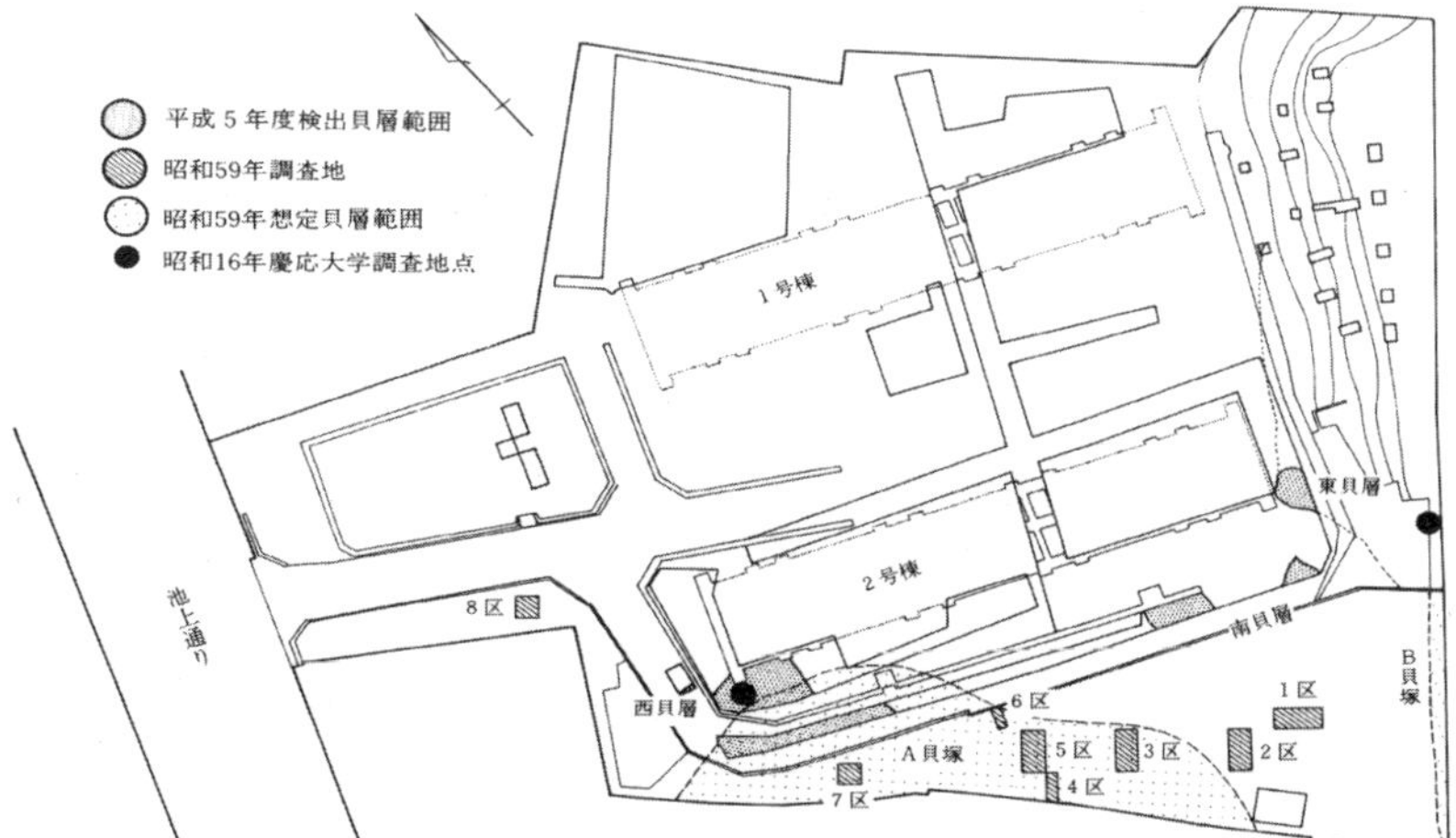

図７　品川区発掘の大森貝塚調査地点図と貝層の範囲

昭和と平成の調査

最初に、平成の調査が行なわれるまでの経緯と経過に若干触れ、最後に調査で明らかになった考古学的な成果についてまとめたいと思います。

平成の調査までの経緯と経過　昭和三〇（一九五五）年、二つの碑を含む二八平方メートルが国の史跡に指定されました。これを受けてその後、品川区は大森貝塚の遺跡保存と周辺整備のために昭和五十九（一九八四）年に指定史跡の部分も含めて一、一六四平方メートルあまりを買収し遺跡の調査を行ないました。そして、同六十一（一九八六）年には史跡指定地も含め「大森貝塚遺跡庭園」となり、さらに品川区は範囲を拡張し「遺跡庭園」の充実を図るべく公園に隣接する旧国鉄所有地五、一八五平方メートル余りを買収しました。そして平成五（一九九三）年に新たに遺跡の確認調査を行ないました。

平成五年の調査　平成五年の調査では、住居跡六軒と溝跡など、モース以来の発掘調査では得られなかった調査成果に恵まれました。これらの成果によってはじめて大森貝塚を営んだ人々の生活の一端が明らかになりました。

調査期間は二週間ほどで、昭和五十九年の調査成果をもとに、新たに貝層の広がりを確認することを目的としました。

調査の方法としては、旧国鉄の建物の基礎部分が鉄筋コンクリートで非常に堅牢に構築されていたこともあり、可能な部分のトレンチによる確認を行ないました。この結果、敷地の南側部分の基礎部以外では貝層の遺存状態がよく、貝層の下に住居の痕跡も確認できました。

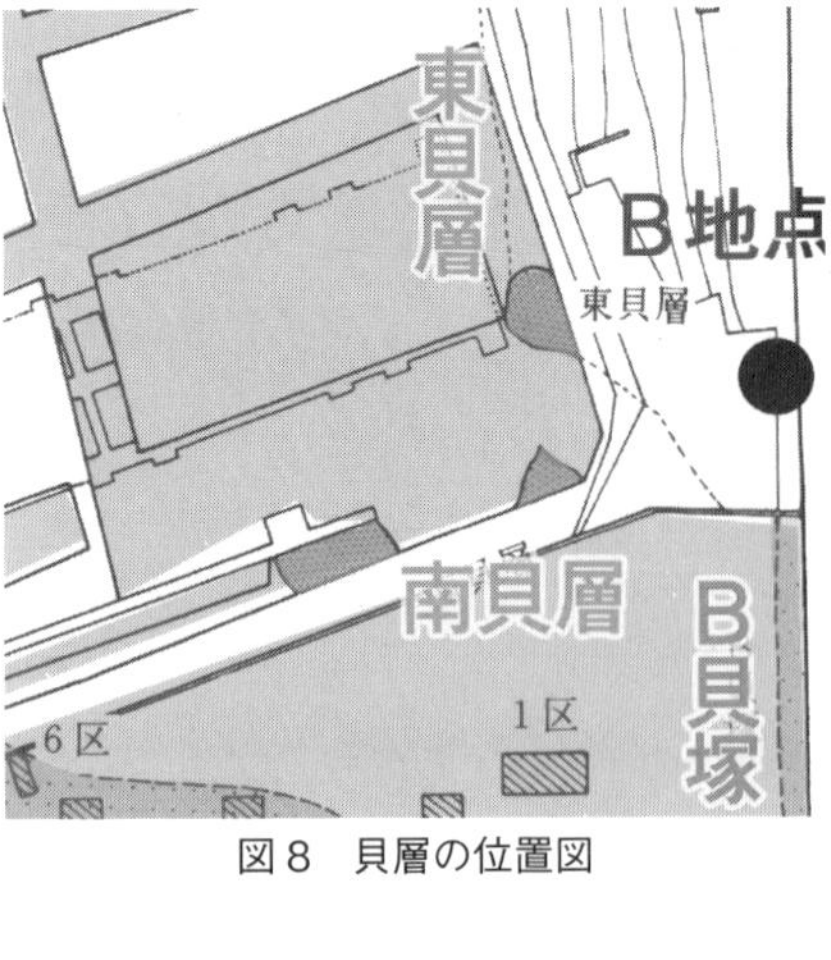

図８　貝層の位置図

昭和五十九年の調査では、台地上に貝層が遺存していることはすでに明らかになっていましたが、発見された貝層はいずれも規模が小さくて、住居内に投げ入れられたような貝層で、とてもモースの見た貝層とはちがうものでした。そこでモースの報告書の中に記されたスケッチをヒントに斜面地調査の必要性もあり、崩壊の危険性に注意しながら短期間でトレンチを掘削した結果、予想通り最も低い位置で貝層が確認されました。この貝層こそがモースが車窓から確認し、唯一貝塚の大きさを記録に残した貝層の一部であろうと想定しています。つまり、東に張り出した台地の縁辺は思っていた以上に急な地形となっており、斜面直下に貝層が流れ込んでおり、斜面に張り付いた貝層は、平地の堆積よりも斜めになるために厚く見えたと思われます。したがって、モースはこの斜めの貝の堆積をみて、「四m」という堆積の厚さの記載をしたのではないかと想像しています。

検出した遺構

鉄筋コンクリートで構築された住宅部分の基礎周辺と基礎内の攪乱が及んでいないと思われる範囲を集中して調査を行ないました。図9で示したとおり、第二号棟北側と南側の都合四カ所で貝層が確認でき、それぞれは図7に示したとおり東貝層、南貝層、西貝層という名称で区分し調査を行ないました。今回の調査範囲は、昭和五十九年の調査範囲に接する部分であり、図8に示してみると明らかに今回確認した西貝層と、昭和五十九年に確認されていたA貝塚とはほぼ連続する同一の貝塚であるということが明らかになりました。また、南貝層と東貝層は、前の調査では確認されていない新たな貝層であることも明確になりました。

確認した遺構は図9に示したとおりで2号棟の南東側約八一平方メートルの範囲内に集中していることが確認できました。範囲内は、後世の攪乱が著しかったのですが、円弧を描くように東西に伸びる溝一条と、単独で6号住居跡、切り合い関係にある1~5号住居跡を確認しました。6号住居跡は1~5号住居跡と三メートルほどの間隔があり、基礎で壊されていましたが、ピットの配列の状況などから考えると住居の約四分の一程度の範囲は調査ができたもの

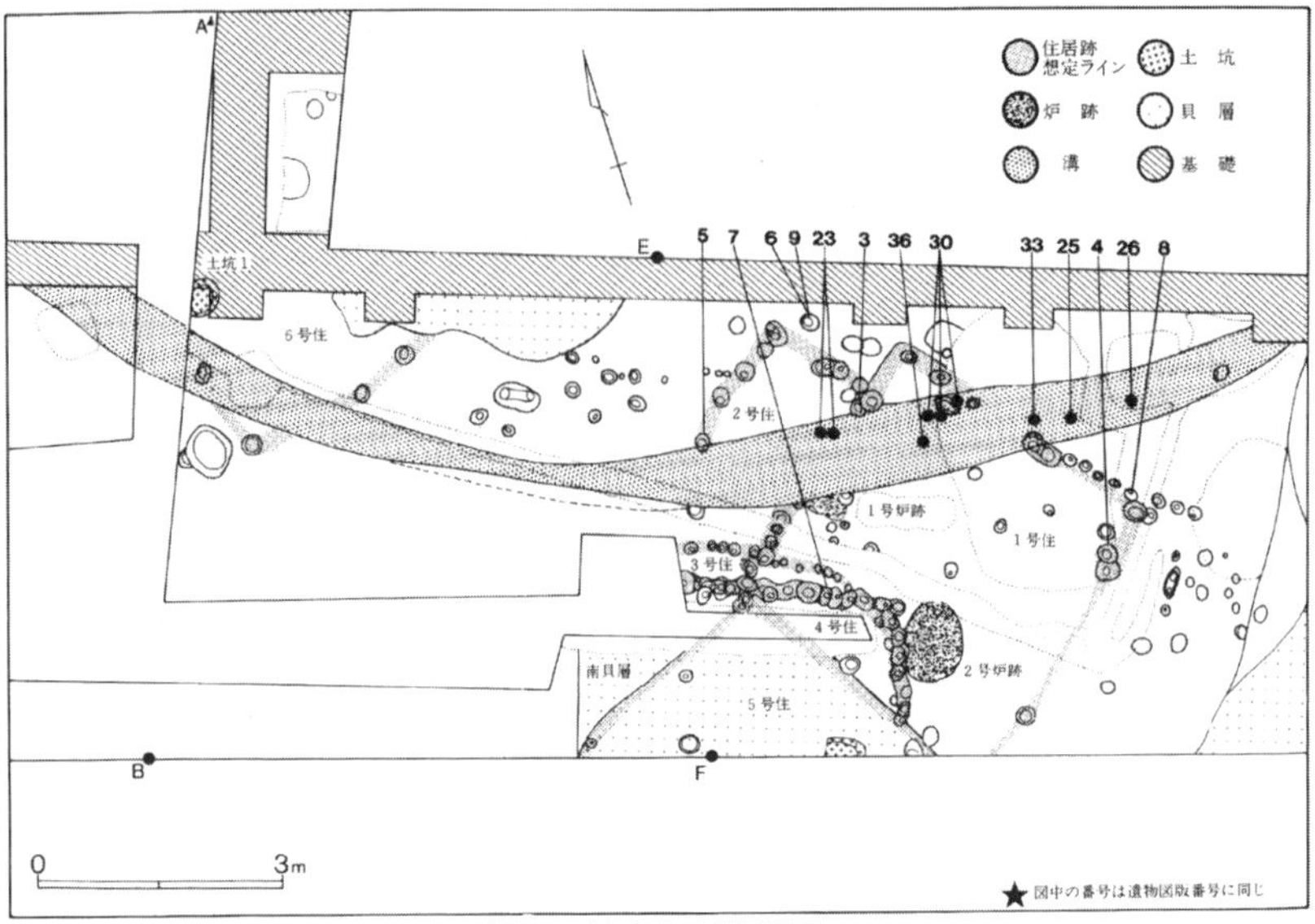

図9　検出した遺構図

と思われます。1号から5号住居跡は、連続的に切り合い関係になっており、ピットの配列と炉跡の切り合い関係などから全体では六軒以上の住居跡が存在した可能性さえもあることが明らかになりました。

住居跡の時期は、溝跡とそれぞれの遺構の切り合い関係から相対的な位置づけでみていくと、溝跡と6号住居跡では、溝跡が新しく、1号、2号住居跡と溝跡では、溝跡が両住居跡を切っており新しく、1号と2号住居跡では、ピットの切り合い関係から2号住居跡の方が新しいことがわかりました。

出土遺物の点から見ると、1・2号住居跡の遺物は図10―4・5で明らかなように加曽利B式期の遺物を伴っていました。また、切り合い関係にある1号住居跡と溝跡の覆土に注目すると、1号住居跡の覆土は下層から上層まで破砕貝が堆積しておりこれを溝跡が壊していました。つまり加曽利B式期に構築された住居は、埋没家屋に破砕貝が捨てられる環境にあり、溝跡と6号住居跡との関係から、最大に遡ったとしても安行3c期を上限として造られた溝によって壊されている状況にありました。そして溝の覆土を観察すると破砕貝が全く入らないことからも、溝は貝塚が

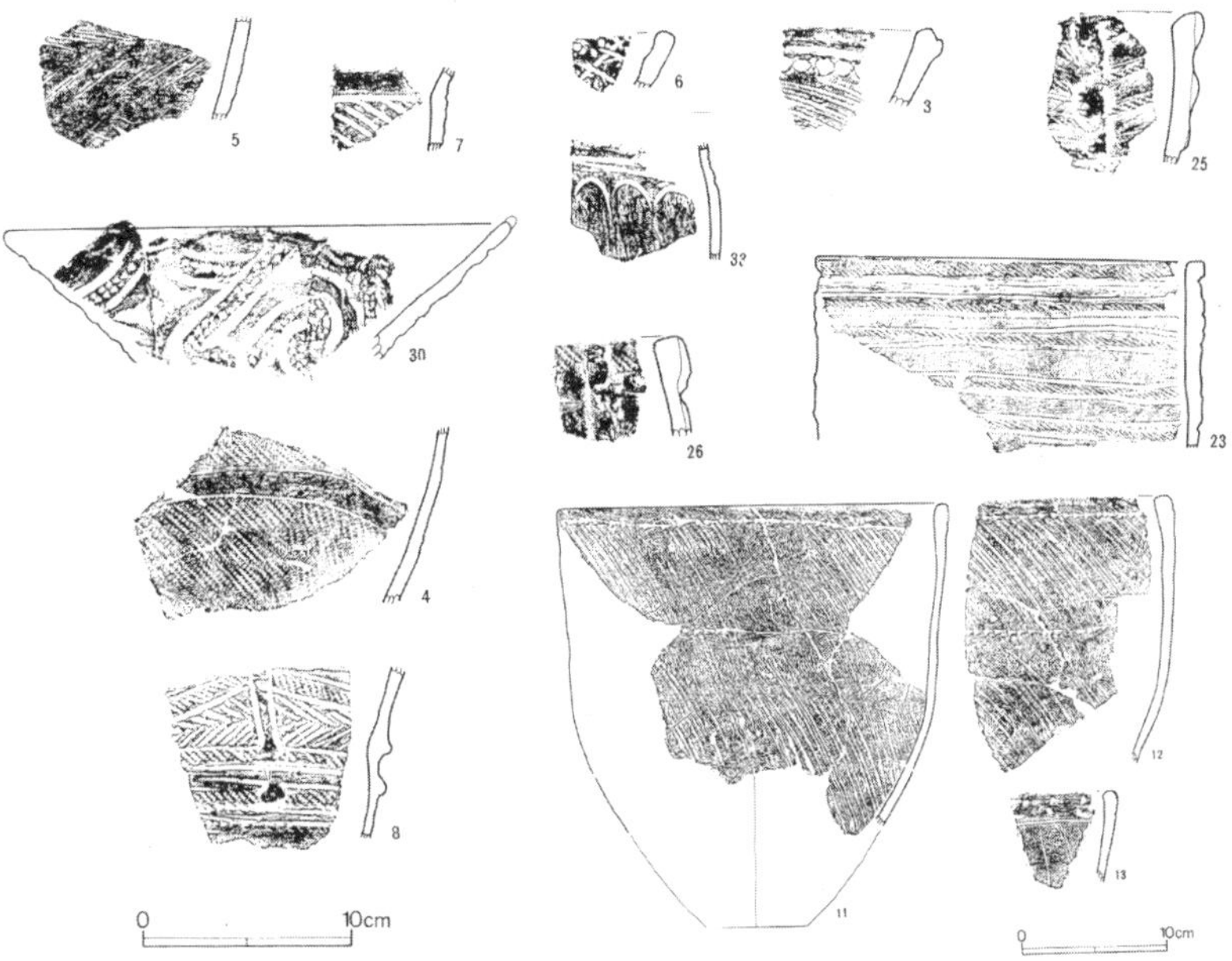

図10　遺構検出の主な土器類

形成される環境下に伴う遺構というよりは、貝層の形成とは若干隔たりのある時期の溝遺構と考えておきたいと思います。

3号～5号住居跡の切り合い関係は、5号住居跡が最も新しく、3号住居跡と4号住居跡のピットの切り合い関係から4号住居跡の方が新しいと思われました。したがって住居跡は、3号→4号→5号住居跡という相対的な関係にあります。それぞれの住居跡の出土遺物から時期を検討すると、3・4号住居跡のピットからは加曽利B式期（図10―7）の土器が数点出土し、5号住居跡では、南貝層に当たる貝がこれを覆い、貝層中からは、曽谷式期の土器群が主体的に発見されましたので、住居が廃棄された時期として、この曽谷式期直前を想定しておきたいと思います。

以上、狭い範囲内で確認できた住居跡と溝跡の時期について触れてきましたが、大森貝塚の台地上の住居跡群は、後期後半の人々の生活エリアが存在した可能性が指摘でき、貝層は晩期の人々の生活の痕跡の一部を示していることが明らかになったと思います。

続いて再び東貝層について若干ふれておきたいと思います。

図11で断面の様子を示しましたが、２号棟の北側の部分において溝跡の延長部分や、住居群の広がり、南貝層の広がりなどを確認するために設定したトレンチ内で貝層を確認しました。これが東貝層であり、モースの見たであろう貝層と思われます。この東貝層は、加曽利Ｂ式期の住居群の確認面とは全く違ったレベルで、住居群が確認できた生活面から約二メートル程度下がった位置で発見されました。図11で示すように台地が北側に向かって急に落ち込んだ面に堆積していることが明らかです。遺物は、層位での把握はできませんでしたが、加曽利Ｂ式期、曽谷式期、安行１～３ｃ式期までの後期後半～晩期の初めの遺物を確認しています。

三　大森貝塚の人々の生活と貝塚形成について

平成五年の調査成果などから大森貝塚遺跡の当時の村のようすを想像してみると、台地の北側が斜面地になっており、加曽利Ｂ式期から曽谷式期の時期には、台地縁辺の部分に生活が繰り返され、貝塚は斜面下へ形成され、安行式期には、台地内部に生活の拠点が生まれ、斜面や台地縁辺に貝層が形成されたのだろうと思われます。

どのくらいの人々が生活していたのでしょうか。

大森貝塚遺跡の周辺に目をやると、近隣では大森貝塚の北約三六〇メートルに品川歴史館が位置しておりますが、この場所は歴史館建設に先立って調査が行なわれています。その成果を見ても縄文土器は発見されていないし、遺構の確認も全く認められない状況

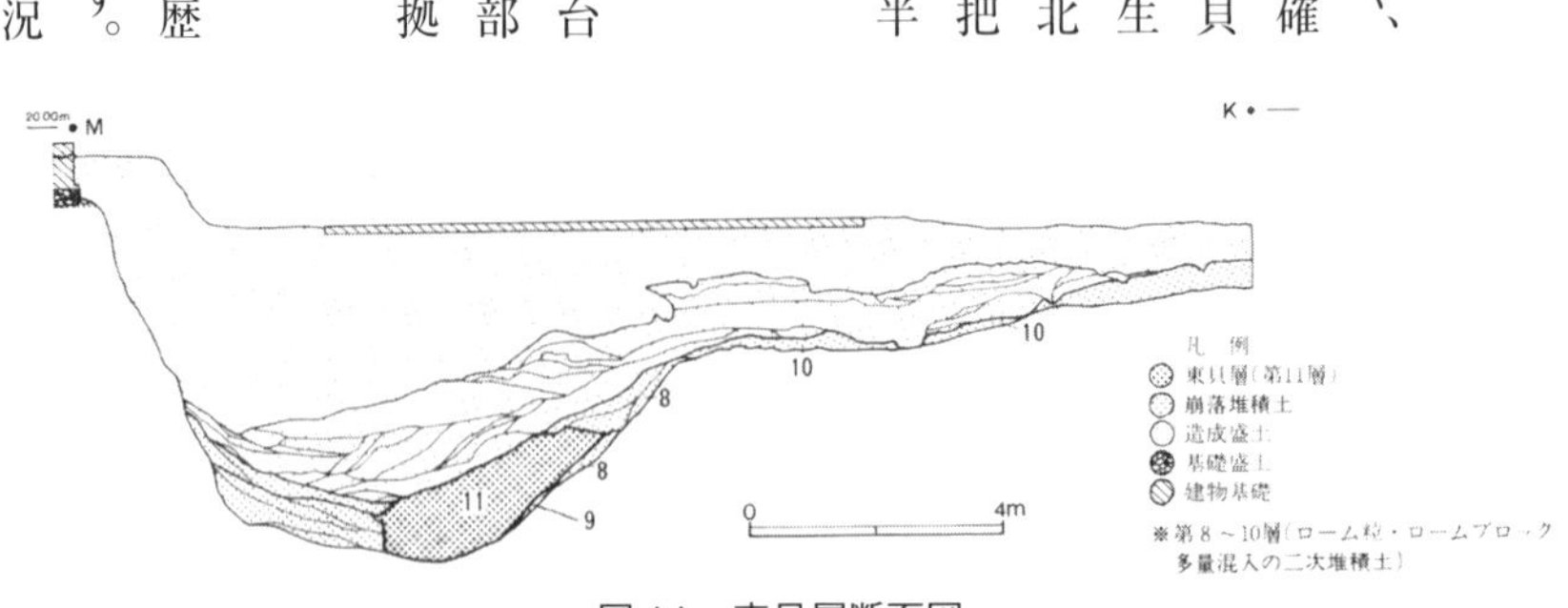

図11　東貝層断面図

です。現在の地形をみると、大森貝塚から北に向かって地形が高くなっており、品川歴史館のあたりが周辺ではもっとも高い位置になっています。当時と地形的な大きな変化がないとすると、大森貝塚周辺に最初に住んだ人々は、台地の縁辺の狭い範囲に住み、移住することなく住み替えを繰り返していたであろうことが想像できます。

また、広い高台となる台地が周辺に存在しながら人々の生活の痕跡があまり確認できないということは、大森周辺の縄文時代後・晩期の人々の生活拠点は、実際はもっと内陸の別のエリアにあり、海に近い大森貝塚付近においては、貝採取を主に季節的な営みが行なわれていた可能性はないでしょうか。

西貝層からは、貝輪（図15）や土偶（図13—3）、琥珀（図12左）などが発見されています。オオツタノハ貝製の貝輪（図15）、形態的に特徴のある図14の大型の釣針などの存在も注意しておきたいものです。オオツタノハ貝の生息地は、奄美、沖縄、伊豆諸島南部などに限定されるようですが、生息地の特殊性も指

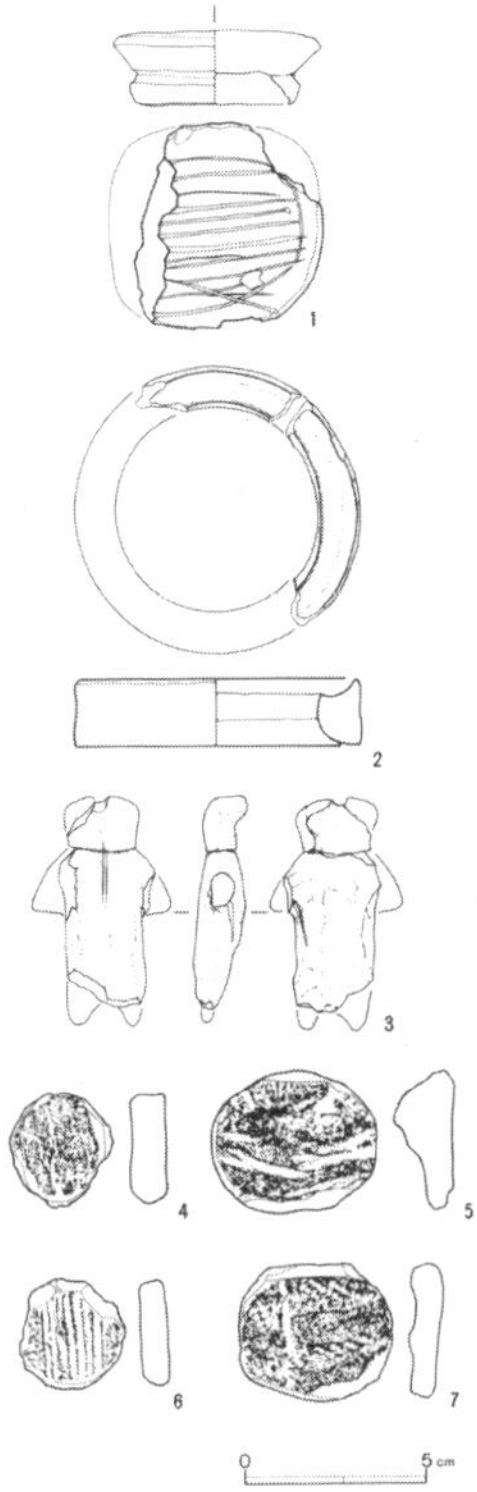

図13　西貝層出土土製品

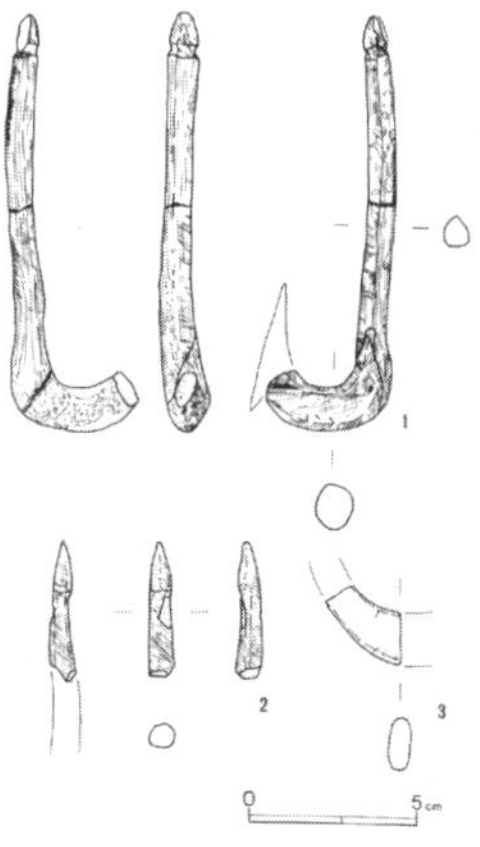

図14　大型釣針

図12　琥珀・土偶・耳飾り（西貝層）

摘されています。波打ち際の深い岩礁に生息することから、その漁は特殊であり、潜水などの特殊な技術が必要であることがすでに指摘されています。ですから貝塚検出とはいえ日常的なゴミと同一視してしまうことには注意しなければならない重要な遺物と思われます。また、図14—1のニホンジカ製単式大型の釣針の形態は、軸部が細長くU字形の湾曲部を有し、鈎部が大きく発達するタイプであり、加曽利B式期の古鬼怒湾岸とされる地域に多く分布し、茨城県の広畑・余山貝塚出土の釣針などが典型例としてあげられています（図17）。

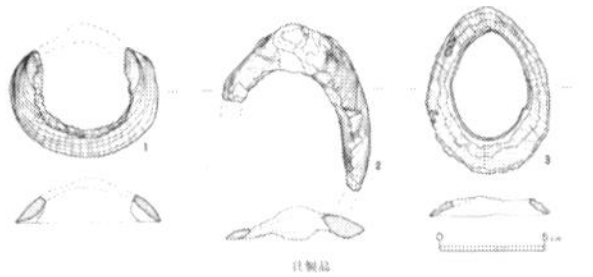
図15　貝輪実測図

そして、この形態の釣針の機能的な問題も併せて考えておきたいと思います。大型であることから釣針としてどのような魚種に使ったものなのか。あるいは、威信財的な貴重な品として考えられているオオツタノハ貝などの使用目的とも併せて比較検討する必要があろうと思います。すでに常松氏が指摘するように古鬼怒湾に展開した後期・晩期の縄文の人々との交流も注意したいものです。加えて、貴

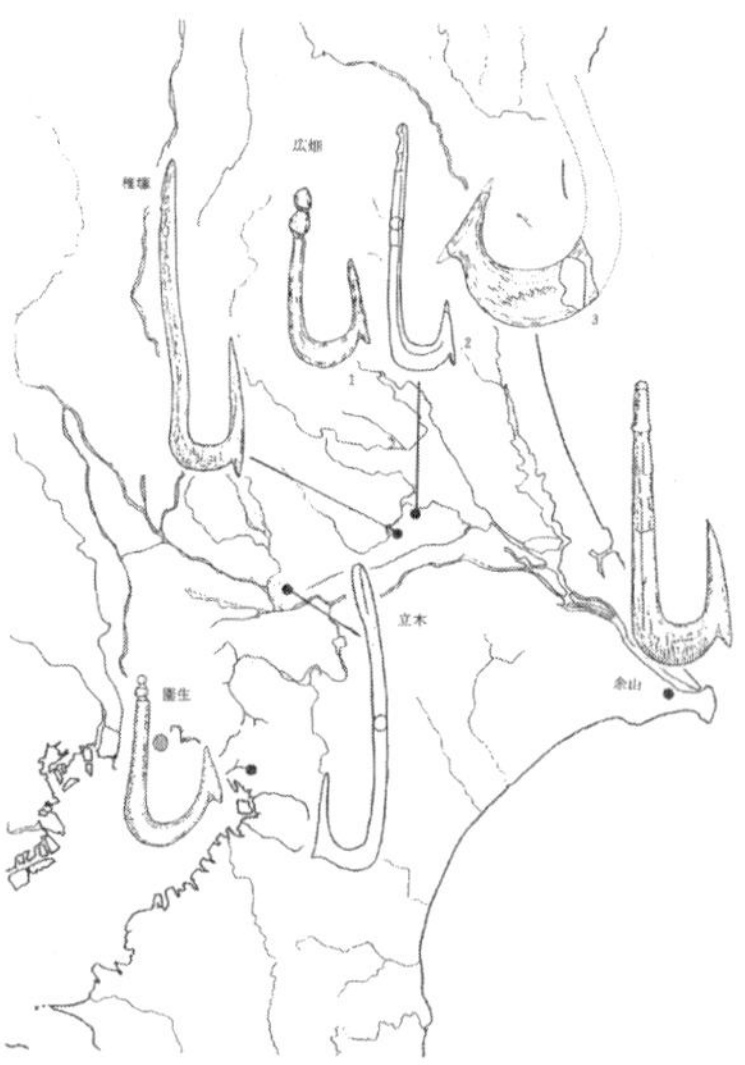

図17　古鬼怒湾周辺発見の釣針

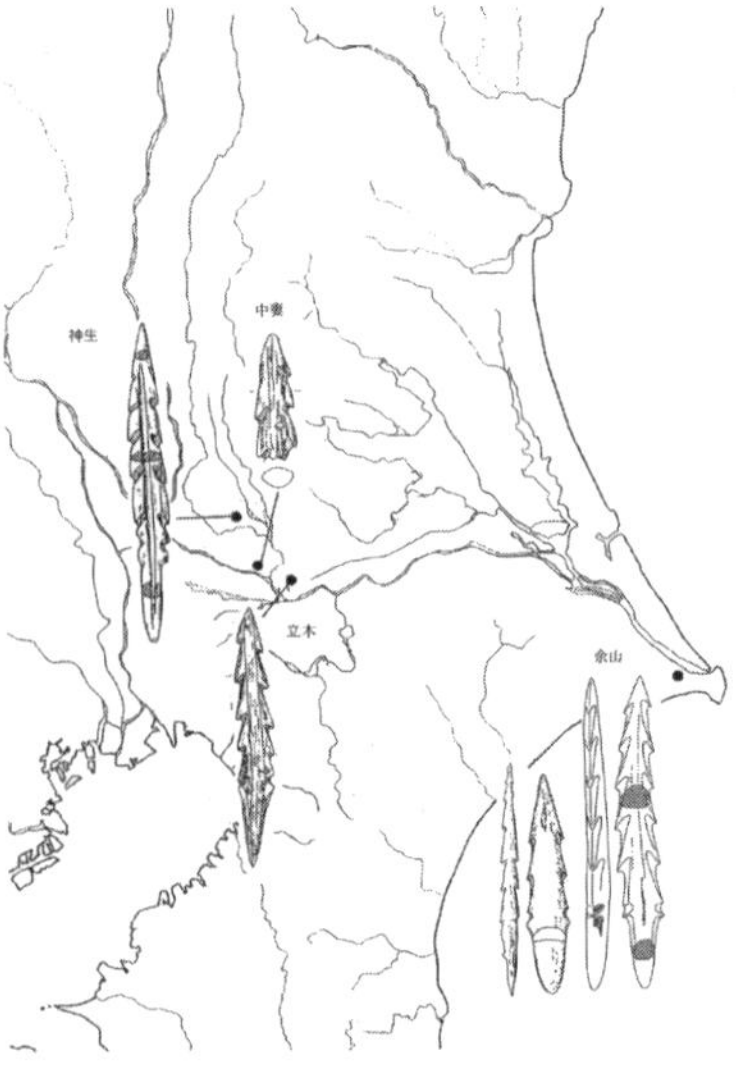

図16　古鬼怒湾周辺発見の銛

（図16・17は常松1998による）

重な琥珀も西貝層から出土しています。産地や流通の問題とともに考える必要があろうと思います。さらに、製塩土器の存在や昭和五十九年の調査で確認されているA貝塚出土の大洞B、大洞B–C式期の遺物の存在です。近年、この大洞式期の遺物の動きについてとくに注視されてきています。青森を中心に展開すると考えられてきた大洞式期の土器が四国や、あるいは同系統の土器が中国、九州でも確認されており、遺物そのものが動く場合と、ヒトだけが動いて移動先の遺跡で土器作りの指導を行なったというようないろいろな場合が指摘されているようであり、ヒトの交流とモノの移動などの視点から、今後、注意する必要があるでしょう。

引用・参考文献

椎名仙卓　一九八八『モースの発掘—日本に魅せられたナチュラリスト—』恒和選書一一
梅渓　昇　二〇〇七『お雇い外国人』講談社学術文庫一八〇七
社団法人橿原考古学協会　二〇〇六『ロマイン・ヒッチコック—滞日二か年の足跡』
阿部芳郎　二〇〇四『失われた史前学—公爵大山　柏と日本考古学—』
山内清男　一九三九『日本と遠古之文化』先史考古学会
山内清男　一九三〇「所謂亀ヶ岡式土器の分布と縄紋式土器の始末」『考古学』第一巻第三号
大山史前學研究所　一九三二、「東京湾に注ぐ主要渓谷の貝塚に於ける縄紋式石器時代の編年學的研究予報（第一編）」『史前学雑誌』第三巻第六号
史前学会　一九二九『大森貝塚建碑紀念文集』
甲野　勇　一九三三「関東地方に於ける縄紋式石器時代文化の変遷」『史前学雑誌』第七巻第三号
近藤義郎　一九六二「縄文時代における土器製塩の研究」岡山大学法文学部『学術紀要』第一五
考古学研究会　一九七七　大森貝塚一〇〇年記念特集『考古学研究』第二四巻第三・四号
大塚達郎　一九九六「縄紋晩期研究の一断章」山内清男没後二十五年記念論文集『画龍点睛』

常松成人　一九九八「古鬼怒湾『製塩遺跡』を中心とした安行式集団の動態」『茨城県史研究』七八
吉田　格　一九九六「縄文時代の琥珀」『論究』三
品川区教育委員会　一九八五『東京都品川区　大森貝塚』
品川区遺跡調査会　一九九四『大森貝塚—平成五年度範囲確認調査概報—』品川区埋蔵文化財調査報告書第一六集
金子裕之　一九七九「茨城県広畑貝塚出土の後・晩期縄文式土器」『考古学雑誌』第六五巻第一号
関　俊彦　一九九〇「モースによる大森貝塚の発掘とその後」『都市周辺の地方史』地方史研究協議会

問題提起1

大森貝塚の調査と大森ムラの実像

阿部芳郎

はじめに

E・S・モースによって大森貝塚が発掘されたのは今から一三〇年前になる。日本考古学の幕開けとも称される大森貝塚の発掘は、より直接的には貝塚研究の学史としても銘記されてきた。しかし、その後の貝塚研究が順調に日本考古学に根付いたとはいえず、モース以後五〇年の歳月を経て、本格的な貝塚研究がようやく根をおろしたことは、その方面の学史にくわしい（酒詰一九六一、坂詰一九八四）。

また大森貝塚をめぐる二つの記念碑建立に関する問題は、古く戦前から話題を提供することはあったが（松岡一九三五）、近年の開発にともなう発掘調査などにより、その位置が確定した（加藤二〇〇七）。しかし大森貝塚の実像については、あまり多くが語られずに今日に至っている。

おそらく今日にいたるまで一九八〇年に大田区が区史の編纂の一環として、モースの発掘資料に検討を加えたことが本格的な研究としては唯一であったと思われる（関一九八〇）が、それはモースの発掘資料の再分析を中心とした研究に限定されていた。

しかし最近の発掘によって、大森貝塚の範囲が品川区の記念碑を含む地点にほぼ特定され、また台地の上に集落遺構の存在が確認され、遺跡としての検討を加える条件が整いつつある。さらに大山柏と史前学研究所の調査にかかわる記録類が発見され（阿部二〇〇二、品川歴史館二〇〇七）、モース以後に実施された大森貝塚の調査内容が断片的ではあるが判明しつつあり、大森貝塚の研究は新たな段階を迎えたといえる。ここではこれらの資料をもとにして後・晩期遺跡としての大森貝塚の実像について考察したい。

一　大山史前学研究所の調査概要

大山柏による大森貝塚の調査は本山彦一による一九二九（昭和四）年の記念碑（現品川区側）の建立の際と一九四一年（昭和十六）の調査の二回である。そのうちの後者の調査に参加した清水潤三はその模様を回顧している（清水一九七七）。さらに同じ調査に参加した竹下次作氏は品川区教育委員会の刊行した大森貝塚の報告にA地点から出土した土器の拓本を提供し、後期だけではなく晩期中葉の良好な貝層をもつ遺跡であることが判明した（川崎ほか一九八五）。

まずはじめに、これらの資料から大山柏らの調査を復元してみよう。清水によると大山の調査は「大山史前学研究所の方式」によって実施され、詳細な記録がとられたということであるが、それらは昭和二十年五月の空襲によって灰燼に帰した。清水の記録によれば、参加者は大山のほかに「柴田常恵、斉藤弘吉であるとか、慶大文学部の諸先生、竹下次作氏、筆者、学生諸君」であったという（清水前掲）。

柴田常恵は、当時大山とともに慶応大学で教鞭をとっていた。これらのほかに研究所では動物遺存体の研究を行なっていた大給尹が参加した可能性が高い。

清水による調査の記録は竹下氏の助力を得て記述しているので、その記述内容は第三者による伝聞的な記録ではなく、比較的信憑性が高いものと考えられる。

清水の示した「鹿島町貝塚略図」（松原図4、六〇頁）によると、大山らの調査地点の概要がわかる。それによると三地点が調査されたことがわかるが、それらは東京湾へ面した台地に入り込む小谷の南斜面（A地点）と記念碑付近（C地点）および、記念碑の北側（B地点）の三カ所であったという。殿村家の建物は台地上の平坦面に位置したことがわかる。

　筆者がかつて竹下氏に確認した事実によると、C地点とB地点の貝塚は同一の貝塚である可能性が高いということであった。したがって、東側の貝塚は東京湾に面して形成された規模の大きな貝層であったことになる。それに比較して、A地点貝塚は独立した位置に形成された別地点の貝塚であったという。

　大山らの成果は大森貝塚の地点の確定に決定的な証拠となったことは間違いないであろうが、太平洋戦争の勃発による大山自身や所員の出征と戦災による資料の焼失など、幾多の出来事が結果としてそれを阻むことになった。なお竹下氏らは調査地点の測量図を作成したそうであるが、それも今は現存しないという。

二　現存する写真記録類からみた調査の復元

　発掘調査に関する記録としては大山が後年に調査を振り返った記述のなかに一枚の貝層の断面図があ

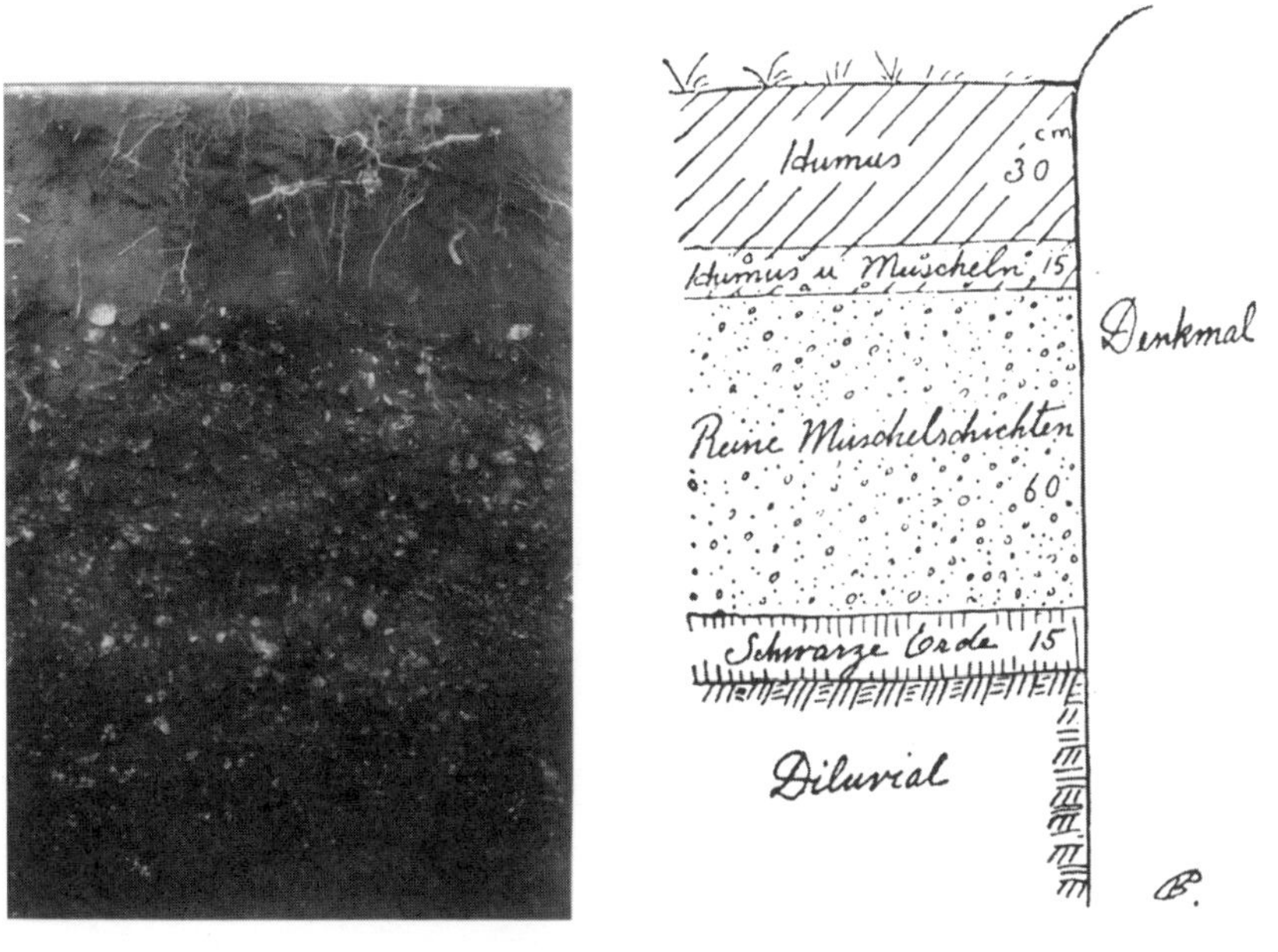

図１　記念碑付近の貝層断面（竹下資料）

るに過ぎない（大山一九六七）。竹下氏の所蔵された写真の中には、この貝層断面に相当する写真がある（図1）。貝層は混土率が高い混土貝層であり、その場所は記念碑の付近（C地点）である。

また人骨の出土状況が撮影されたものがあるが、これは同一の写真が殿村資料と竹下資料に存在する（図2）。こ

図2　A貝塚人骨出土状況（竹下資料）

図3　大森貝塚調査状況
（殿村資料）

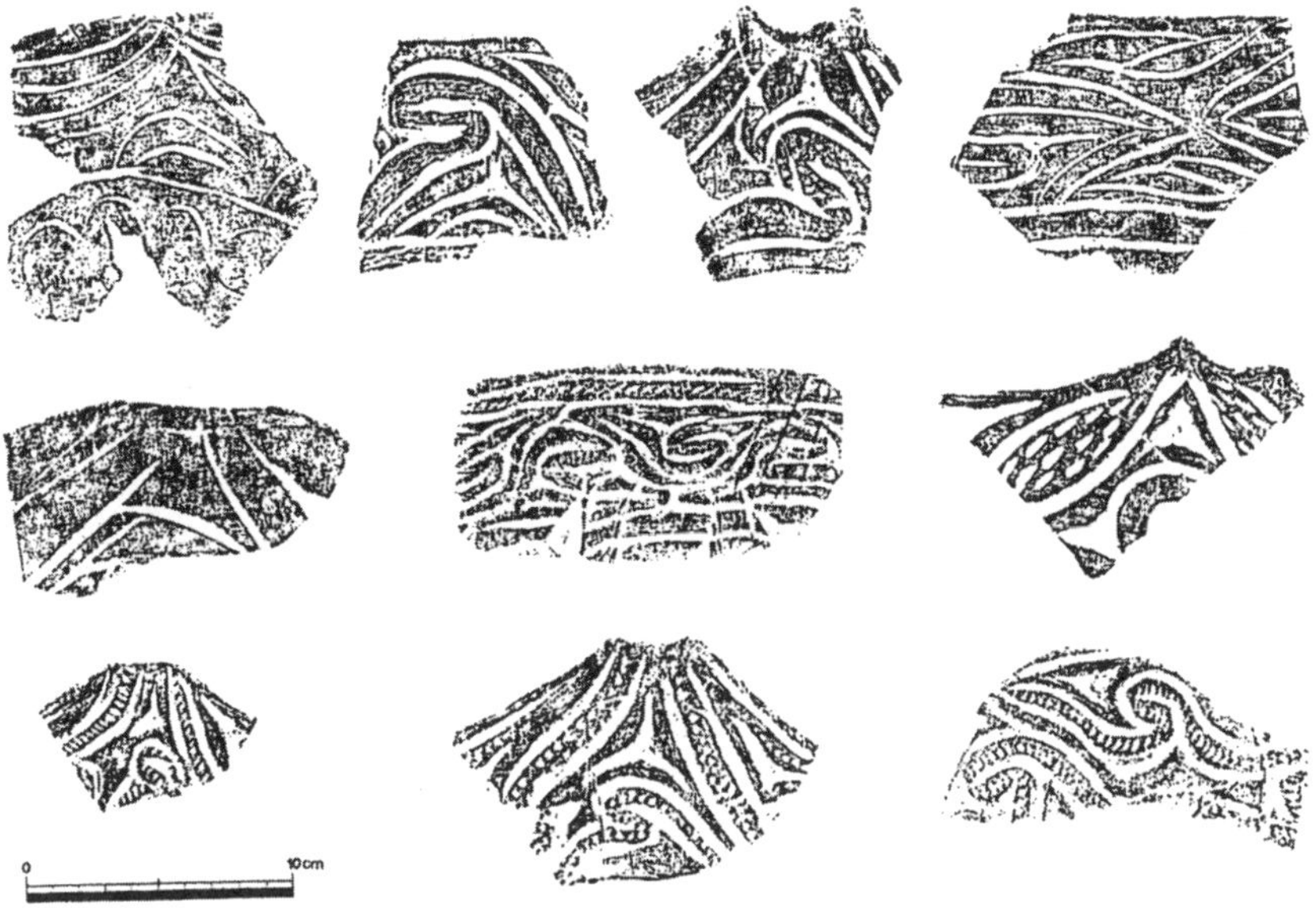

図４　竹下氏旧蔵のＡ貝塚の土器（川崎 1985）

の人骨はA地点から発見されたものであり、成人の伸展葬と考えられる。さらに殿村資料のなかにはイヌの全身骨格の埋葬写真があるが、清水の記述に従えば、これもA地点で検出されたものである。竹下氏によれば、発掘はトレンチのように溝を設定して調査したということであったが（図3）、B・C地点は東海道本線の路線に沿った場所であったことから、線路側（東側）が開けていたはずである。写真は調査区の片側が斜面となり、周囲に雑木が密生している状況から推測すると、これらは路線からはなれた殿村氏の邸宅内に位置したA地点の調査風景の可能性が指摘できるかもしれない。

殿村資料と竹下資料の写真の中には発掘区の調査状況と遺物の出土状態および出土遺物がある。殿村資料はA地点を中心としたものである。

A地点は竹下資料として公表されている土器拓本からすると少量の加曾利B式土器があるのみで、大半が晩期の安行3c式と3d式土器である（図4）（川崎ほか一九八五）。これらの土器は貝層から出土した可能性が高く、そうであるならばモースが調査したC地点とはその形成時期が異なる可能性が高い。モースの資料中においても晩期の土器が

図５　Ｂ貝塚土器出土状況（殿村資料）

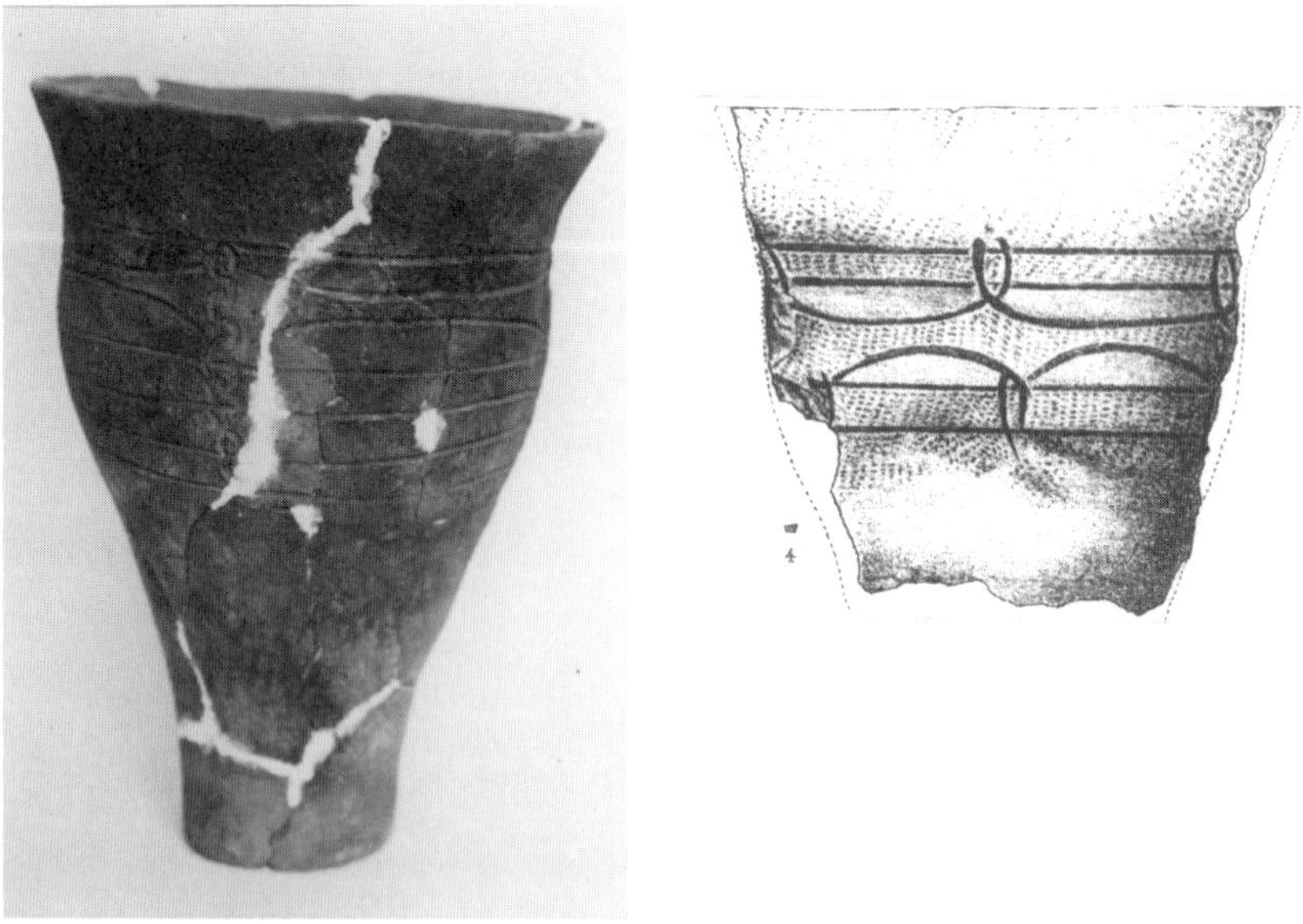

図６　Ｂ貝塚出土土器（竹下資料）とモース発掘の類似資料

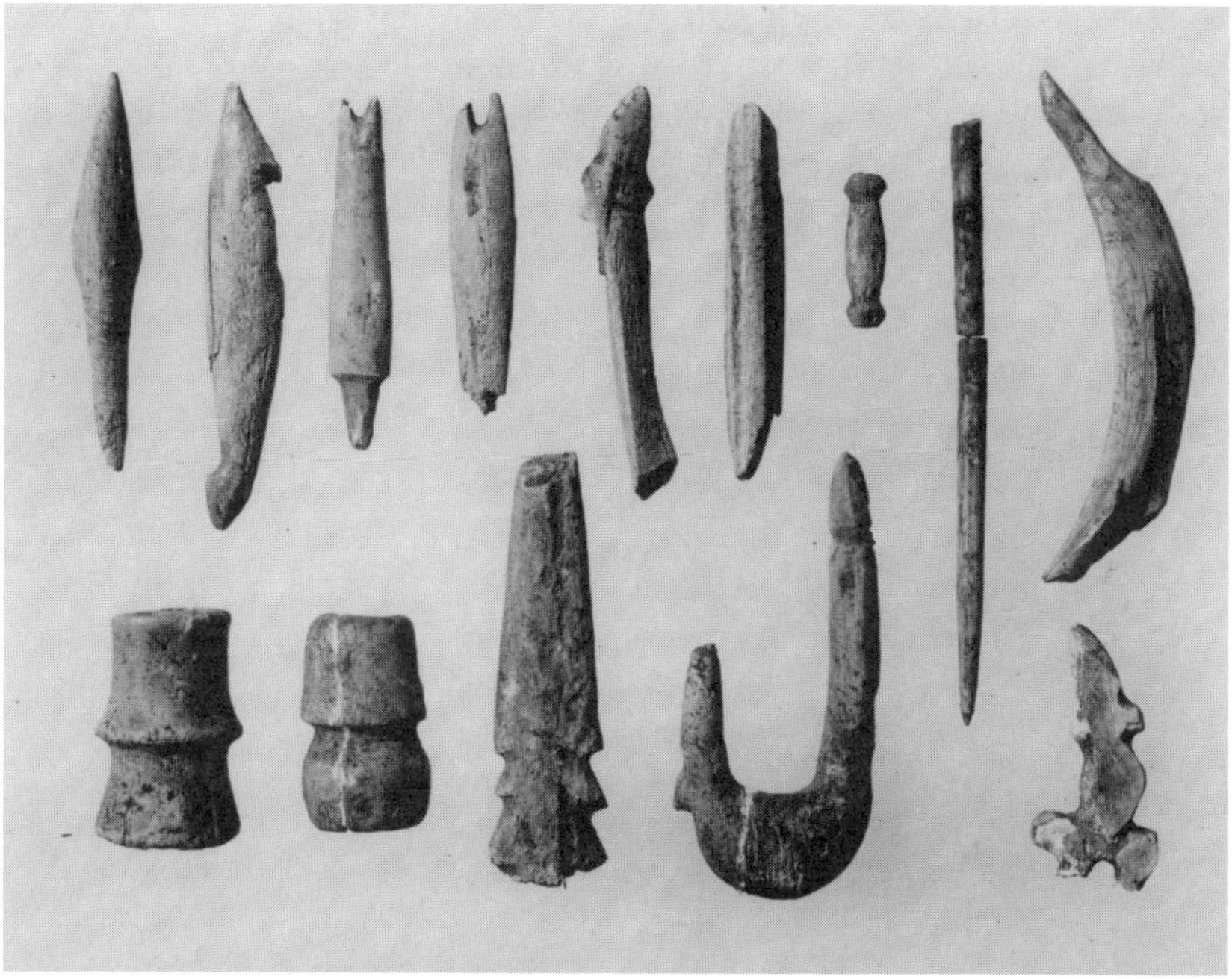

図７　大森貝塚出土骨角器写真（竹下資料）

存在することはすでに知られているが、これらはモースの報告資料が複数回の調査の遺物を掲載していること。またその中の調査には線路際以外の地点の調査の可能性も予想されるため、A地点の一部を調査した可能性も想定すべきかもしれない

一方、竹下資料のなかには記念碑付近の貝層断面とともに、ここから発見された縄文土器の復元写真がある（図6）。また殿村資料には完形土器の出土状況の写真がある（図5）。これらは、ひびの入り方や土器の形態などから、竹下資料と同一資料であることが確認できる。写真には貝殻が散乱している点から、それが貝層中からの出土状況であることがわかる。

復元個体の写真は、緩く膨らむ胴部に横帯文が描かれた加曾利B式土器で、やや写りが不鮮明であるが口縁部には縄文が施文されている。類似した土器はモース資料のなかにも見ることができる。殿村資料にあるもう一枚の土器の出土状況は、加曾利B式期の椀形の土器であり、口縁部に突起が付けられている状況がわかる。出土地点を特定する手がかりはないが、型式学的には深鉢とほぼ同じ時期と考えて大きな間違いはない。

これらの記録類からみると、A地点貝塚は形成時期が晩期にいたる可能性が高く、加曾利B式期を中心としたB・C地点貝塚とは時期が異なることになる。これは大森貝塚の形成過程を考える場合、重要である。

さらに、竹下資料の写真中には一四点の骨角器があり（図7）、モース資料や品川区調査分を含めると、この時期では豊富な出土量といえる。ヤスと牙鏃と弓筈形骨器は後期の特徴である。これらの中でも注目されるのは、釣針と銛頭であり、「関東地方の東部地域の文化と結び付く」可能性が高いことがモースの資料を分析した金子浩昌氏によって指摘されている（金子一九八〇）。大山の調査資料においてもそうした大森貝塚の形成にかかわる漁労活動の一端を垣間見る資料を追加できた。

三　大山の発掘調査の今日的な意義

このように断片的ではあるが、今日各所に散在して残存する資料からは、大山らが発掘した貝塚はA地点と呼称された晩期の貝塚と、B・C地点の後期中葉の貝塚であったことが確認できた。これらの資料は戦前に行なわれた大森貝塚の発掘調査の実態が明らかにできる点できわめて重要である。しかも、それは清水の記憶を保証するものであった。同時にこれらの事実をもとにすると、モースが主に調査した貝塚はB・C地点を中心としたものであったことが信憑性を高めることになる。

竹下資料にあるB地点の資料については、筆者は竹下氏の生前にさらに別の拓本資料が存在した旨を聞いていたが、ついにそれを見つけ出すことはできなかった。この中には晩期以外の時期の拓本資料が存在したかもしれない。しかし、提供されたA地点の拓本資料はこれまでの資料のなかで、もっともまとまった晩期の土器群のあり方からして、この周辺に当該期の生活址が存在した可能性は高い。近傍では下沼部貝塚などとの関連が想定される。

大山は台地上の平坦部に貝塚を残した人々の住居があることを想定し、台地上の調査を目論んだが、当時すでにそこには殿村氏の邸宅や整備された庭木などがあり、発掘を断念したという（大山一九六七）。大山の当時の想定は、それから約五〇年の歳月を経て、わずかに残存していた台地端部付近の住居址の発見によって実証されたのである（品川区遺跡調査会一九九四）。

四　大森貝塚の形成

近年の大森貝塚の調査によって、台地の上には貝塚だけではなく、住居址が存在したことが明らかになってきた（坂詰・松原一九九四）。ここでは、大森貝塚を集落として捉えその実像を復元してみよう。

大森貝塚の近年の調査のなかには、遺跡としての性格を考える場合、重要ないくつかの発見があった。まず第一に、貝層のある台地上の発掘では六軒の住居址が発見されたことが挙げられる。住居は上面を削平されているものが大半であるが、壁柱穴の配列や炉跡の痕跡などから後期の住居であったことがわかる（松原図9、六六頁）。

さらに出土した土器から、後期中葉の加曾利B式期から安行1式期を中心としたものであることも確認された。これらは台地上に規則ある配列をなすというよりも、むしろ台地端部に近接した空間に繰り返して建てなおされた結果に残された重複した住居群である。

削平を免れた柱穴の配列から住居のプランが想定されるが、それによれば住居プランは方形で、住居は少しずつ場所を移動しながらも、基本的には台地端部を中心に構築された状況が見て取れる。

また、残存する台地の形状からも、中央部に広場的な施設の空白部を残し、環状に住居が配列されるような構成ではなく、急な斜面をもつ狭い台地の縁辺に住居群が配列される構成をもつものと推測できる。これは東京湾東岸地域に類例が集中する環状貝塚のムラ構えとは大きく異なる。

一方で、重複した住居の反復状況は神奈川県や埼玉県、千葉県などにも広く類例を確認することができる。こうした現象はムラという居住空間のなかに、それぞれの世帯の居住エリアが固定化されていた状況を示すものであろう。

したがって大森貝塚の特徴というよりも、後期中葉以降の居住施設の構築方法として理解すべきである。

ところで、住居の配置状況には集落の中央部に遺構の空白部を残して住居が環状に配置される集落が、これまでの縄文集落の特徴的な形態として理解されてきた。都内では北区西ヶ原貝塚（ディスカッション図6、一一八頁参照）などがその典型である。これらは中期からの環状集落の伝統上に説明されてきたが、それだけでなく、狭小な台地の斜面部に住居が並列するタイプの集落も存在する。

後期の集落構成を考える場合、住居配列が環状のタイプと列状のタイプがひとつの地域に共存するかたちが、当時の地域社会を考える場合には実態に即した理解であろう。そして大森貝塚はこうした観点から見た場合、斜面に貝塚をともなう「谷面並列型集落」とも言うべき類型に含めることができるであろう。

五　大森貝塚の実像

ところで、モースによる大森貝塚の報告の訳出（近藤・佐原訳一九七七）によれば、貝層は東海道線の線路際に露出しており、その状況から貝層の厚さが四メートルあると記述されている。東海道線の線路は台地の下部に相当するから、貝塚の主体は低地部という推測も成り立つかもしれない。四メートルの層厚をもつ貝塚とは、東京湾東岸の千葉県側に多数残された貝塚の中でも、類例がほとんどない。

この訳出にしたがって貝塚の性格を考えるならば、そして、さらにこの記述が事実とするならば、宮崎博氏が指摘する「付近に居住した集団が反復して利用した海産物の処理場」という推測も成り立つかもしれない（宮崎二〇〇七）。こうした貝塚は、わたしが北区中里貝塚の調査成果をもとにして提唱した「ハマ貝塚」（阿部一九九六）ということになるが、そう考えた場合、出土した遺物の構成はムラ貝塚の特徴を示しており、矛盾する。

どうも大森貝塚の性格を考える場合、「厚さ四メートルの貝層」という記述が重要な問題を投げかけているようだ。モースの報告で、かの有名な報告書巻頭の調査風景を見ると、線路際に露出した貝塚を調査する状況が描かれている。

図８　モースによる大森貝塚の調査風景（モース 1879）

作業する人々の前にはおそらく線路工事によって線路際に白く剥き出しになったと思われる貝層が線路に沿って露出している状況が見て取れる（図８）。

モースは大森貝塚の報告書とそれに先立って書かれた『Popular Sience Monthly』には貝層の厚さが一〇センチから七五センチという記述もある。報告書には「貝塚の長さは、崖沿いに八九ｍあり、厚さは最大四ｍである」という（近藤・佐原訳一九七七）。異なる貝層の記述があることに注意したのは堀越正行氏である（堀越一九八〇）。堀越氏は大森貝塚の規模を、スケッチから推定するかぎり「四ｍというきわめて厚い貝層をそこに想定するのは、いささかの無理がある」とした（堀越前掲）。妥当な解釈であるといえよう。

残念ながらモースの報告書には、貝層をどのように発掘したのかということは記述されてはいない。しかし、線路面よりも深く掘り下げた発掘調査が行なわれたことを、巻頭を飾る調査風景から推測することはできないし、線路際という限られた場所での調査からしても現実的ではない。

したがって、「厚さ四メートルの貝層」とは、貝塚を垂直に掘り下げて確認したのではないことは、どうやら確からしい。それでは両者のあまりにもかけ離れた値をモースの誤認・誤記と考えることはできるだろうか。近年の台地上から端部にかけての発掘調査によれば、線路際の貝塚は東京湾に面して形成された急斜面に堆積していたことがわかってきた。さらに、昭和十七年に複数箇所で発掘を行なった大山柏によれば、品川区側の記念碑脇において加曾利B式土器を主体的に出土する貝層を確認しているが、その層厚はおよそ六〇センチほどであったという。

わたしはモース報告による調査状況、そして大山柏らの調査成果、貝層の堆積した台地斜面の地形などから、「厚さ四メートルの貝層」とは斜面貝塚の貝層が露出した部分の比高差を計測したものであろうと考える。

そして、出土遺物の構成からみた場合、これらはムラ貝塚としての特徴が明確であり、その多くは今日史跡公園として保存されている台地上より、投棄、堆積したものであると考えるほうが、合理的に説明できる。

もちろん、急な傾斜に形成された貝塚の性格上、貝塚も末端が現在の路線下につづいて本来は存在した可能性が高いことはいうまでもないが、それらが集落から離れた場所に営まれた海産物の加工場であるとするには、いささかの無理があるし、出土した遺物の構成もそのことを示唆している。大森貝塚は東京湾に面した、細長い台地上に沿って並列した住居構成のムラに付随して形成されたムラ貝塚と考えるべきであろう。

大森貝塚が発掘されて一三〇年後に集落遺跡としての大森貝塚の実像が、ようやく見えてきたのである。

六　大森貝塚研究の課題

今回の成果をふまえて、今後の大森貝塚の研究課題についてまとめておきたい。

まず、第一点として、集落としての大森貝塚の研究を進めるためには、集落の立地する台地下の状況を確認する必要がある。多くは宅地や道路の下に埋もれている泥炭などの土壌から花粉や珪藻を取り出し、当時の古環境を復元することは充分に可能である。

第二点として、住居の発見によって明確な集落研究の対象化が可能となったが、現在までに発見されている居住施設は加曾利B式期から安行1式期に限定されている。モース以来、これまでの発掘の出土品を見ると、堀之内1式期から晩期の安行3d式期にまでおよぶ。これらの各時期の居住活動が不明である。予測的なことを付記するならば、A貝塚の年代が晩期にまでおよぶ可能性を重視すると、その台地端部が当該期の居住空間であった可能性が高いであろう。

第三点として遺物研究がある。モースの調査や大山柏の調査、さらに品川区の調査では、いずれも大形の釣針が出土している点がこれまでに注目されてきた（金子前掲）。また土器の系統については、すでに加曾利B式土器については鈴木正博氏の研究によって東関東系の土器群の存在が指摘されているが（鈴木一九八〇）、こうした現象は後期前葉の堀之内式期にまでさかのぼる可能性が指摘できる。一方で、晩期中葉の土器群は西関東系の安行3c式や3d式が主体を占めるようであり、系統関係のより戻し現象が認められる。その動態は大森貝塚を残した人々の性格を反映している可能性が高い。

第四点として、大森貝塚と周辺遺跡との関係性の解明である。大森貝塚の周辺には権現台貝塚や下沼部貝塚、馬込貝塚など、ほぼ形成時期を同じくする貝塚が存在する。その相互の距離は二キロほどであり、湾岸部をベルト状に結ぶ海浜集団の関係が存在したであろう。また、一方では広大な後背台地上には貝塚を形成しない遺跡が分布しており、支谷単位、または支谷間の相互の関係が検討されるべきであろう。

いずれにしても、大森貝塚が貝塚研究の原点ではあっても、それだけで大森貝塚の研究に終始していては、記念碑の今日的な意義は半減してしまうし、大森ムラの実像解明までには、まだ多くの課題が残されている。いまや大森貝塚は近代考古学の歴史的原点という意義を内包しつつも、新たな縄文研究の中で再評価の時期を迎えているといえるであろう。

引用・参考文献

阿部芳郎　一九九六「水産資源の活用形態」『季刊考古学』第五五号
阿部芳郎　二〇〇四『失われた史前学』岩波書店
阿部芳郎　二〇〇七「貝塚から縄文社会を読み解く」『考古学ジャーナル』第五六三号
E・Sモース　一八七九『大森介墟古物編』（矢田部良吉訳）
大山　柏　一九六七「大森貝塚を顧みて」『大森貝塚』大森貝塚保存会
加藤　緑　二〇〇七『日本考古学の原点・大森貝塚』新泉社
金子浩昌　一九七四「E・S・モースによって報告された大森貝塚出土の骨角製品、とくに銛頭について」『古代』五八号
金子浩昌　一九七七「外海系貝塚への視点」『考古学研究』第二四巻第三・四号
金子浩昌　一九八〇「四　大森貝塚出土の動物遺存体と骨角器」『大田区史』（資料編）考古Ⅱ、大田区
川崎義雄ほか　一九八五『大森貝塚』品川区教育委員会
近藤義郎・佐原　真訳「大森貝塚」『考古学研究』第二四巻第三・四号
酒詰仲男　一九六一『日本縄文石器時代食料総説』土曜会
坂詰秀一　一九八四「大山柏論」『縄文文化の研究』第一〇巻、雄山閣
坂詰秀一　一九九七『太平洋戦争と考古学』吉川弘文館
坂詰秀一・松原典明　一九九四『大森貝塚』品川区教育委員会
品川区遺跡調査会　一九九四『大森貝塚』
品川歴史館　二〇〇七『日本考古学は品川から始まった』
清水潤三　一九七七「大森貝塚の発掘」『考古学研究』第二四巻第三・四号
鈴木正博　一九八〇「2大森貝塚出土の土器・石器」『大田区史（資料編）』考古Ⅱ、大田区史編さん委員会

関　俊彦ほか　一九八〇『大田区史（資料編）』考古Ⅱ、大田区史編さん委員会
堀越正行　一九八〇「3東京湾における大森貝塚」『大田区史（資料編）』考古Ⅱ、大田区史編さん委員会
松岡　巌　一九三五「大森介墟の分裂」『ドルメン』第四巻第六号、岡書院
宮崎　博　二〇〇七「東京都内の貝塚」『日本考古学は品川から始まった』品川歴史館

問題提起2

出土遺物からみた大森貝塚

安孫子昭二

品川歴史館による今回の特別展「日本考古学は品川から始まった—大森貝塚と東京の貝塚—」の展示図録は、目を見張る充実した内容として評判をよんだ。この巻末の資料二「東京の貝塚文献一覧」には、一九八五年に東京都教育委員会が所収した七四四件の文献と、その後の二二年の間に追加されたおよそ一〇〇件の八四八件が網羅されているが、その多くに大森貝塚が関係している。大森貝塚は東京に限らず、おそらく日本全国でもっとも知名度の高い縄文貝塚であり、それだけに研究者の多くがE・S・モースの報告書に啓発され、また何らかの課題を見出しながら研究を推進してきたところである。

ここではその大森貝塚の出土遺物からどのようなことがわかるのか、先人の研究に屋上、屋を架すことになるが、大森貝塚が擁する遺物量のこと、モースの眼を通して観察された遺物のこと、土器型式などから大森ムラの時期的・地域的な位置づけを検討してみたい。

一　大森貝塚の遺物量

大森貝塚は、当時の海岸汀線に近い台地上から崖線に投棄されて形成された斜面貝塚である。モースは横浜に上陸して二日後の明治十年（一八七七）六月十九日に上京の途中、大森駅を発車して間もない車窓から、線路の切割に貝殻の堆積があるのを見て貝塚だと直観している。明治五年に新橋駅—横浜駅に開通した鉄道線路に掛って台地先端側が削られ、その崖面に貝層が現われていたのである。彼は数か月間、誰かがさきにそこに行きはしまいかと絶えず恐

図１　大森貝塚の発掘状況と帰途につく図
（上：『日本その日その日』、下：『大森介墟古物編』より）

れながら、この貝塚を訪れる機会を待っていた（モース一九三九）。そこは予想に違わず太古の人びとが遺した貝塚で、貝塚の規模は崖沿いに八九メートル、厚さは最大で四メートルにおよぶとされている。しかし、じつはもっと立体的で大規模だった可能性がある。

大森貝塚を発掘したモースは、この貝塚の大きな特徴の第一に、莫大に出土する土器の量をあげている。同年十月九日に総勢一五名で敢行された第三回目の踏査から、本格的な発掘調査が始まった。この日の発掘の情景が『SHELL MOUNDS OF OMORI』（『大森介墟古物編』矢田部良吉訳）（一八七九）の巻頭を飾っている。また、『日本その日その日』（一九三九）には、「この多人数で我々は多くの溝や深い壕を掘った。この日の発掘物は例の大きな四角い籠を充たし、……」、その大きな籠をかついで帰途につく様子がスケッチされている。一日の調査でもこれだけの量の遺物が出土したのである。

昭和四年（一九二九）に「大森貝塚」の記念碑が建立されたが、その折、大山史前学研究所が貝層の確認調査を行なっている。このとき線路沿いの中央八・九〇メートルにモースの発掘跡らしい貝層の痕跡を認めるとともに、両端（B貝塚のB地点およびC地点）にはなお未発掘の貝層が遺っていて、南側のC地点側は鉄道線路で分断されていたから、貝層部分はおよそ一〇〇メートルに近かったのであろうという。また、鉄道当局の工事関係者より聞知したとして、「貝層上にレールを敷いた場合、列車運行の際にレールがバウンドして運行上面白くないので、貝層部分は悉く除去された」ことが記録されている（大山一九六七）。このことは、モースが報告書の執筆に先立ち、『ポピュラー・サイエンス・マンスリー』第一四巻（一九七九年一月刊）に「日本太古の民族の足跡」を投稿したときの記述――「鉄道線路は、貝塚を突っ切って走っている。貝殻堆積の大半は、線路に砂利を敷くために取り去られている。線路近くの稲田に散乱する貝殻や土器片の量から判断すると、貝層が、かつて線路をこえてかなりの距離の稲田にまで及んでいたことは明らかである」（近藤・佐原編訳一九八三）に符合する。

一般に斜面貝塚の形成の仕方をみると、台地に住んだ縄文人は崖側に廃棄物をくりかえし投棄するから、貝層は前に前にとせり出すように堆積していく。大森貝塚の貝層は斜面に張り付くように遺っていたが、貝層は本来、もっと海側にせり出していたのであろう。

大森貝塚は、後期中葉の加曾利B式期を中心にして形成されているが、台地上に住みはじめたのは後期前葉の堀之内式期であり、晩期中葉の安行3d式期までほぼ途切れることなく居住したようである。近年のAMS炭素年代測定の暦年較正に照らせば、おおよそBC二〇〇〇年前からBC一〇〇〇年前までの一千年間となる（小林謙一二〇〇八）。すると目の前の東京湾岸で一千年の間に潮干狩りされた貝殻の総量はいかばかりであろうか、まるで見当がつかないが、相当の量であることに違いない。それら多種大量の貝殻とともに、生活什器とされた土器をはじめ獣骨や魚骨などの食糧残渣、破損した骨角器などが繰りかえし廃棄されて貝塚が形成されたのである。

一九八四年六月に、品川区教育委員会が大森貝塚遺跡庭園の整備を前に範囲確認調査を行なっている。このとき線路際のB貝塚の堆積状況についても調査しており、傾斜面で四メートルに及んだということもうなずけられるとしている（川崎ほか一九八五）。この調査では、『大森介墟古物編』で「該線ヨリ西ノ方九十九メートル（九五メートルの誤り）ノ処ニモ一介墟アリ」とされた貝塚の場所が、一九四一年に大山柏講師率いる慶応大学文学部が調査したときのA地区（清水一九七七）に当たることを明らかにし、A貝塚と呼称している。A貝塚は主に晩期に形成されたもので、線路側のB貝塚・C貝塚の後期と地点を違えて形成されたことも明らかにしている。

二　土器の機能・用途

モースは、大森貝塚をはじめ、北海道小樽、函館の貝塚、東京小石川区植物園内貝塚、西ケ原貝塚、九州肥後当尾貝塚でも貝塚調査を行なっており、どこの貝塚でも遺物が大量に出土することに注目している。なかんずく大森貝塚の場合は、線路側の貝層とともに櫻井甚右衛門の所有地も悉皆調査したから、蒐集された土器は莫大な量に上ったのである。大森貝塚からは全形のわかる土器が五〇個体ほど、破片は何千と出土したから、「かつてはここが、土器作りで有名な場所だった、と信じたくもなる」（近藤・佐原編訳一九八三、一四四頁）と記しているくらいである。

モースは、それらの土器の中から典型的な形態や装飾の形式のすべて、口縁部や突起の形態や紋様構成で特に変わったものなど二一九点を報告書に図示し、説明している。山形県でも東京のほかの貝塚でも、大森貝塚の土器とひじょうによく似た形の土器片が出土した場合、それらの遺跡では大森の図があればその説明にはそれ以上の図を必要とせず、大森にない形式だけの図で示して記述すればよいというのがモースの趣旨である。実際のところ、『大田区史（資料編）考古Ⅱ』（一九八〇）には、モースの報告からもれた同種多量の優品がいくつも掲載されている。

モースの正確で鋭い観察眼は多方面に及んでいる。特に土器については、鍋・シチュー鍋等々に対応する煮炊き土器、鉢や茶碗のような手にもつ土器、水入れにもちいたとみられる頸のすぼまった土器、そして、装飾的な深鉢・鉢として意図されたとみられるさまざまな形の少数の土器、に四群別している。佐原真は『大森貝塚』の解説でこのことを取り上げて、世界的に見ても一遺跡から出土した先史土器を機能で分け、それぞれ数える試みは、当時ほかにはないのではないかと高く評価している。

これに対して小林達雄氏は、初めて土器を見る者が、その形態や模様に目をつけるとともに何に使用されたのかと疑問を抱くのは極めて普通の反応であろうと、佐原に若干の異議を呈しながら、むしろモースが縄文土器の器種別組成と数の比率のあり方に眼を向けていたことに高い評価をくだす。そのうえで、モースが土器の種類のバラエティーを可能な限り網羅すべく、主要な土器破片を掲出して、①製作法、②器面調整、③胎土、④色調、⑤赤色塗彩、⑥磨消縄文、⑦文様、⑧網代底、⑨爪痕・指紋、⑩施文のチャンス、⑪数、⑫附着物、⑬土器の倹約ぶりについて、分け隔てなく公平に眼を注いで確認し、必要十分な説明をしているという。その内容をここで一つひとつ紹介する紙数はないが、小林氏は、上記した一三項目について、当時の研究状況の背景と今日的情況を対比し、科学的精神に裏打ちされた記述があり、現在にも生彩を放つ卓見の数々があることを指摘し、讃辞を惜しまない（小林二〇〇七）。

三　大森貝塚出土土器の時期と型式

大森貝塚に居住した人々の生活は、各種の出土遺物から知ることができる。なかでも豊富に出土した土器からは、焦げつきがあれば煮炊きに使用された機能や用途がうかがえる。

それとともに、土器の形態と文様モチーフ、あるいは文様の表出の仕方などから、その土器が作られた年代と地方の見当がつけられる。土器型式（タイプ）には、地域集団のアイデンティティーが込められているが、人間の所業を反映している土器は、いつまでも同じ姿を留めていることはなく、年代を降るにつれてその形態も施文も文様モチーフも推移する。あるいはその変遷する途中で突然、途絶してしまうこともあり、その場合は新たな型式（タイプ）が模索されて別の土器型式が生起したりする。型式の系統を辿ってみると、あたかも代々つづく家系にも擬せられて、時代の趨勢、地域的な歴史の展開がうかがえたりするのである。

モースは、貝塚から出土した土器の様々な形態・装飾を余すところなく報告書に図示したが、その大半は縄文後期中葉の加曾利B式土器である。ほかに晩期の土器（第六板）、古墳時代後期の甕形土器（第五板14）なども ある。つまり報告書に掲出された土器には、在地の土器も東関東や東北地方からもたらされた土器も、代表的な一例を図示した

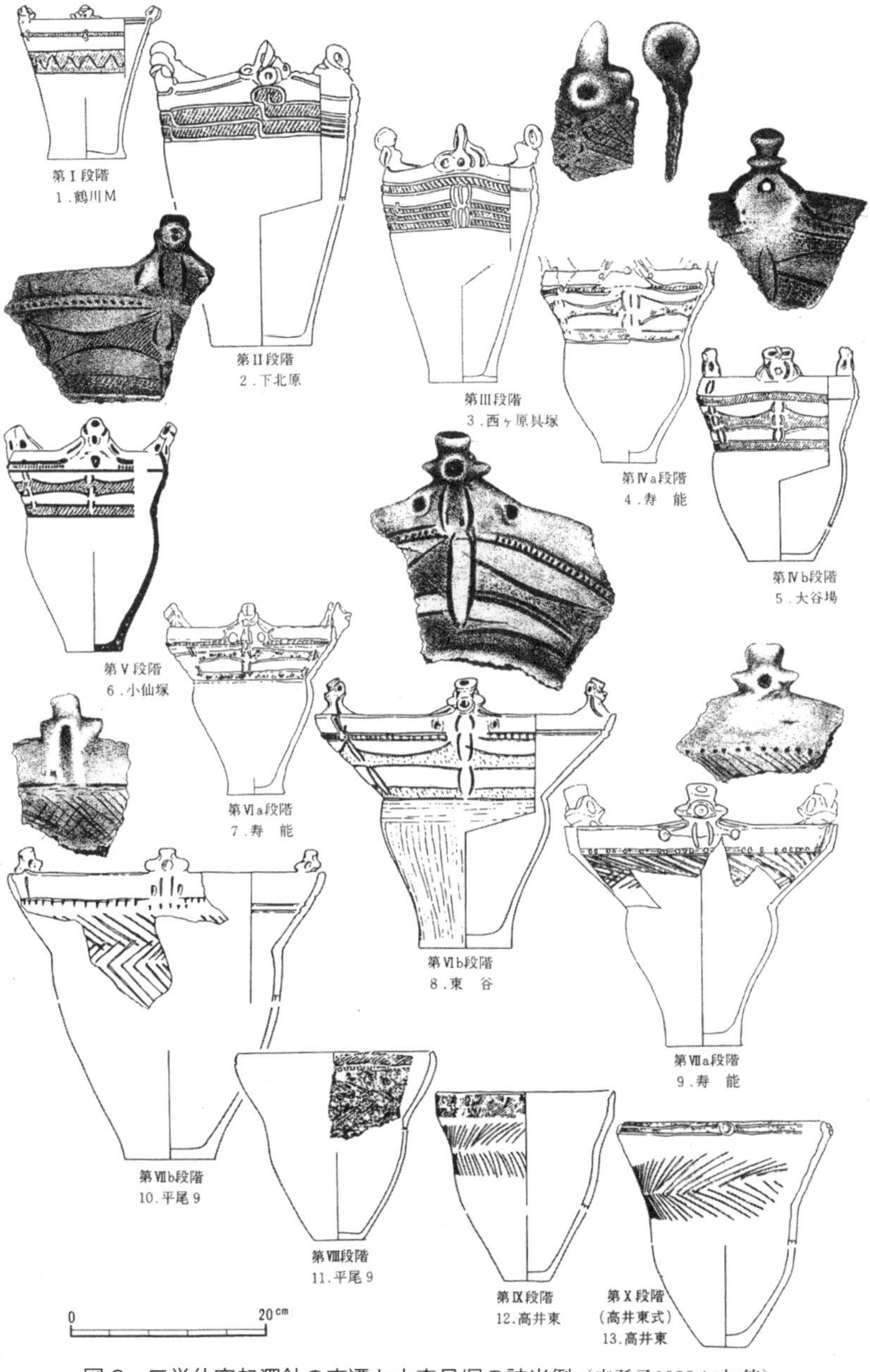

図２　三単位突起深鉢の変遷と大森貝塚の該当例（安孫子1988に加筆）

恰好になる。このためどうしても大森貝塚に多い同種多量の土器は在地色が薄まり、それにひきかえ東関東の加曾利B式がずいぶん多く混じっている印象がつよい。

　これらの複合する要素から、大森貝塚のムラがどの地域の集団に帰属しており、またどこの地域の集団と交流があったかなどの類推が可能になってくる。ここでは地域的な分布状況が比較的わかりやすい後期中葉の土器の型式（タイプ）を中心に、大森貝塚の性格をさぐることにしよう。

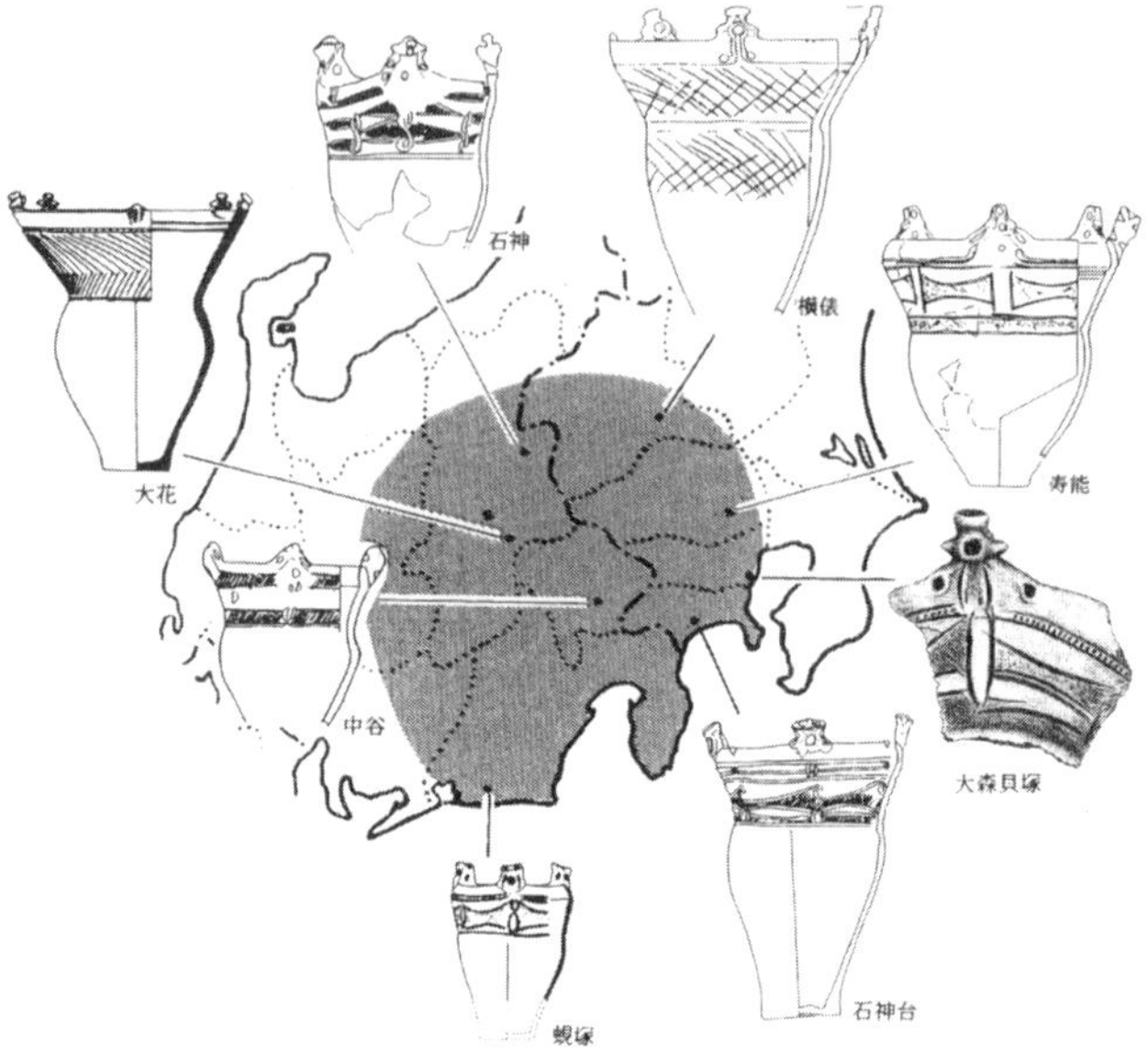

図3　三単位突起深鉢の分布範囲（安孫子2003）

「西部関東の三単位突起深鉢」（図2・3）

　埼玉・東京・神奈川の西部関東から、山梨・群馬・長野方面に普遍的に分布する加曾利B様式期の精製深鉢で、口縁の三方に立体的な突起が配されることが最大の特徴である。この型式（タイプ）は次の高井東様式の平口縁深鉢に引き継がれ、とくに群馬・長野方面では晩期まで命脈が途絶えない。いっぽう東部関東でも堀之内2式からB1式にかけて盛行したが、B2式になると急激に廃れてしまう。

　図2に、堀之内2式の第I段階に出現して高井東式の第X段階に至る遷移する態様を示し、当該段階に対応する大森貝塚の事例を掲げた。図3には、B2・B3式期に分布する範囲をしめしたが、図7のそろばん玉深鉢の分布範囲と対照されたい。

突起の装飾の違いに着目するモースは、報告書にこの系統を一三点図示している。抽出から洩れた資料が『大田区史』には四二点が集成されている。そこでこの五五点（個体）の時期別分布を見ることにより、大森貝塚が形成された時期的な趨勢を知ることができるであろう。すると、第Ⅱ段階から第Ⅲ段階（加曾利B1式）が一六個体、第Ⅳa段階から第Ⅴ段階（加曾利B2式前半）が一六個体、第Ⅵa段階から第Ⅵb段階（加曾利B2式後半）が一六個体、第Ⅶa段階から第Ⅶb段階（加曾利B3式）が七個体という内訳になる。第Ⅶ段階に資料が少ないのは、突起が退廃しようかという時期なので、存続期間が短いのであろう。他の時期は、期せずしていずれも一六個体を数えることが注目される。このことは加曾利B式期を通して大森ムラがきわめて安定して存続したであろうことと、各時期とも土器が存続し次にモデルチェンジするまでの期間がかなり一定して規則的なことがうかがえる。縄文人の社会的な心理が、あたかも現代に生きるわたしたちの流行を追い求める心理とかなり共通することが読み取れるのである。

三単位突起深鉢が西部関東地域集団の象徴的な精製土器であることが明らかな以上、これを東部関東集団の加曾利B様式に包括することは不合理というものである。もともと大森貝塚には充実した資料があることが知られているので、西部関東の在地的な土器群を大森様式と呼ぶのが相応しいであろう。この観点から、加曾利B1式には大森1式、B2式には大森2‐1・2‐2式、B3式には大森3式を対応させたことがある（安孫子一九九四）。

なお、第Ⅶ段階の羽状沈線文は、西部関東の地域集団が長く踏襲してきた横連対弧文モチーフに倦怠をきたして採用したものであり、その意味で千葉県遠部台遺跡に代表される加曾利B2式の羽状沈線文よりも時期的に後出と考える（安孫子一九八八）。

鈴木正博氏もこの三単位突起深鉢のあり方に着目して、第Ⅶ段階を加曾利B2式に対比させて、これを大森2式と呼んだ。すると第Ⅳ段階から第Ⅵ段階の土器は、B1式でもB2式でもない過渡期的な様相になってしまうから、これを大森1‐2式と呼んだのである（鈴木一九八〇）。山内清男は、大森貝塚には加曾利B3式が欠落すると考えていたようであるし（山内一九六四）、鈴木氏の加曾利B式の概念は『日本先史土器図譜』（山内一九三九）を底本としていたから、その限りではやむを得ない判断だったろう。

「東部関東の三単位突起深鉢」（図４）

加曾利Ｂ１式で直線的に立ちあがっていた深鉢形が、胴上部で緩くくびれるようになるとＢ２式に移行したものと考える。上半部に施される菱形状の入組み文モチーフは、余山貝塚例のＢ１式を踏襲している。突起波頂部を欠損するが、直下に円孔があるのは西部関東のＢ２式初頭に共通する。本来、三単位突起深鉢は西部関東に生起した精製土器であり、おそらく同じ型式を使用し続ければ西部関東集団に併合された印象を与えかねず、東部関東集団のアイデンティティーにも関わってこようというものである。かくして、東部関東ではこの時期を最後に、三単位突起深鉢の系統を廃止する。

三単位突起深鉢の系統を廃した東部関東が次に模索した精製深鉢は、東北地方方面に似た、俯瞰すると朝顔形を呈する深鉢を志向したりするが、なかなか固定しない。

「口縁に隆起帯をもつ鉢」（図５）

取手市中妻貝塚で加曾利Ｂ１式後半期に伴って出土した特有の鉢形土器で、口縁に稜をなす隆起帯が二ないし三条施され、体部全体に縄文が施される。鈴木正博氏（一九八〇）はこの土器に仮託して、中妻貝塚から大森貝塚に婚入した女性がいたことを想定している。

「東部関東の広畑型（タイプ）精製深鉢」（図６）

茨城県稲敷郡広畑貝塚を典型とする加曾利Ｂ３式の五波状口縁の精製深鉢で、千葉県印西市西根遺跡、銚子市余山貝塚にも良好な資料がある。口縁および胴上部のくびれ部には刻目帯がめぐり、口縁下には縄文帯が施され、胴部には横位沈線が重畳する。大森貝塚からはこの型式の大形破片と小形のためであろう四波状口縁深鉢が出土している。この小形土器に最も類似する事例として、北海道北見市常呂町トコロチャシ南尾根遺跡例がある。後期中葉に北海道から西日本まで、もっとも広域に流布した情報の典型といえよう。

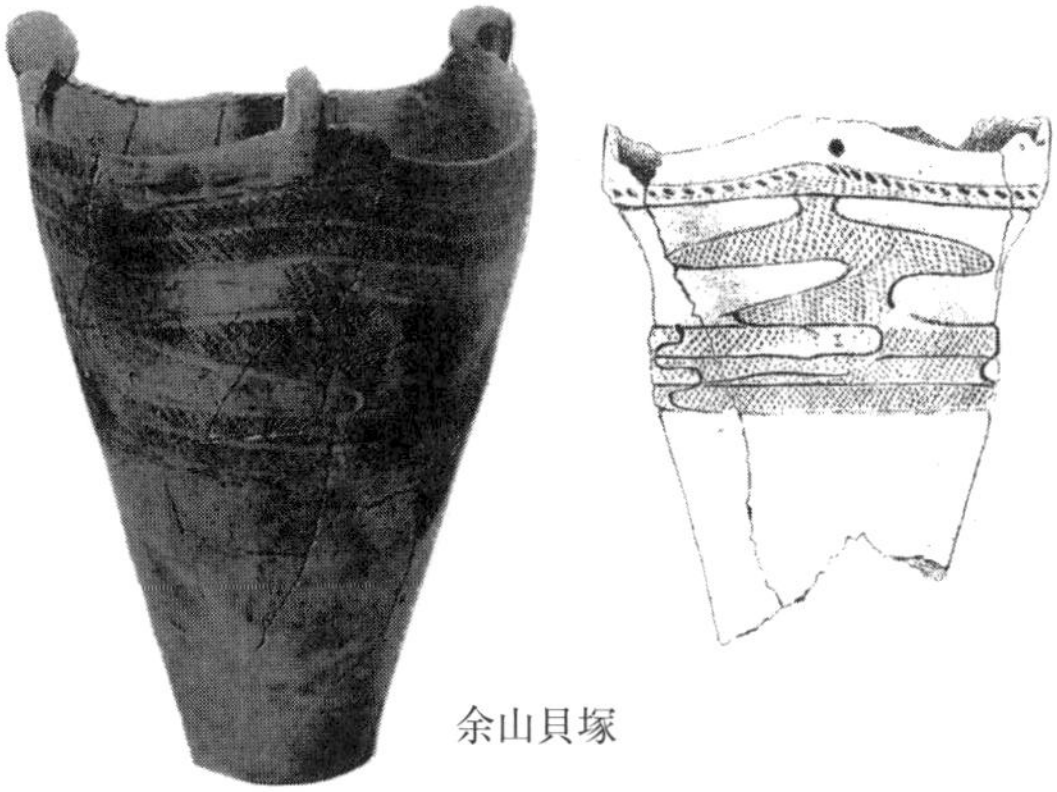

図４　東部関東の三単位突起深鉢

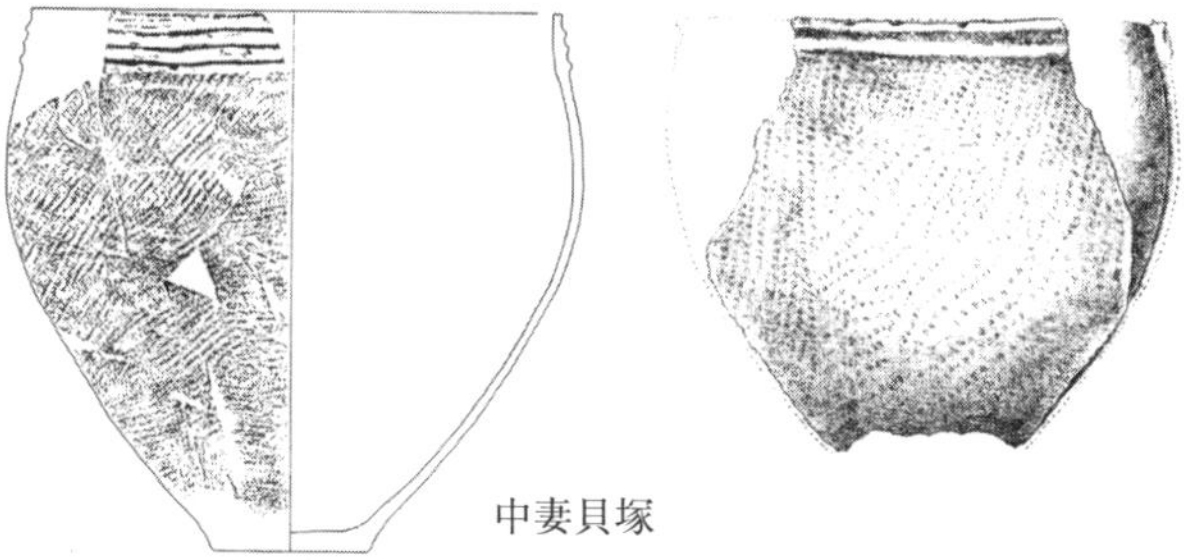

図５　口縁に隆起帯をもつ鉢

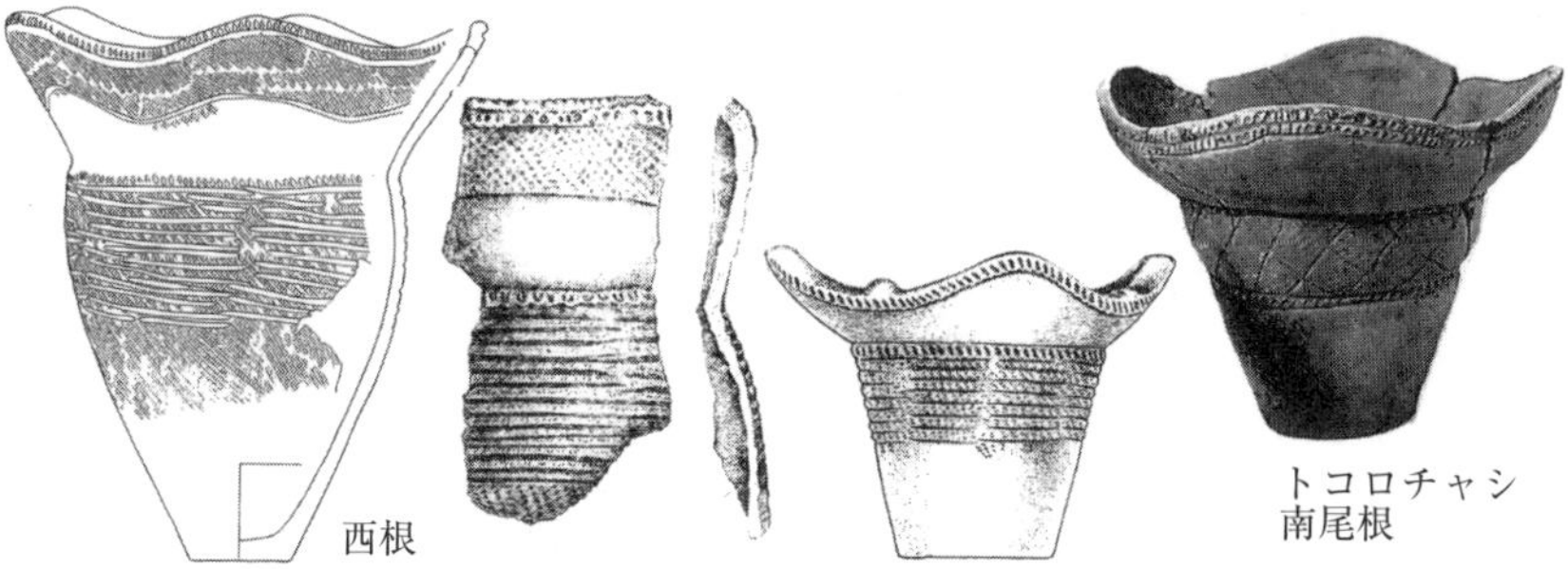

図６　広畑型精製深鉢

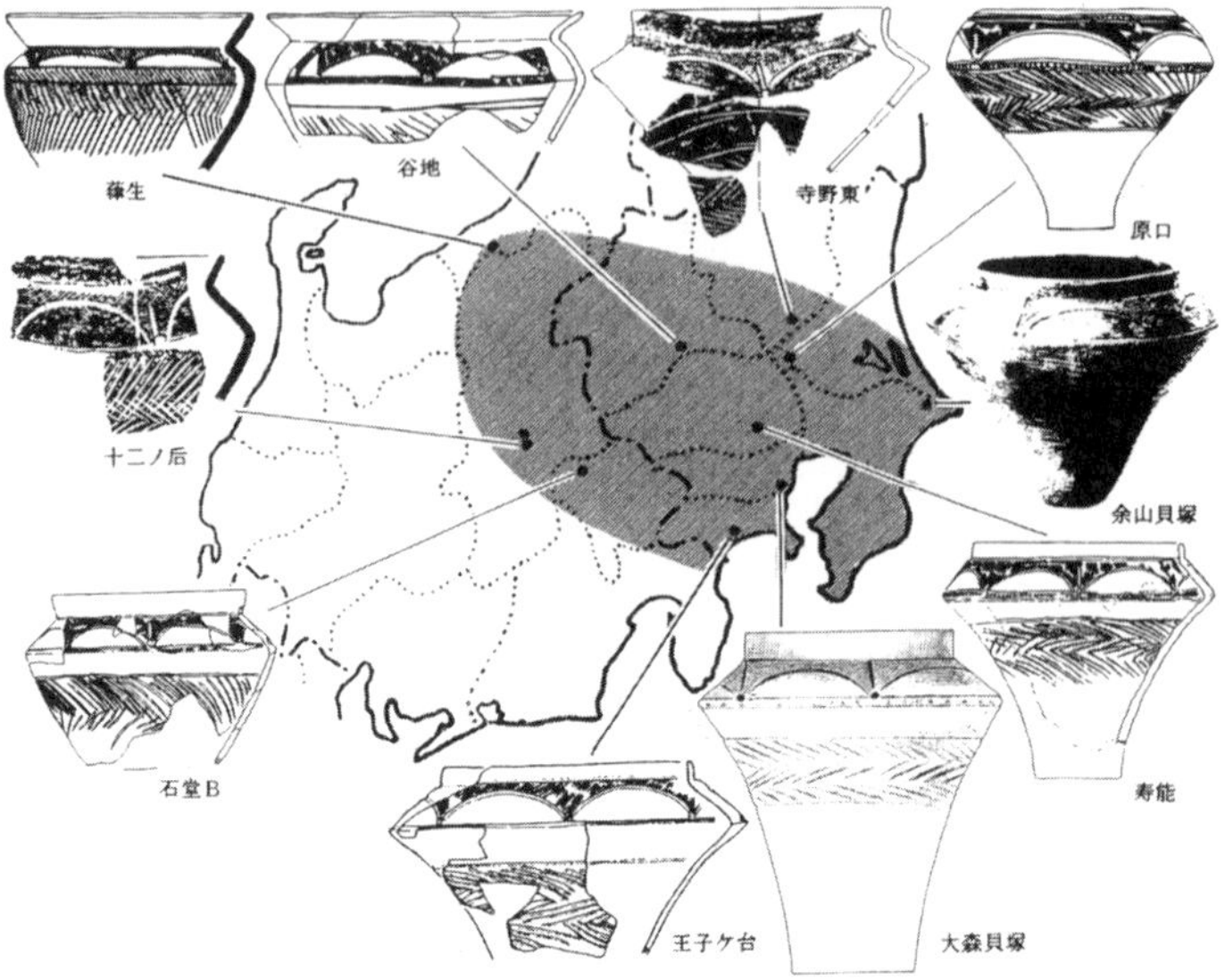

図７　そろばん玉形深鉢の分布

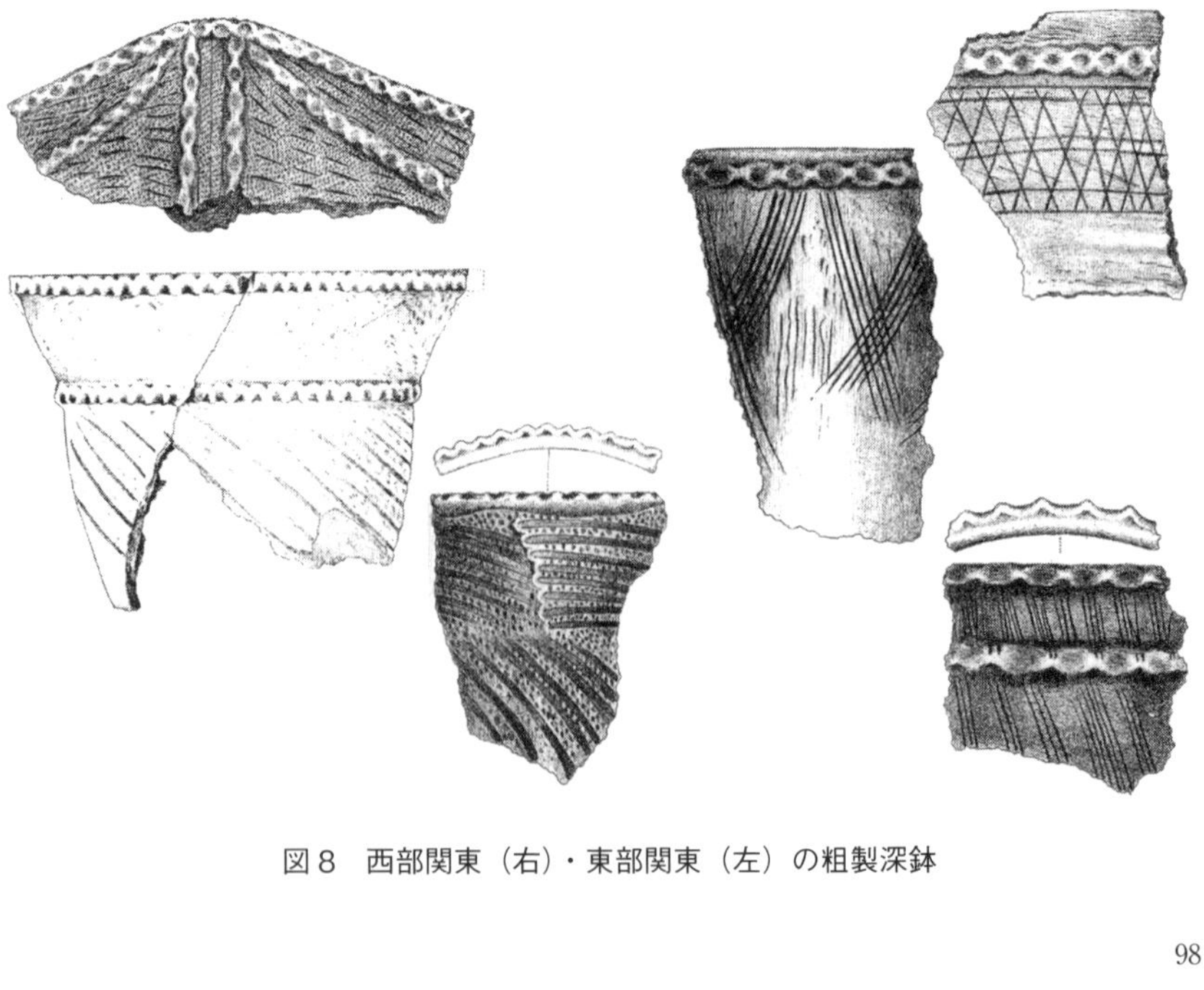

図８　西部関東（右）・東部関東（左）の粗製深鉢

「関東地方のそろばん玉形深鉢」（図7）

高坏を伏せたような口縁と肩がそろばん玉状を呈する、大森貝塚を代表する土器の一つである。独特の形態のためか、報告書には完形品のほかに三個体が図示されており、『大田区史』にも六個体が掲載されている。加曽利Ｂ２式を典型とし、Ｂ３式になると口縁がやや開くように弛緩し、廃れてしまう。東西の関東に共通して分布する型式（タイプ）であり、山梨、長野などの中部山岳方面にも分布が広がっているが、本場の形態を模作したためであろうか、

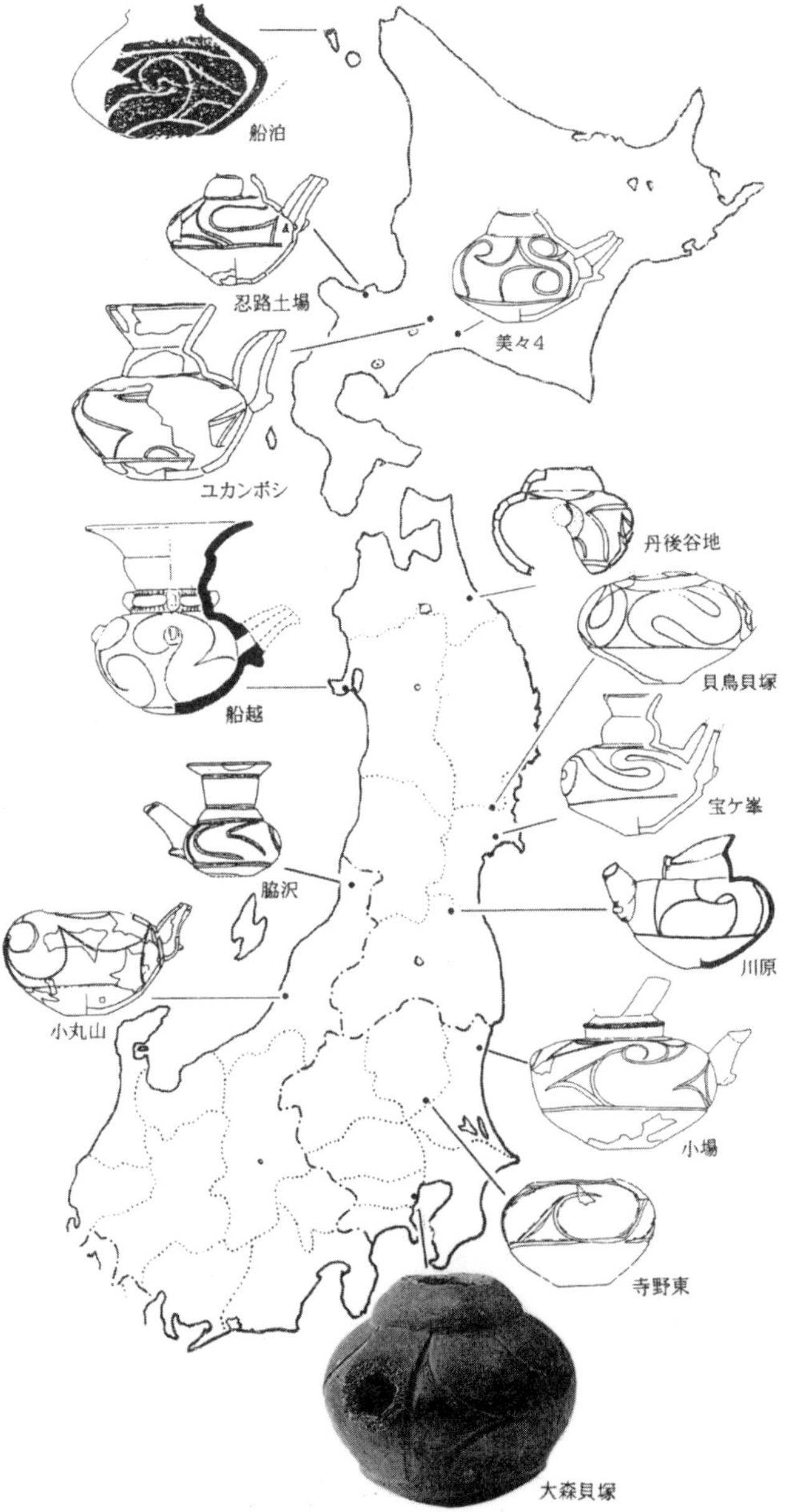

図９　宝ヶ峯型注口土器の分布（安孫子2003）

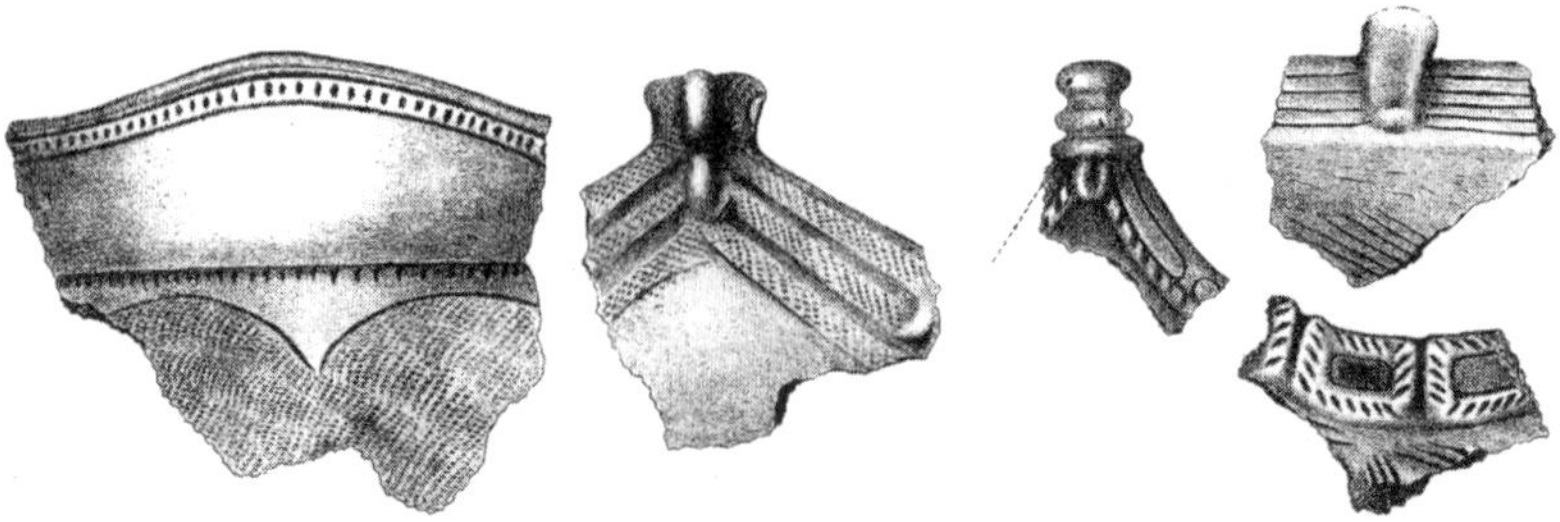

図10　曽谷式（左）・高井東式（右）

肩部がゆるく屈曲してメリハリのない器形である。

「西部関東と東部関東の粗製深鉢」（図8）

口縁部に紐線を貼付し、指頭で押圧する紐線文系統の土器である。東部関東では縄文を地文とし、西部関東では沈線や櫛状の施文を地文とする違いがある。地域集団が相互の集団を意識しながら施文効果を違えていたのであろう。加曽利B式も後半になると、西部関東でも東部関東の勢力に席捲されてか、縄文色がつよくなってくる。

「宝ヶ峯型注口土器」（図9）

受口状の口縁部、肩部、丸く張る体部からなる三段作りの注口土器で、浮き彫りした入組文のモチーフが施され、縄文は使用されない。大森貝塚例は、注口部と口縁部を欠損している。北海道から北陸地方まで広域分布する後期中葉の注口土器で、大森貝塚の出土は太平洋側における南端にあたる。モースは、「大森貝塚発見のほかのどの土器とも似ていないから、多分、時期が違うものだろう」と言う。当たらずとも遠からず、遠隔の東北地方からもたらされた特殊な威信財として重要である。なお、本例には赤色顔料が付着した痕跡が認められる。

「曽谷・安行1式と高井東式」（図10）

この時期の土器は報告書にはあまり掲出されていないが、『大田区史』（一九八〇）にはかなりの安行式が掲載されている。加曽利B様式を継承した東部関東の曽谷・安行1式には縄文を多用し、大森様式を継承した高井東式は縄文を意識的に使用しない対照的な施文の仕方で、双方集団が存在感を主張しているようだ。曽谷式期はともかく、安行1式期になると東部集団の勢力が増長してきて、西部関東でも安行式が席捲

図 11　有孔球状土製品の分布
（小島1983 を改訂）

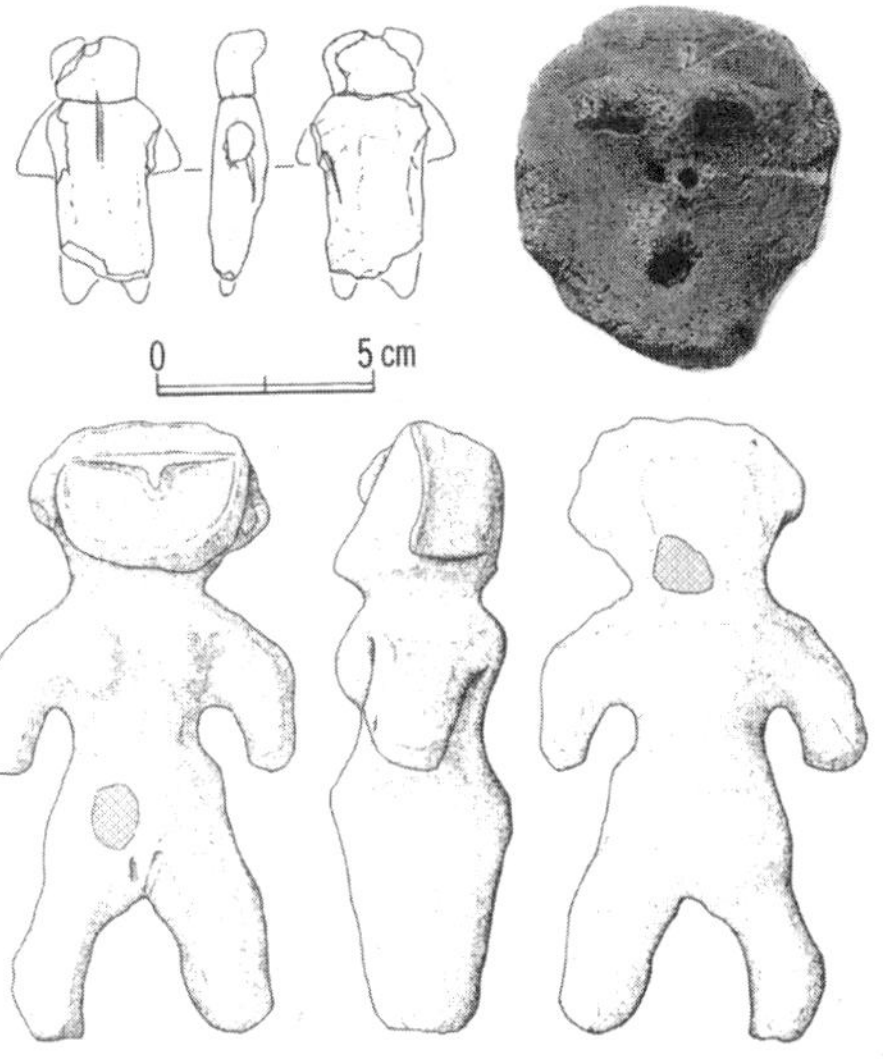

図 12　土偶

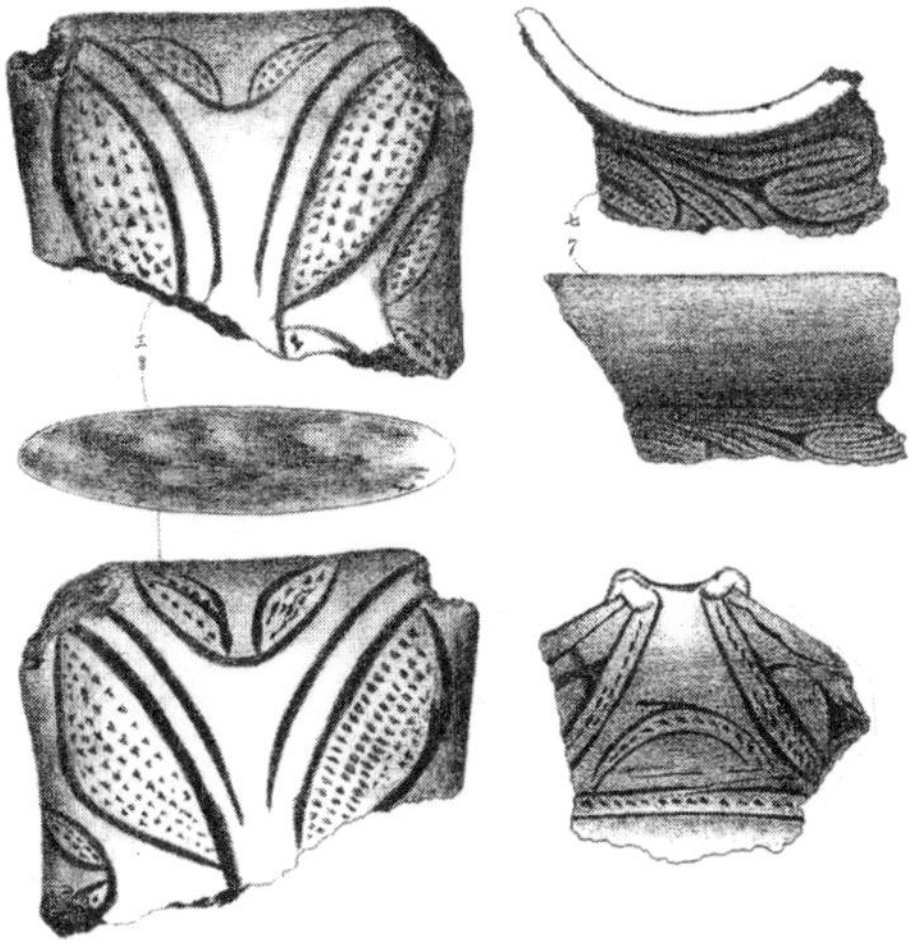

図 13　土版（左）・安行 3c・3d 式土器

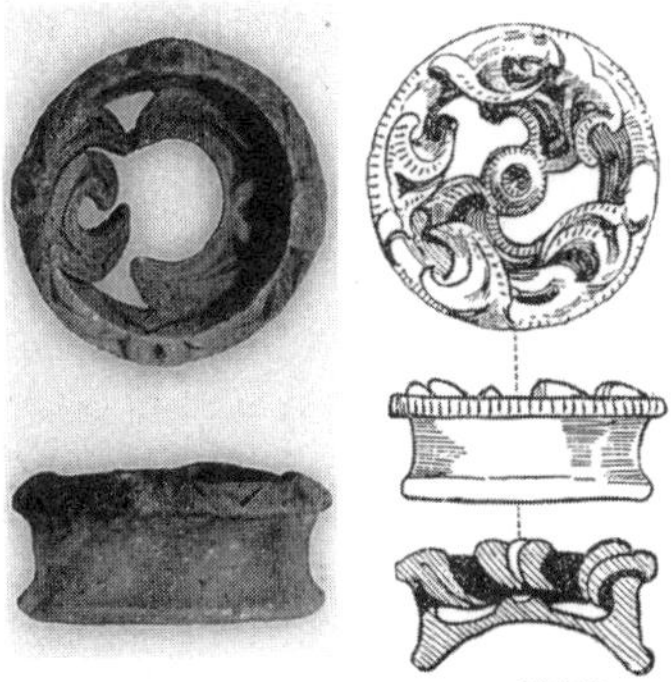

図 14　土製耳飾

するようになる。

「有孔球状土製品」（図11）

長軸が竹輪のように抜き孔になっている手榴弾のような土製品。モースはこれを用途は不明だが、飾り玉としている。小島俊彰（一九八三）によれば、富山県東部から新潟県西部に濃密な分布がみられるところから、後期中葉にヒスイなどを攻玉した際の紡錘車のはずみ車ではないかと、用途を示唆している。関東地方にも散見するが、近辺では町田市鶴川9遺跡からも出土している。

「土偶」（図12）

従来、大森貝塚でははっきりした土偶の出土が知られていなかった。一九九三年の調査で後期後半から晩期に形成された西貝層から、文様のない小さく粗雑な作りの土偶が一点出土した。写真では後頭部をカールしたような恰好にもみえ、そうであれば東北地方の晩期初頭の土偶に一脈通じるのかもしれない。

こうした土偶を鈴木正博氏は、埼玉県高井東遺跡の出土を例に「下位土偶」と呼んでいる。「素朴で飾り立てない様式に特徴があり、物流体系に組み込まれない用途を本来的な意義とする」もので、「住居址単位に代表される小集団ないしは個人に帰属される可能性が強い」という。「下位土偶」に対する「上位土偶」とは、加曾利B様式の山形土偶とか安行様式のみみずく土偶と愛称される一般的な土偶であり、「精製土器様式と関連する文様様式によって表現された土偶であり、物流体系に組み込まれる点に上位なる意義がある」という（鈴木一九八二）。

林謙作氏も、「遮光器土偶に大小の別があると同時に、遮光器土偶の形をとらない装飾性のすくない土偶も存在し、この三者が一体となって亀ヶ岡土偶のセットを構成している」（林一九七六）という。この後者の土偶が「下位土偶」に相当しよう。

なお、東京国立博物館にも　江見水蔭が発掘した時の地主・児島惟謙が明治三十八年（一九〇五）に寄贈したという土偶の頭部が一点保管されていた（図12右上）。時期ははっきりしないが、口から孔が通じる作りのようで、筒形土偶の系統をひく加曾利Ｂ１式期の所産であろう。

「土版・安行３ｃ式土器」（図13）

晩期安行３ｃ・３ｄ式期の土版が五点出土しており、すべて図に掲出されている。

モースは、「土版は、非常に緻密な粘土で作っている。線はすべて深く、粘土が乾いてから焼成前に削りだしたものである」と観察している。別の図版に晩期安行３ｃ・３ｄ式土器がまとまって掲出されているが、その土器の施文の時期についても、乾燥後、彫紋と観察している。小林達雄氏は、モースが多数ある後期の土器とは土版と安行３ｃ・３ｄ式土器の施文時期を一見して区別していたから、「膨大な数の土器に時期差があるという可能性を抱いた、そこに優れた点があり、何よりも評価される」（小林二〇〇七）という。

土版の用途ははっきりしないが、関東の同時期の集落遺跡でもたいていは何点か出土する。その後、大森貝塚からはさらに一点が採取されて六点を数える。大森ムラが有数の集落であったことの傍証にもなろう。

なお、図示はしないが、安行３ｃ式に伴ったと思われる中部から東海地方の雷文土器の壺も出土している。

「土製耳飾」（図14）

モースの報告書には耳飾りの掲載がないが、彫刻的できわめて繊細な作りの赤彩された滑車型耳飾が、Ａ貝塚から採取されている。また、昭和五十九年の調査で耳栓二点と環状耳飾三点が、平成五年の調査で耳栓（？）および環状耳飾が一点ずつ出土した。いずれも後期末から晩期後半にかけて盛行する装身具であり、近隣では大田区下沼部遺跡や川崎市下原遺跡、町田市なすな原遺跡などに良好な出土例がある。

これら土製耳飾の本場は群馬県から長野県の中・南信地方の辺りで、多種多様の凝ったデザインの土製耳飾が大量に出土する。桐生市千網谷戸遺跡からは透し彫りされた優美な大型の耳飾「大型漏斗状透彫付耳栓」がいくつも出土していて、その製作遺跡と目されている。そこで製作されたらしい耳飾が調布市下布田遺跡からも出土している。また、松本市エリ穴遺跡で二、五〇〇点、飯田市中村中平遺跡で一、〇〇〇点、群馬県榛東村茅野遺跡で七五〇点といった大量の出土があり、周辺につれて出土量も減少する。本例も、群馬方面からもたらされた貴重な一例なのであろう。

「オオツタノハ製貝輪」（図15）

一九九三年の調査で後期安行式期の南貝層（住居址内）から一点出土した。オオツタノハ製貝輪は、かつて南方の海域に棲息するオオツタノハ貝を加工した稀少な威信財として注目された。その後、関東地方の貝塚地帯を中心に分布することがあきらかにされ、伊豆諸島南端近くの三宅島から八丈島海域の岩礁地帯にも棲息が考えられるようになった（今橋一九八〇、橋口一九九九、堀越二〇〇〇）。

晩期の大島下高洞D遺跡ではオオツタノハの砕片が多量に出土して、ここで貝輪に製品化された可能性が高い。東京ではほかに西ヶ原貝塚、小豆沢貝塚、下沼部貝塚から出土例がある。

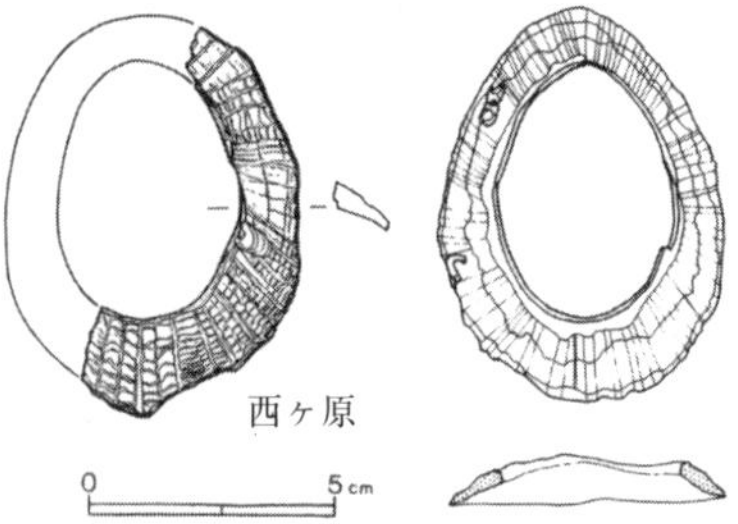

図15　オオツタノハ製貝輪

四　まとめ

「出土遺物から見た大森貝塚」というテーマに則して、三つの角度から概観してきた。

第一は、大森貝塚が長期にわたり形成されたかなり規模の大きな貝塚であり、特にモースが注目したように、装飾変化に富む縄文土器の出土量がひじょうに多いことである。

東京の貝塚にも、大きくは、きわめて規模が大きいものの貝種が限られていて、土器などの人工遺物が乏しい干し貝を生産したハマ貝塚と、貝塚を構成する貝の種類が多く、土器などの生活什器類も豊富なムラ貝塚と呼ばれる性格の二者がある（阿部二〇〇〇）。ハマ貝塚の筆頭が北区中里貝塚、港区伊皿子貝塚であれば、ムラ貝塚の筆頭はさしづめこの大森貝塚であろう。

大森貝塚が形成されたのは後期前葉から晩期後葉にいたるおよそ一千年間である。いま大森貝塚遺跡公園になっている台地上が居住の場であって、そこには数多くの住居をはじめいろんな遺構が繰り返し構築されたはずである。一九九三年に行なわれた範囲確認調査で、線路側に近い南側の台地先端付近から住居址六軒分が検出されて、ようやく「大森ムラ」の存在が立証されたものである。

前に広がる東京湾の干潟などから潮干狩されて食された膨大な量の貝殻や魚骨、動物遺体、それに日常の生活什器だった多種多様な膨大な量の縄文土器などが継続的に斜面に捨てられて、結果的にうず高い貝塚が形成されたようである。明治二年から三年の頃に、横浜駅—新橋駅間の鉄道路線にかかり貝塚の大方は削除されたが、たまたま残存していた貝層が来日間もないモースの眼にとまり、日の眼をみることになったのである。

第二は、モースの遺物を見るきわめて的確で精緻な観察眼である。モースの場合は、一点の土器片をもじっくりと観察し、その現象に表われた背景を明らかにしようとしている。その科学的な精神については先に近藤義郎・佐原真が高く評価しているが、小林達雄氏も今日的な視点から改めて克明に解説している（小林二〇〇七）。

現在の発掘報告書には出土した遺物の大半を掲載し、観察表が添付されるのが通例になっている。しかし、それで事足りたように済ませているのが報告書の大部分であろう。

モースの場合は、先述したように土器だけでも一三項目にわたって観察している。また、大森貝塚で出土した貝種と江戸湾で採取した現生貝種の比較から、貝塚にもっとも多いハイガイが見られなくなっているが、東京の井戸の掘削などで相当の深さから化石化した状態で見つかることを重ねあわせると、大森貝塚の年代の古さが示唆される。その一方で東京の市場に普通にみられるバカガイが貝塚には存在しないことなどから、時の経過により江戸湾の軟体動物相に著しい変化が生じてしまったという。さらに、人骨が埋葬されたような出土をとらず、イノシシ・シカなどの獣骨と混在した状況で出土し、獣骨と同様にすべて割れて出土しており、筋肉の付着面に深く切り込みをいれた傷があるので、食人の風習があったと報告した。食人の風習は、千五百年ないしそれ以上日本の歴史をさかのぼっても記録されていない。またその以前に居住したアイヌ人種も温厚かつおだやかな気質で、彼らの間で人を殺す術を知らな

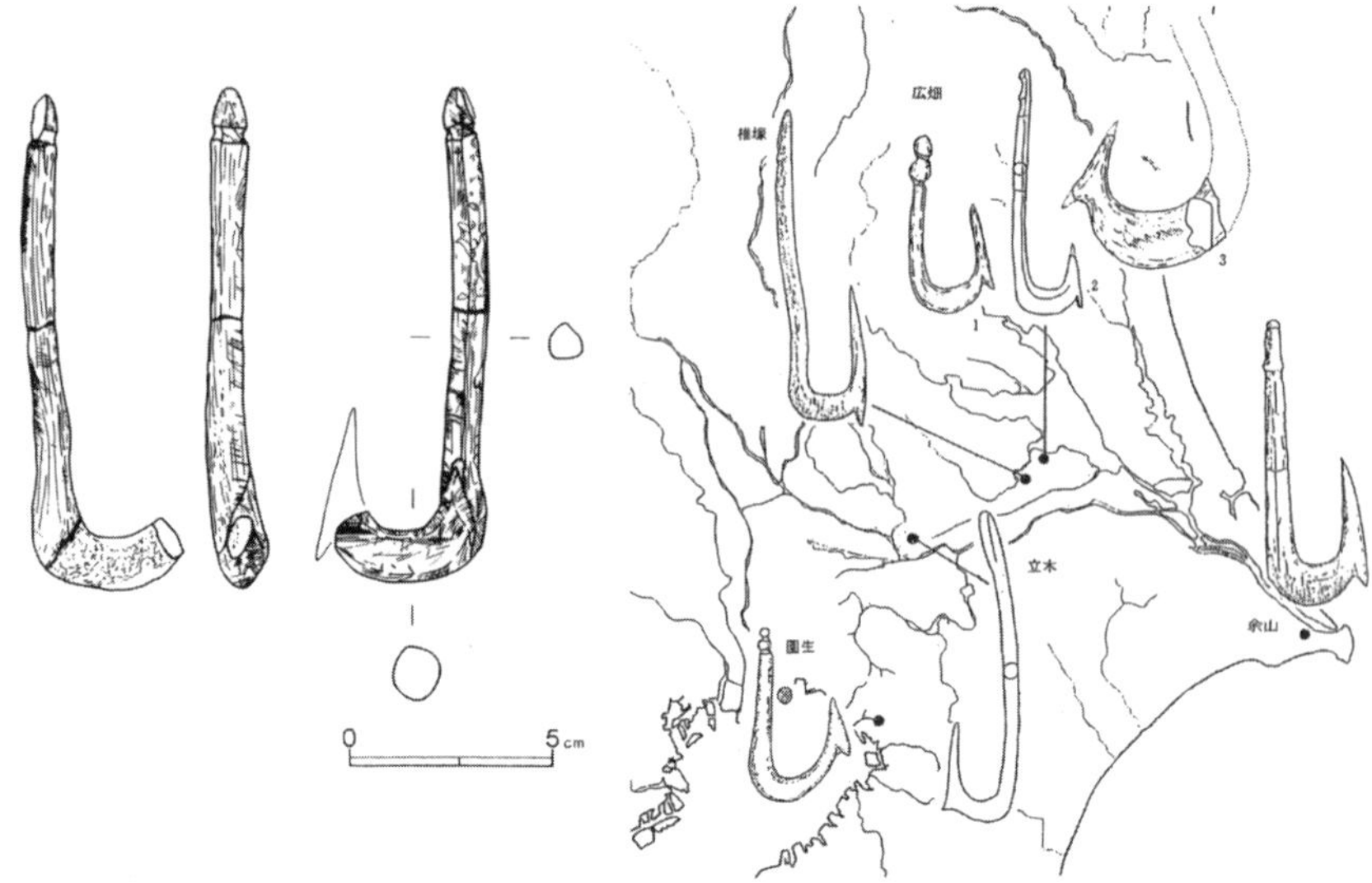

図16　大森貝塚の鹿角製釣針（左）とその分布（常松成人1997）

いから、貝塚を形成した人びとは先アイヌと考えた。いわゆるモースによるプレ・アイヌ説である。

こうしたモースの視点について小林達雄氏は、大森貝塚が相当に古い年代にさかのぼることをいろんな角度から論証しているが、その通底に、ダーウインの「進化論」につよく共感していたモースが、大森貝塚で「進化論」の普及啓蒙に努めようとしたという見方をしている（小林二〇〇三）。

第三は、出土した土器の型式学的な分類を通して、地元の土器と他地域の土器をいくつか抽出してみた。すると、大森貝塚からは在地的な土器のほかに、東部関東の各地からもたらされた数多くの土器があり、さらに東北・北海道方面からもたらされた土器もある。いうまでもないことであるが、大森ムラが孤立した存在ではなく、周辺地域のムラと交流しながら一千年にわたり存続したことがしのばれる。

実際のところ、数多くの資料が悉皆的に掲出された大宮台地の寿能遺跡に比べて見ても、大森貝塚には東部関東各地の加曾利B式土器がずいぶん多いのである。独木舟で海上交通に至便な東京湾を自在に航行できたことと、大森貝塚が東京湾の奥側で房総半島と三浦半島の双方を望む要衝の地にあることが、相互の交流を促したものであろう。

ちなみに、モースの報告で一点、一九九三年の調査でも一点、長い柄の鹿角製釣針が出土している。金子浩昌氏によれば、この形態は銚子市余山貝塚に特徴的な釣針という（金子一九八〇）。すると、生業に関わるこの鹿角製釣針と図4の三単位突起深鉢などを重ねれば、単に物々交換でもたらされた品というよりも、東部関東の漁撈民が生活用具の一式を携えて大森ムラに移住してきたと考えたほうが無理がないのではないか。大森貝塚に東部関東の土器が目立って多いのも、そうした事情を斟酌することで納得できよう。

かつて、この大森貝塚の加曾利B式土器を分析する機会があったが、そのとき西関東一帯の遺跡に比べると大森貝塚には東関東の土器がかなり多いことを確認した。東関東の土器の多い背景に、「東京湾の海上交通網を通して、彼我の集団の存在を相互に認識しながら対峙し、また交流が図られてきたものであった。大森貝塚は、まさにそうした西関東地域集団の貿易港ともいえるような役割を担っていたのかもしれない」（安孫子一九九四）と結んだことがある。このたびの機会に再び検討し、いっそうその意をつよくしたところである。

引用参考文献（発表順）

EDWARD.S.MORSE　一八七九『SHELL MOUNDS OF OMORI』（矢田部良吉訳『大森介墟古物編』東京大学）
モース（石川欣一譯）一九三九『日本その日その日』創元社
山内清男　一九三九（復刊一九六七）「加曾利B式 古・中」『日本先史土器図譜　Ⅲ・Ⅳ』先史考古学会
山内清男　一九六四「縄紋式研究史に於ける茨城県井関の役割」『茨城県史研究』第四号
東京都大森貝塚保存会（編集責任者　西岡秀雄）　一九六七『大森貝塚』中央公論美術出版
大山　柏　一九六七「序文」『大森貝塚』中央公論美術出版
林　謙作　一九七六「亀ヶ岡文化論」『東北考古学の諸問題』寧楽社
近藤義郎ほか　一九七七「大森貝塚発掘一〇〇周年記念特集」『考古学研究』第二四巻第三・四号
佐原　真　一九七七「大森貝塚百年」『考古学研究』第二四巻第三・四号

清水潤三　一九七七「大森貝塚の発掘」『考古学研究』第二四巻第三・四号
近藤義郎　一九七九「『大森貝塚』に学ぶ」『史誌』第一一号
鈴木正博　一九八〇「婚姻動態から観た大森貝塚」『古代』第六七号
今橋浩一　一九八〇「オオツタノハ製貝輪の特殊性について」『古代探叢』早稲田大学
関　俊彦・鈴木正博ほか　一九八〇『大田区史　資料編　考古Ⅱ』大田区
金子浩昌　一九八〇「大森貝塚出土の動物遺存体と骨角器」『大田区史　資料編　考古Ⅱ』大田区
鈴木正博　一九八二「埼玉県高井東遺跡の土偶について」『古代』七二号
近藤義郎・佐原　真編訳　一九八三『大森貝塚』岩波書店（岩波文庫）
佐原　真　一九八三「解説」『大森貝塚』岩波書店（岩波文庫）
小島俊彰　一九八三「有孔球状土製品」『縄文文化の研究 9』雄山閣
川崎義雄・谷口　榮・金子浩昌　一九八五『東京都品川区　大森貝塚』品川区教育委員会
安孫子昭二　一九八八「加曾利B様式土器の変遷と年代　上」『東京考古』第六号
安孫子昭二　一九九四「東京・大森貝塚」『季刊考古学』第四八号
松原典明　一九九四『大森貝塚─平成五年度範囲確認調査概報』品川区教育委員会
常松成人　一九九七「古鬼怒湾『製塩遺跡』を中心とした安行式集団の動態」『茨城県史研究』第七八号
岡崎完樹・阿部芳郎　一九九八「北区西ヶ原貝塚」『都内重要遺跡等調査報告書』東京都教育委員会
橋口尚武　一九九九「海からの贈り物」『海を渡った縄文人』小学館
堀越正行　二〇〇〇「オオツタノハ製貝輪研究の現状と課題」『大塚初重先生頌寿記念考古学論集』東京堂出版
阿部芳郎　二〇〇〇「縄文時代の生業と中里貝塚の形成」『中里貝塚』北区埋蔵文化財調査報告書 26
小林達雄　二〇〇三「大森貝塚に於ける食人説」『國學院大學考古学資料館紀要』一九

安孫子昭二　二〇〇三「〈歴史シンポジウム〉大森貝塚の歴史と現在―②遺跡遺物から大森貝塚を考える―」『品川歴史館紀要』一八、品川歴史館
加藤　緑　二〇〇六『日本考古学の原点　大森貝塚』新泉社
小林達雄　二〇〇七「縄文土器学事始―“SHELL MOUNDS OF OMORI”『大森介墟古物編』を読む―」『國學院大學考古学資料館紀要』二三
品川歴史館　二〇〇七『日本考古学は品川から始まった―大森貝塚と東京の貝塚―』（品川歴史館特別展図録）
小林謙一　二〇〇八「縄文時代の暦年代」『縄文時代の考古学　2』同成社

ディスカッション　貝塚研究の新視点と貝塚の保存・活用

安孫子昭二
樋泉　岳二
岡崎　完樹
中島　広顕
秋山　邦雄
司会　阿部　芳郎

阿部　こんにちは。明治大学の阿部と申します。まず初めに、パネリストの方の紹介をさせていただきます。安孫子昭二先生は、広く縄文時代を研究されており、大森貝塚からも出土しています加曽利B式土器についても詳細な研究をされております。今回は大森貝塚の土器からわかることについてお話いただきます。

早稲田大学の樋泉岳二先生は、貝塚の研究、わけても貝塚から出土する動物遺存体のご研究を精力的に進められております。関東地方に限らず、日本列島全体、あるいは、近年では、海外にまで足を伸ばされて、動物考古学という新しい領域の中で大森貝塚について、お話いただきたいと思います。

東京都の北区教育委員会の学芸員の中島広顕先生には北区に所在する国史跡の中里貝塚などの発掘に従事されておりまして、なかでも、中里貝塚を国の史跡に指定する時に、大変ご苦労された経験があります。本日は都内の国史跡の保存の経緯や活用上の問題点をお話いただきます。

岡崎完樹先生は東京都教育庁計画課埋蔵文化財係長をされております。岡崎先生は、東京都内の埋蔵文化財の保護にご尽力されており、都内で保存されている貝塚の活用の現実的な問題についてお話いただきます。

秋山邦雄先生は歴史環境計画研究所の所長をされており、大森貝塚を将来的な展望に立って、市民がどう活用して行くのか、さらには街づくりの視点も取り入れて遺跡の整備・保存・活用について、史跡整備のプロの視点から見た今後の活用の展望についてお話をいただきたいと思います。

近年の成果を踏まえつつ、大森貝塚の実像を復元し、今後の活用をどう考えてゆくべきかという流れで、このディスカッションを進めてまいりますが、その前に大森貝塚に関するごく基本的な認識を皆さんに持っていただくために、わたしの方から基調になるお話をしようと思います。

一　大森貝塚から大森ムラへ

阿部　まず大森貝塚における居住遺構の発見というのが大森貝塚を考える上では近年の重要な発見になるかと思います。松原先生のご説明によりますと、縄文時代後期の加曾利B式以降の住居址が発見されております。こうした新しい発見とともに、次にこれはモースが報告したものですが、加曾利B式の時期の土器ですね（図2）。大森貝塚からはさまざまな形の土器が出土しています。それから図1には、石棒や石斧、あるいは切断された鹿角、これは、骨、角で道具を作るための素材になったものですね。または、その未製品と考えられます。木を切り倒す際に使用したと思われる打製の石斧であるとか、鹿の角を使った釣針、さらに銛頭、こうしたさまざまな道具類が、モースの発掘で発見されています。それ以外に多くの動物遺存体が発見されているわけです。

モースの発掘の時には住居址などは発見されなかったわけですが、一九四一（昭和十六）年に慶応大学の大山柏が発掘した際に、実は台地の上の部分を発掘しようという計画があったのです。ただし、邸宅や庭園がすでに整備されていたために、発掘はできなかったということを後に大山柏が書き記しているので、大森貝塚をめぐっては、戦前に貝塚を残したムラがどこにあったのかという問題を検証する視点があったようです。

それから六〇年以上の年月がたって、やっと台地の上の発掘が行なわれて、おそらく大山柏が想像していたものと、そう違わぬ形で台地の上から縄文人が住んだ家の跡が見つかったということになるわけです。図3に大森貝塚の住居址の場所が出ております。右側に現在JRが走っている線路側がありますが現在の公園の部分です。

鉄筋の大型の建物が立っていた跡地を調査したということで、当然遺跡の残存状況は良好といえない状態でしたが、台地の斜面に面したところに六軒ほどの住居址の存在が明らかになり、大森ムラを考える上でこうした斜面の間近なところに住居を何世代にもわたって繰り返し建てるというような特徴を指摘できます。

縄文時代の貝塚といいますと、たとえば、東京湾東岸地域にある千葉市の加曾利貝塚のように平坦な台地の上に、貝塚をマウンドのように形成するタイプと、これとは対象的に貝塚の中心が斜面に残されたものがあります。図4ですが、これは加曾利貝塚です。国の史跡になっていますが、ちょうど眼鏡のような形で輪が二つ連なる形で貝塚が二つあります。北貝塚は、縄文時代中期、南貝塚は後期から晩期までを中心とした貝塚です。

ここからはたくさんの遺物が出土しておりますが、こうした平坦な台地の上に貝層が盛り上がるような形、いわゆる貝塚（シェルマウンド）と大森貝塚とは少し違うと思います。

ところが加曾利南貝塚では縄文時代後期を中心とした道具類や埋葬人骨の出土がありますが、これを見ますと大森貝塚から発見されているものと、よく似ています。大山柏が発掘した時に、埋葬人骨が発見されたという記録があり、大森貝塚の一角には、おそらく墓地も遺されていたらしいのです。

今回の展示の中で大山柏が調査したときの埋葬人骨の写真が初めて公表されましたが（阿部図2、七六頁）、そうした事実を踏まえても、ムラの形は違うものの、埋葬行為を行なったということ、出土品の中には装飾品があったり、さまざまな骨・牙で作られた道具類があり類似しています。

こうした道具箱の中身からすると、ムラの全体像はまだ不明なものの、大森貝塚はムラの一角に残された貝塚と考えてまず間違いないと思います。問題は、なぜ、加曾利貝塚のような環状の形にならなかったのかということです。

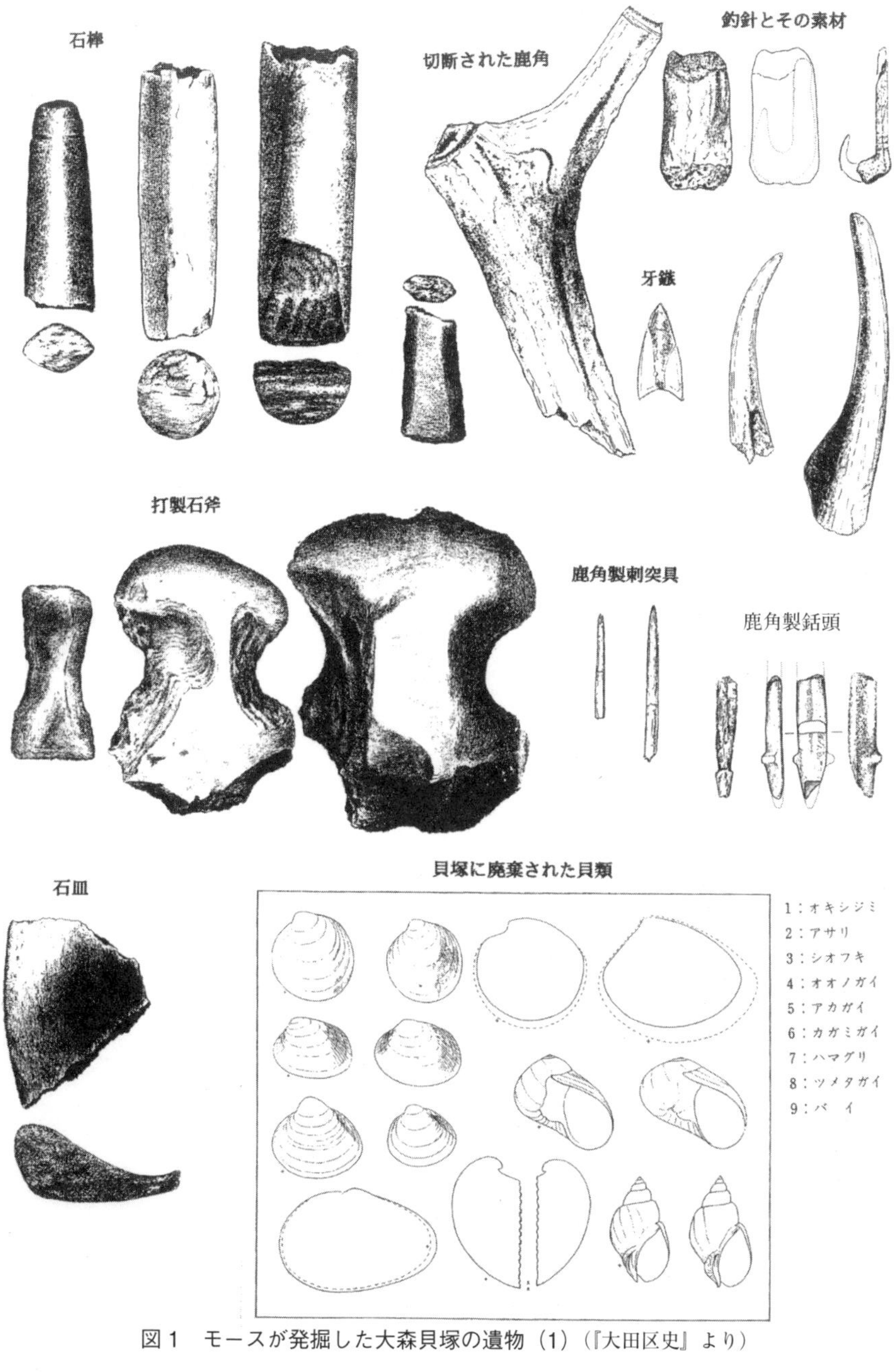

図１　モースが発掘した大森貝塚の遺物（1）（『大田区史』より）

図2　モースが発掘した大森貝塚の遺物（2）（『大田区史』より）

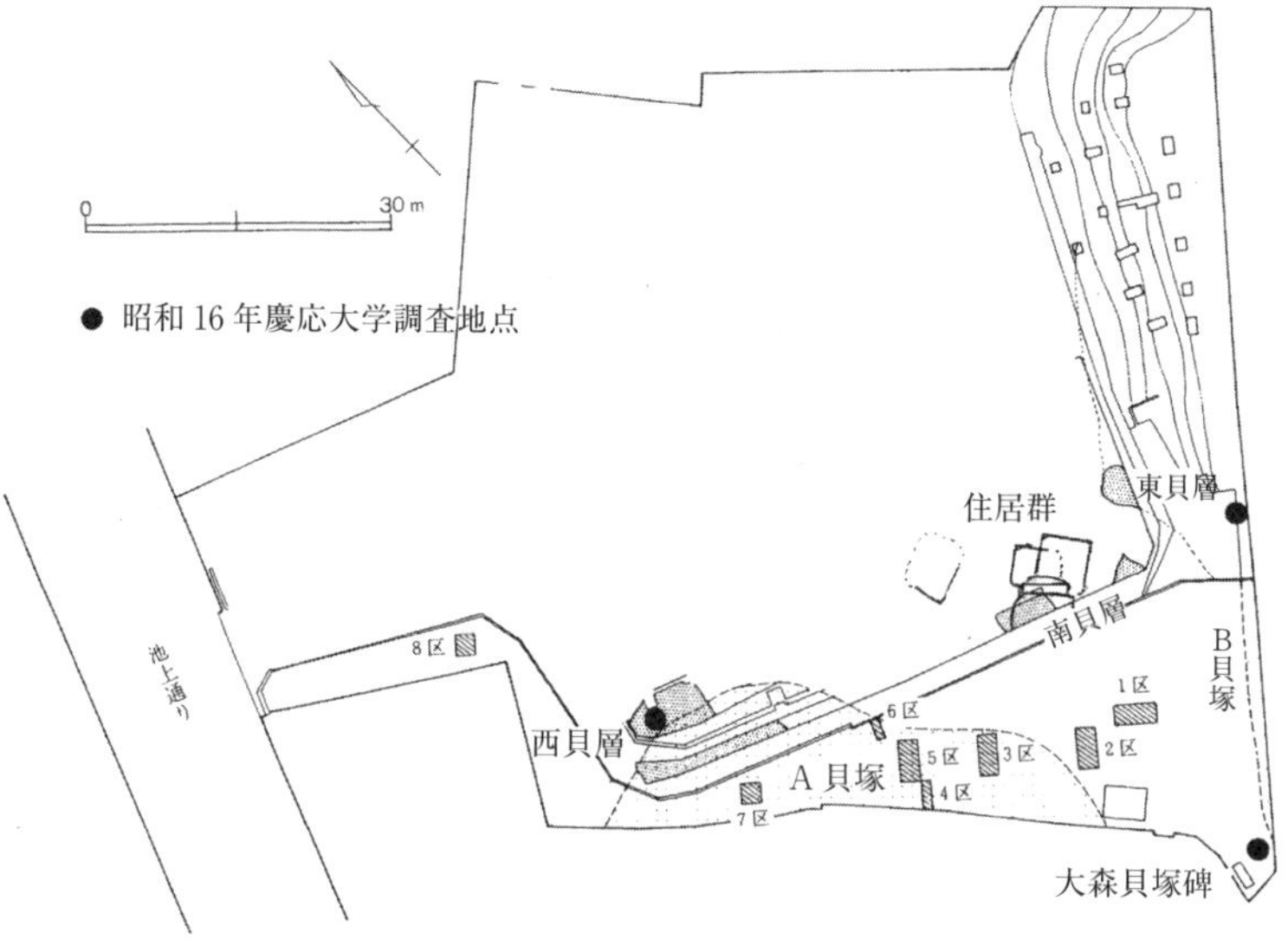

図３　大森貝塚における住居と貝塚の位置

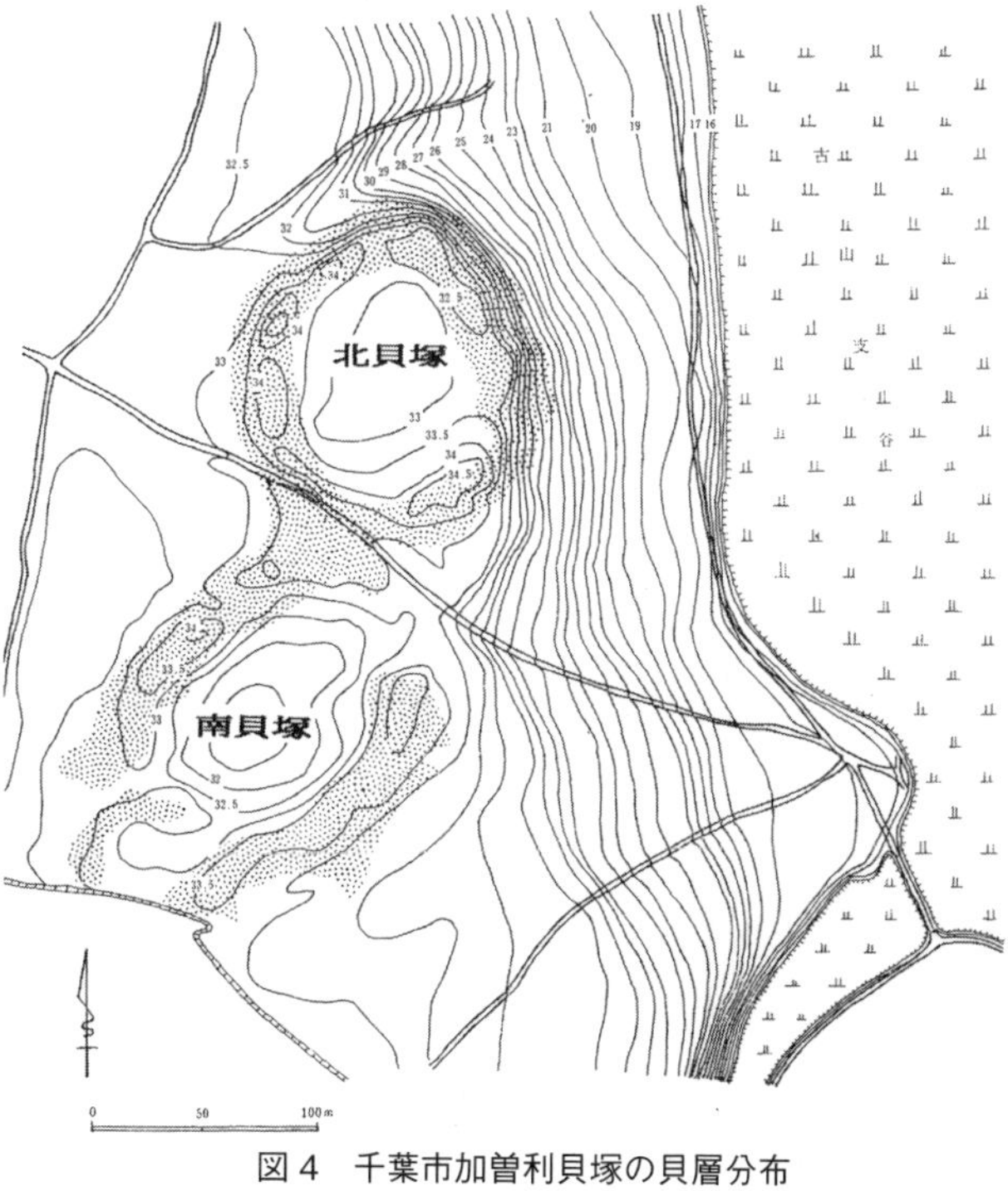

図４　千葉市加曽利貝塚の貝層分布

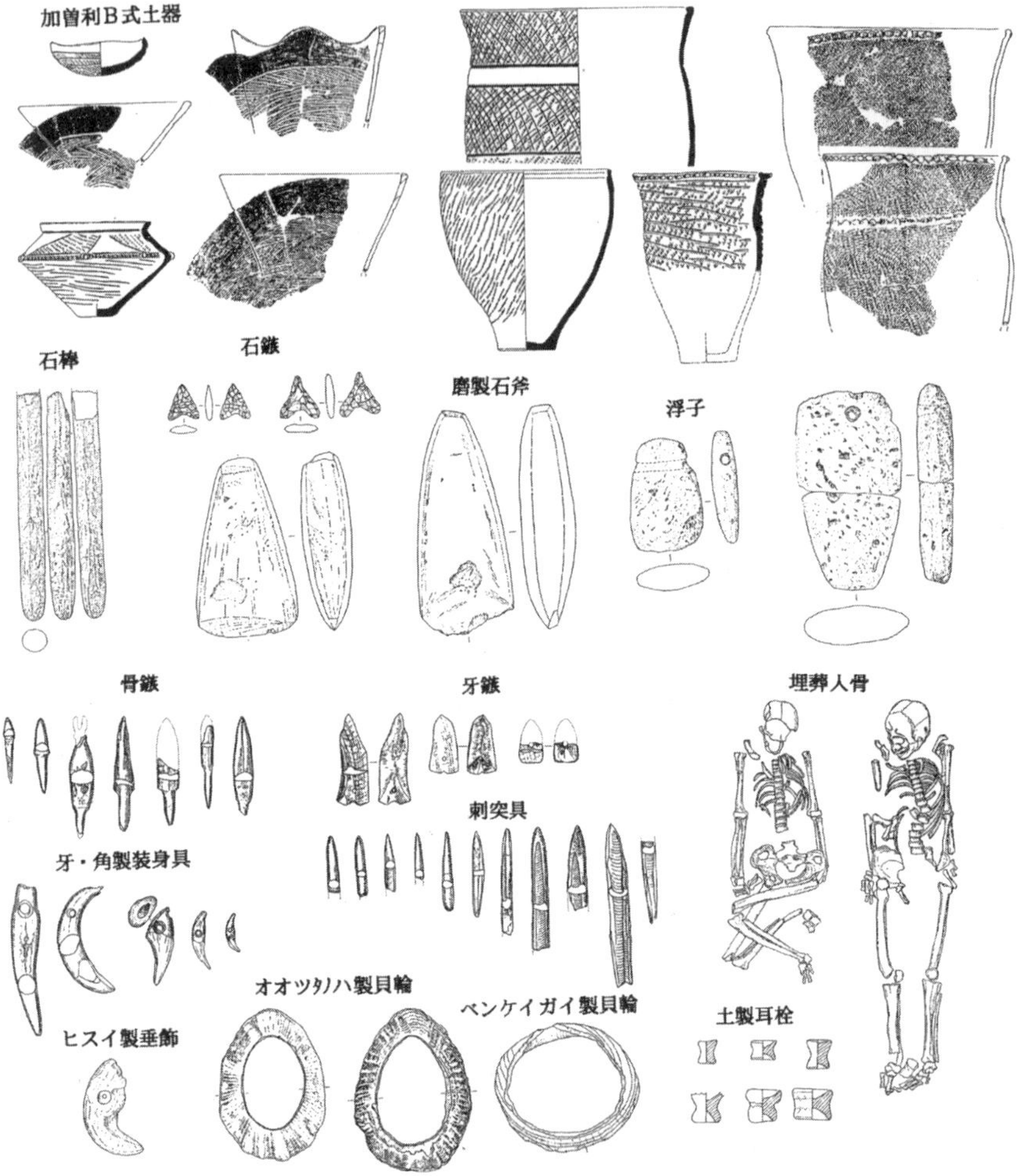

図5　加曽利南貝塚の出土遺物（『加曽利南貝塚』より）

それでは、都内の貝塚というのはすべて、大森貝塚のような形態をもっているかというと、そうではないですね。図6は東京都北区にある西ヶ原貝塚です。これも学史的には非常に古くから注目されて多くの研究者がここに足を運び、発掘を行なった貝塚として著名です。現在は飛鳥中学校という学校の校庭部分が、東京都の重要遺跡として保存されております。戦前、まだこの一帯が畑だった時に貝殻が散布していた状態を示したのが図6です。これは、千葉市の加曽利貝塚と比較的よく似た貝層の範囲が、ちょうどドーナツのような形になる貝塚です。この周辺地域、アミで囲っている部分では民家の建て替えなどに伴って、小規模な調査を続けておりますけれども、やはり、この貝層に近いところから、竪穴住居などが発見されております。図7は、西ヶ原貝塚の一部の昌林寺というお寺の一角を発掘した時の貝層の堆積状況ですが、一番下には、縄文時代中期後半の土器が出る竪穴住居があり、その住居の中に中期の貝層があります。さらにその上には、縄文時代後期の貝層があります。一番上から縄文時代晩期の土器が出ています。

西ヶ原貝塚が、大森貝塚とやや違うのは、中期の後半から遺跡の形成がある点です。大森貝塚の場合には、これまで発見されている土器などを見る限り中期に人が住んでいたという可能性は非常に低いということです。そうはいうものの、この図7の真ん中の段から後期の前葉から晩期の中頃、これがちょうど大森貝塚と同じ時期の貝塚です。こうした長期間にわたって生活が繰り返された結果、図6のような環状の形になるわけです。加曽利貝塚のような形の貝塚も都内にもあるということです。

それから、貝塚の立地と性格を考える時、近年、注目されている低地の貝塚というものがあります。東京都北区の中里貝塚は、本当に貝塚か否かが長いあいだ議論されてきたのです。明治時代から貝殻が沢山、山を成して散布しているという記録が残されておりますが、その低地の部分の貝殻山の正体が、最近になってやっとわかってきたのです。これは中島先生が調査をされた成果ですが、縄文人がムラから離れた低地に降りて貝を採って、その場で盛んに剥き身に加工した、そういうムラから離れた貝塚も存在するということがわかってきました。この中里貝塚は現在、国の史跡に指定されていますが、これまでの埋蔵文化財の発掘調査の対象地域が、ともすると中里貝塚のように低地の部分にあまり及んでいなかったために、これから丹念に探せば、都内でもこうした低地の貝塚も発見されてくるかもしれません。類例としては港区の伊皿子貝塚があります。

図8は台地の縁から中里貝塚を見下ろしたスケッチです。台地の上には貝塚を作った人たちが住んだであろうムラ

（アミの部分が貝層の分布範囲）

0　100m

図６　北区西ヶ原貝塚のひろがり

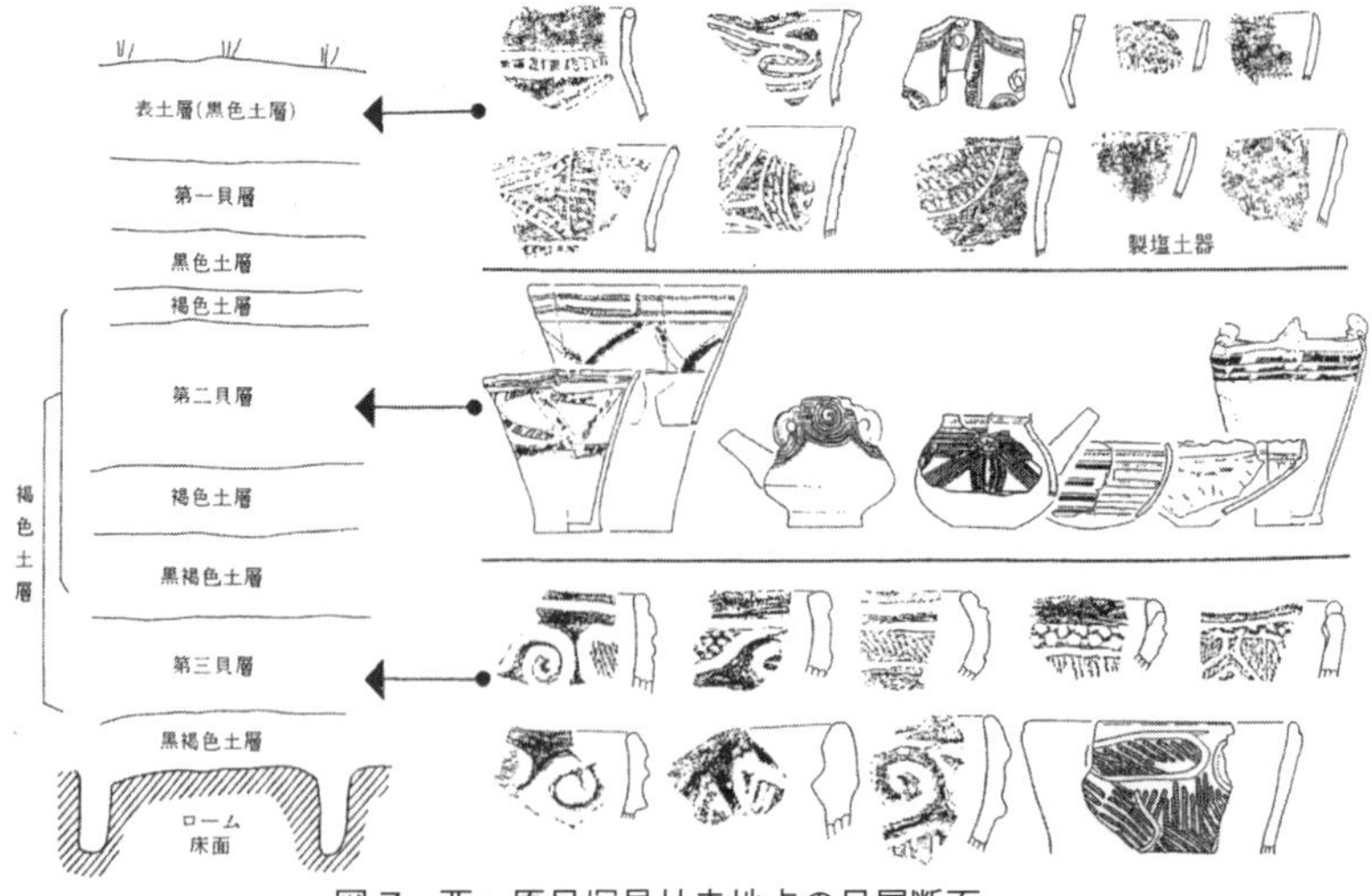

図７　西ヶ原貝塚昌林寺地点の貝層断面

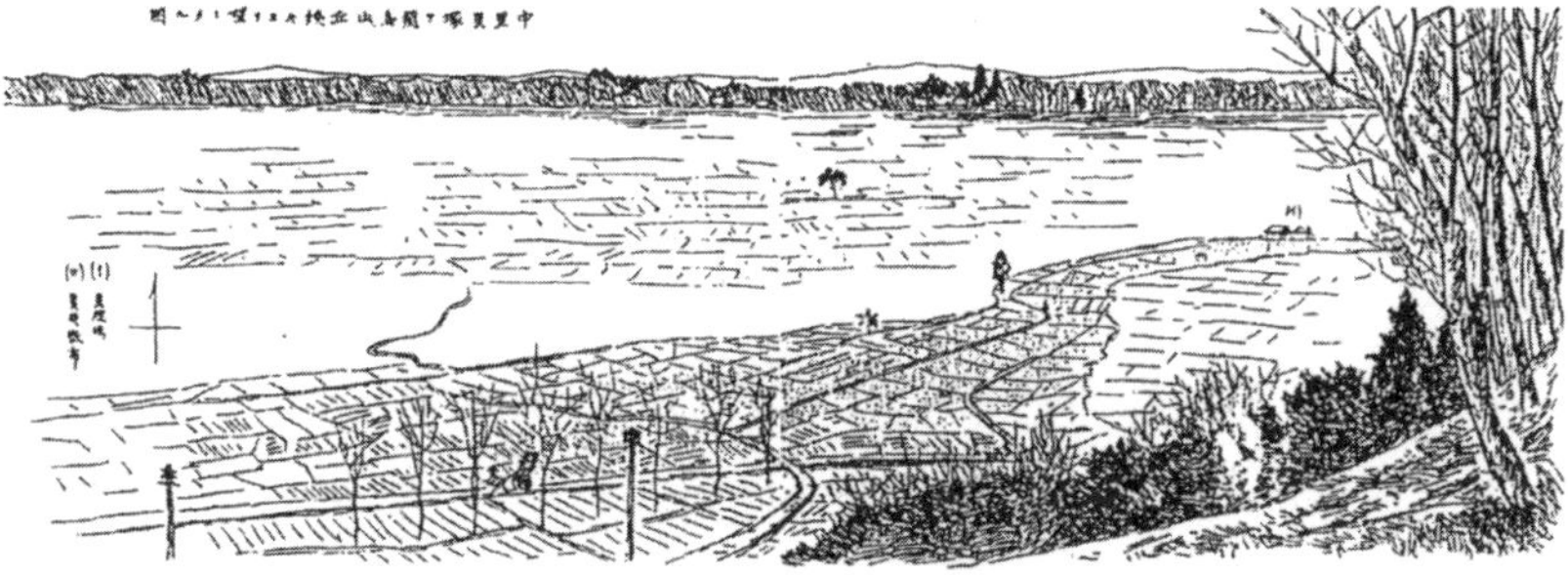

図８　北区中里貝塚の遠景

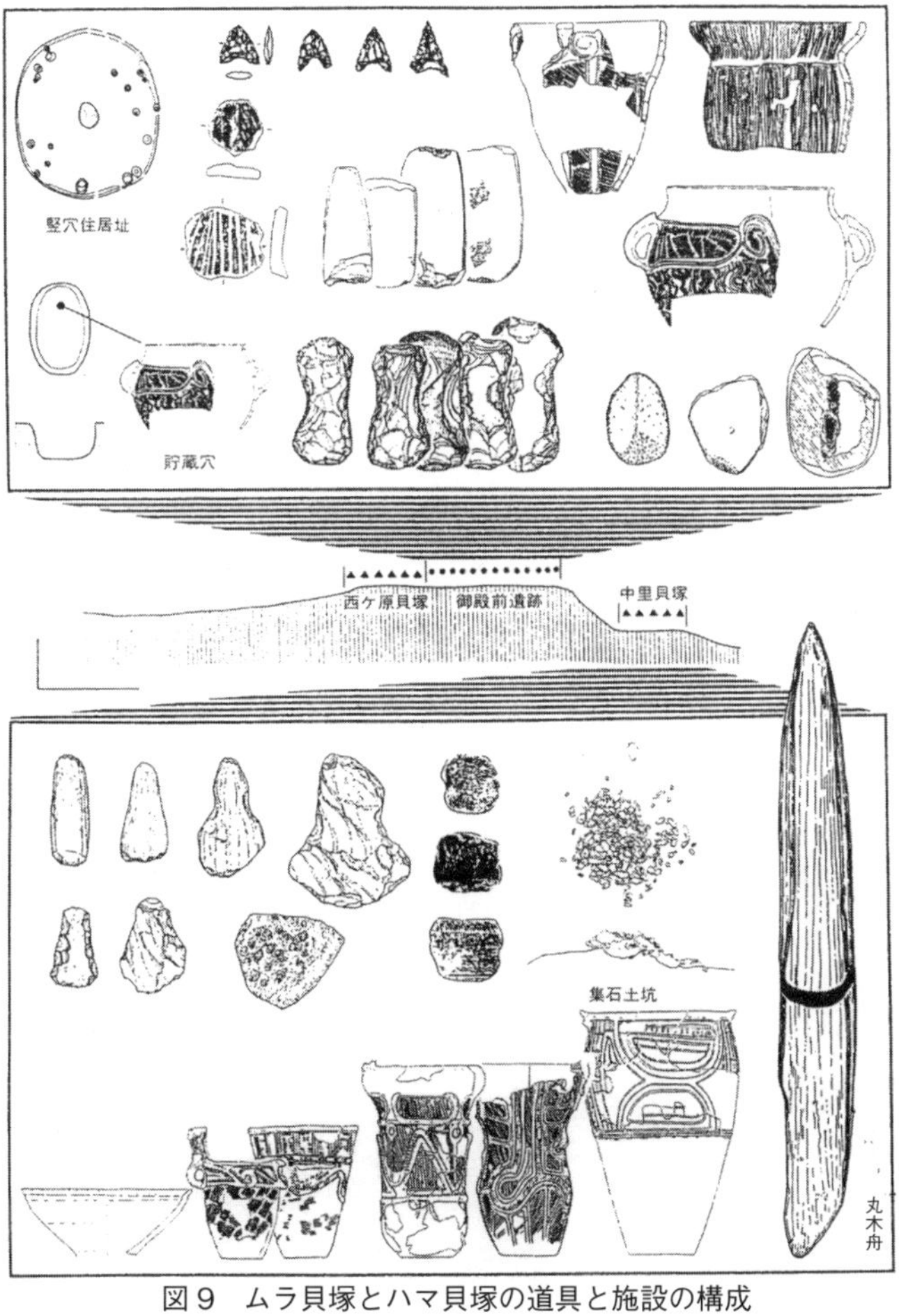

図９　ムラ貝塚とハマ貝塚の道具と施設の構成

跡も検出されております。台地上のムラと中里貝塚から出土した遺物と遺構の構成を図にしたものが、図9です。中里貝塚というのは武蔵野台地の一番東端の一段下がった沖積地にあります。台地を上がったところに竪穴住居から石鏃、磨製石斧、すり石など、生活の一般的道具を持つムラがあることが確認されております。

図9の下の枠の中は中里貝塚と周辺地点から発見されたものですが、勿論、ムラから出土する道具と共通するものもありますが、非常にその数は少ない、そうした道具の組み合わせの違いからも、台地の上の貝塚と低地の貝塚では違いが指摘できそうです。ちなみに図9の一番右は丸木舟ですね。貝の運搬や水路の往来に利用された丸木舟と考えられるわけです。

縄文時代にはこうした低地の貝塚と台地の上のムラ跡に残された二種類の貝塚があることがわかってきました。そうしたものは貝塚の立地だけに限らず、道具の組み合わせから見ても、その違いは指摘できます。こうした視点から今一度大森貝塚というものを捉え直してみる必要もあると思います。

それから、最後にもう一つ、図10をご覧ください。これは、大森ムラを考える時に参考にしていただければと思います。大森貝塚の作られた時代、西ヶ原貝塚では環状のムラが作られていたと申しましたが、同様なものが、かなり広い範囲で調査されたものが、図10です。

埼玉県桶川市にあります高井東遺跡という遺跡で、この遺跡は内陸ですから貝塚を遺しておりませんが、住居の配列を見ますと中央部分が、やや低くなっていて、広場のように何もありません。その周辺を取り囲むように縄文時代後期から晩期にかけての住居址が分布している状態がよくわかります。その中の住居の一つを取り出したものが、下の段です。平面プランが四角い住居ですね。単に四角いだけではなくて、この住居は何回か建て替えられています。四角い形がちょうど、重なるように少しずつずれている、こういう家の建て替えをするきまりがあったようですね。

大森貝塚の先ほどの報告の中にも、どうも、それらしい住居の輪郭の重複が認められたかと思います。家の建て替えの方法などは、広い地域で共通している部分があります。それから大森貝塚は東京湾を望む台地の縁に住居がかま

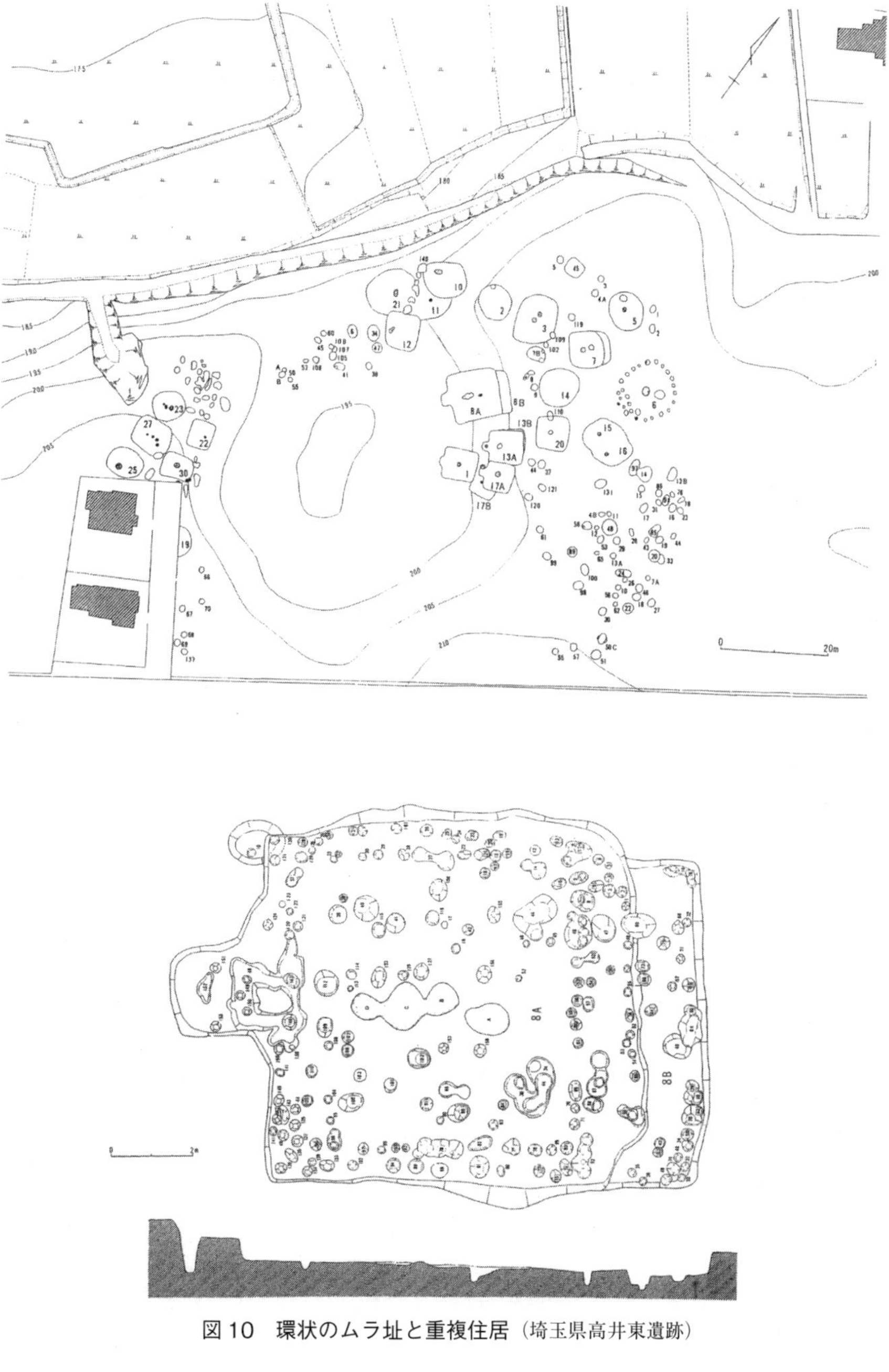

図10　環状のムラ址と重複住居（埼玉県高井東遺跡）

えられたのではないか、という話をしましたが、東京湾ではありませんが、谷に面して住居を連ねている例は、実は埼玉県などの内陸部にあるのです。

大森貝塚の場合は、台地の上は、比較的平らな面が続いていたと思いますが、斜面に面した場合、こうした家の建て方も、大森貝塚に限った事例ではないのです。こうした、いくつかの比較資料を基にして、大森貝塚について少し考えていきたいと思います。

それでは今度はこれまでに大森貝塚から発見された資料から、当時の生活を考察するということで、安孫子先生にお話をお願いいいたします。

（安孫子昭二「問題提起2　出土遺物からみた大森貝塚」参照）

阿部　安孫子先生には大森貝塚の発掘調査で発見されたものから、いったいどういうことがわかるかというテーマでお話をいただきました。加曾利B式とか安行式とか専門用語がたくさん出てきましたので、理解を助けるために図11をご覧ください。ここに安孫子先生から説明いただいた土器型式の編年表があります。

南関東を見ていただけますでしょうか。図の一番上が中期、下に向かって年代が新しくなって行く。大森貝塚からこれまで発見されている土器は、堀之内1式、これは縄文時代後期の前葉です。それから下の方に堀之内2式とか、さきほどから話題にあがります加曾利B式やその下、曽谷式、安行式、安行は1式から3d式まで分かれています。考古学者が、年代的単位、あるいは地域的単位として用いる土器型式の名称です。

その中で、安孫子先生の方でとくに中心的に触れられたのが、加曾利B2式、あるいは、3式といったところでしょうか。この辺がモースの大森貝塚の資料の中でも中心的な出土遺物ですね。それから、大森ムラの終わる時期ですが、安行の3c、3d式という名前がありますが、この時期の祭祀的な道具である土版なども発見されております。

一応、土器型式から見た場合は堀之内1式から安行3d式まで、絶え間なく人が住んでいたかどうかは別にして、

図 11　縄文～弥生の土器型式編年表
（西本豊弘編『縄文時代から弥生時代へ』雄山閣，2007 より）

一二型式ぐらいあるんです。その間、人々がここで生活したということだと思います。

安孫子先生の方からは、遺物の説明の前に都内の縄文時代の貝塚の概略についてもお話いただきましたが、図11の編年表を見てみますと、大森貝塚は堀之内1式から安行3d式の間の遺物が出てくるということですけれども、都内の後期の貝塚というのは、どのくらいの時期のものが一般的なあり方なのでしょうか?

安孫子　貝塚というのは、貝がどの程度獲れる時期にあるかということだと思うんですがね。大体、中期後半の西ヶ原貝塚ですと、加曾利E3式です。ですがあの辺で、その後、加曾利E4式とか、称名寺式期は、貝塚というのは、ほとんどみられません。

その後、堀之内の1式ぐらいになると、ちょうど後期海進の時期ですね。本来、縄文の海進といいますと、縄文前期の後半が一番海進が進みまして、東京湾も奥深くなります。その後、堀之内式から加曾利B式期にかけて、千葉県の方にも貝塚がたくさん検出されるようになります。

二　大森貝塚人の漁撈と狩猟

阿部　つぎに貝塚がご専門の樋泉先生にお話願えますでしょうか。

樋泉　樋泉でございます。私の方は、魚介類を中心とした動物遺存体と環境の話を進めてまいります。

一つ目は、大森貝塚の立地条件について。とくに縄文人と海との関係、あるいは、その当時の周りの海岸の環境、風景といいましょうか、そういう問題が一つ。それから二番目として、食べ物の問題、とくに、貝や動物の骨からみた漁撈・狩猟の様子です。三つ目に、骨角器がたくさん出土するということが大森貝塚の一つの個性なんです。

それが、一体どのような意味をもっているのか。この三つの問題について、コメントしたいと思います。

まず貝塚の貝種組成を見ながら、当時の海岸のイメージを考えて行きたいと思います。大森貝塚と周辺の遺跡のデータを集めてみたのが表1と表2です。これをもとに大森貝塚の特徴を見てみましょう。大森貝塚の縄文後期（加曾利

B式期）の欄を見てみますと、まずハイガイという貝がたくさん出土しています。これは皆さんご存知ない貝だと思います。アカガイに近い貝なんですが、棲んでいる所、獲れる所が違います。それからハマグリも多くみられます。縄文晩期になっても若干違いはありますが、基本的には、ハイガイとハマグリが多いというのが特徴です。

さて、これらの貝はどういう場所に棲んでいたのでしょうか。

先ほど、安孫子さんからお話がありましたように、縄文時代の前期には気候の温暖化によって海面が高くなりました。この時代には谷の中に海水が入って、細い奥まった入り江がたくさん形成されました。こういう入り江を、「溺れ谷」といいます。しかし、大森貝塚の時代には、こうした溺れ谷は大体なくなったか、あっても小さくなっていたであろうと思います。

なぜ、そんな話をしたかといいますと、先ほど大森貝塚からたくさん出ていると話しましたハイガイとハマグリですが、これらは棲んでいる場所が全然違います。この二種が同じ場所に棲むことは絶対あり得ません。それではどういう所にいるかというと、ハイガイは溺れ谷の中などの泥の干潟に生息しています。いっぽうハマグリは開けた海岸、きれいな砂浜の海岸に生息します。

そこで、大森貝塚の近くの環境を見てみますと、大森貝塚の立地の最大の特徴は、遺跡の前が開けていて、周囲に入り江がない。台地の端部に立地していて、目の前に海が広がっているというところにあります。縄文後期の貝塚分布（口絵の貝塚分布図の赤丸）を見ると、海からかなり離れた場所にも貝塚があるし、海沿いにも貝塚がある。立地が内陸だったり海岸だったり、いろんなところにあります。その中で、大森貝塚は、目の前が海岸であるというのが特徴なのです。モースが発掘をした当時の大森海岸は砂の干潟で、モースはここで一所懸命、ハイガイを探しました。それから、オキシジミという、ハイガイと同じ泥の干潟に棲んでいる貝も探しました。しかし、ハイガイは全く獲れない、オキシジミもほとんど獲れないということで、明治時代の海岸では、泥の干潟に棲んでいる貝はほとんど獲れなかったことがわかります。

ところが、大森貝塚では、なぜかハイガイがたくさん出ている。これはどういうことか。なかなか解釈が難しい。謎であります。一つの解釈としては、ハイガイが生息する溺れ谷がまだ周辺に残っていた可能性があります。大森貝塚から大体五キロから三キロメートルぐらいの所に残っている溺れ谷でハイガイを獲って、目の前の海岸でハマグリを獲っていた、というのが、一つの仮説です。ただ、目の前の海岸でたくさん貝がとれるのに、ハイガイを獲りに行っていたというのは無理があるように思います。

だとすると大森貝塚の時代の海岸線は、モースが見たような真っ直ぐの海岸ではなかったのではないか。おそらく後の東海道に相当する場所に波が砂を打ち寄せ、半島状の砂洲ができて、その背後が溺れ谷のような感じになっていたのではないかと想像しています。

大森貝塚の北、港区には縄文後期前半の伊皿子《いさらご》貝塚がございます。これはいわゆる「ハマ貝塚」です。人の居住地に出来た貝塚ではありません。貝殻だけを捨てて、身をどこかにもっていった、そういう貝塚です。が、やはり大森貝塚と同じように海岸に面した場所にある。で、そこで出てくる貝は何かといいますと、目の前が開けた海岸線ですから、ハマグリばかりが出てきそうなんですが、ハマグリはほとんどなくてハイガイとカキばかりです。やっぱり泥っぽい干潟の貝になります。そういう状況から考えても、当時の海岸は、埋め立て前の滑らかな海岸とはかなり違っていて、あちこちに砂洲が形成され、結構複雑な地形だったのではないかと思われます。

いずれにせよ、大森貝塚に人が住んでいた当時、その高台の上からすぐ目の前には、もう海岸が広がっていたと考えています。

他の貝塚は海に直面するのではなく多少なりとも内陸に入る傾向があるんですけれども、目の前がすぐ海岸というのが、大森貝塚の大きな特徴といえます。

それから、表2に戻っていただきたいのですが、魚類を見てみますと、後期前半にはアジ類が多数出土しています。マアジだと思います。小さなアジです。この小アジ漁というのが非常に盛んであるというのが、大森貝塚の大きな特徴です。これは大森に限らず、縄文時代後期前半の東京湾西岸の貝塚に広くみられる特徴です。

その一方で、スズキ・クロダイ類のところにも、二重丸が目立つというのがおわかりでしょうか。これらは比較的大きな魚です。体長三〇センチ以上になりますが、これらももう一つのメインの漁獲対象になっています。アジ漁は刎論網を使った漁法で、スズキ・クロダイは釣ったり、突いたりしたのでしょう。ところが、興味深いことに、後期後半から晩期前半にかけて、スズキ・クロダイは引き続きたくさん出土するのですが、アジの方は激減して、ほとんど出土しなくなります。後期の前半と後半とで、漁業のあり方に非常に大きな、しかも、かなり急激な変化がある。何かが変わるのです。アジ漁がほとんどなくなり、一方でスズキ・クロダイ漁は変わらない。そういう非常に興味深い変遷がある。それが、大森貝塚でハッキリ捉えられている。このことは、大森貝塚調査の大きな成果であろうと思います。

狩猟については、シカ・イノシシがいつの時期も多いのですが、後期後半から晩期になりますと、大森では出土量が増える傾向があります。それから、とくにたくさん出るということではないのですが、ウミガメがどの調査でも漏れなく出土している点も大森貝塚の特徴です。イルカも多いといえば多いのですが、ちょっとハッキリしません。

最後に骨角器に関してですが、釣針、ヤス・銛が出土しています。これらが多いという点も大森貝塚の大きな特徴です。モースの発掘でも出ています。一九八四年の調査では残念ながらあまり出ていませんが、一九九三年の調査では釣針などが見つかっています。それから先ほど、松原先生の報告（図14、六九頁）の中にも出てまいりましたが、一九四一年、大山柏の調査でもたくさんの釣針などが出ています。

こうした釣針や銛が目立つというのが特徴といってよいかと思いますが、問題はそれを一体何に使用したのかという点です。まず、釣針ですが、かなり大きく、軸が非常に長い。それから、外返しが大きいという特徴があります。こんな大きな釣針で獲れる魚としてはサメとかマグロなどが想定されますが、大森貝塚からはあまり出土しておりません。強いていえば、一番可能性の高いのはマダイです。マダイは深場に生息する魚で、ちょっと潜って、銛で突く

・少ない、＋あり、－なし、？不明、空欄は集計未了　　　（樋泉岳二作成、2007.11）

魚骨採集法	主要魚類														鳥類		陸獣類					海獣		猟・漁具				
	コイ科	ウナギ属	ボラ科	スズキ属	クロダイ属	マダイ	サメ類	マグロ	エイ目	カレイ科	コチ	イワシ類	アジ類	サバ属	カモ類	キジ科	イノシシ	シカ	イヌ	タヌキ	ムササビ	ウミガメ類	イルカ・クジラ類	釣針	ヤス	銛	錘	鏃
W	－	－	－	－	－	－	－	－	－	－	－	－	－	－	－	－	－	－	－	－	－	－	－	－	－	－	＋	＋
W	－	－	－	－	・	－	－	－	－	－	－	－	－	－	－	－	・	－	－	－	－	－	－					
W	－	－	－	－	・	－	－	－	－	－	・	－	－	－	－	－	・	・	－	－	－	－	－	－	－	－		
W	－	・	－	・	△	・	△	－	△	・	△	・	・	－	・	－	△	△	－	－	－	－	・	－	－	－	－	＋
W	－	－	－	－	－	－	－	－	－	－	－	－	－	－	－	－	－	－	－	－	－	－	－	－	－	－		
W	－	－	－	－	・	・	・	－	・	－	・	・	・	－	－	－	・	・	？	？	－	－	－	＋	－	－	－	－
W	－	－	・	・	△	－	△	－	△	△	△	－	－	－	－	・	・	△	・	－	－	－	－	－	＋?	－		
W	－	－	－	－	・		－	－	－	－	－	－	－	－	－	－	－	・	－	－	－	－	－	－	－	－	－	＋
PU	？	？	？	？	＋	？	？	？	＋	？	？	？	？	？	＋	？	＋	＋	？	？	？	＋	＋	＋	＋	＋	－	＋
W	－	＋	＋?	△	△	・	－	－	△	＋	・	－	●	◎?	・	－	・	△	－	・	－	・	－	－	－	－	－	＋
PU	－	・	－	△	◎	－	・	－	・	－	・	－	・	－	・	－	△	△	？	？	－	・	・	－	－	－	－	－
PU	－	－	－	△	◎	－	－	・	△	－	・	－	－	－	－	－	△	◎	？	？	－	・	・?	＋	＋?	－	－	－
W	－	・	－	△	◎	・	・	－	△	－	－	－	△	・	・	－	△	◎	－	－	－	・	－	－	－	－	－	＋
PU	－	－	－	△	△	△	－	－	・	－	・	－	－	－	－	－	△	・	？	？	－	・	・	＋	－	－	－	－
？	？	？	？	？	？	？	？	？	？	？	？	？	？	？	？	？	？	？	？	？	？	？	？	＋	＋?	＋	？	？

表1　大森貝塚と周辺の縄文前期貝塚における動物遺体と狩猟・漁撈具の比較

魚骨採集法：W 水洗選別、PU ピックアップ、　動物遺体の頻度：●非常に多い、◎多い、△普通

遺跡名		地点・層準	貝層			主要貝類										
			堆積状況	年代	規模	ヤマトシジミ	ハイガイ	マガキ	オオノガイ	オキシジミ	サルボウ	アカニシ	アサリ	ハマグリ	シオフキ	イタボガキ
縄文前期	豊沢（渋谷区）	第2地点	住居跡内	黒浜	小	・	・	●	・	・	・	−	◎	●	△	・
	居木橋（品川区）	A 地区	台地斜面	関山	小	−	●	・	・	・	・	・	△	●	・	−
		D 地区	住居跡内	関山	小	−	△	◎	・	△	・	・	△	◎	・	・
		B 地区	住居跡内？	関山	小	・	◎	◎	△	△	・	・	◎	◎	△	・
		D 地区	住居跡内	黒浜	小	−	◎	△	△	・	・	・	◎	△	・	−
		A 地区	台地上／住居跡内	諸磯	小	・	△	△	・	△	・	・	◎	◎	・	・
		D 地区	住居跡内	諸磯	小	・	△	◎	△	△	・	・	◎	△	・	・
	雪ヶ谷（大田区）		住居跡内	諸磯	小	・	−	◎	△	・	・	・	・	●	△	・
縄文後期	大森（品川区）	モース発掘地点	台地斜面	加曽利 B	大	−	◎	△？	・	△	△	△	△	△	△	・？
		1984 B貝塚	台地斜面	加曽利 B2	大	−	◎	・	−	−	◎	△	−	△	−	・
		1993 東貝層	台地斜面	加曽利 B	大	・	◎	△	◎	・	・	・	◎	●	△	−
		1993 南貝層	住居跡内？	曽谷	小？	・	△	・	◎	・	・	・	◎	●	・	・
縄文晩期	大森（品川区）	1984 A貝塚	台地斜面	安行 IIIa	大	・	◎	・	・	・	△	△	△	●	・	・
		1993 西貝層	台地斜面	安行 IIIa	大	＋	＋	＋	＋	＋	＋	＋	＋	＋	＋	＋
参考	大森（品川区）	1941 大山調査	？	？	？	？	？	？	？	？	？	？	？	？	？	？

・少ない、+あり、－なし、？不明、空欄は集計未了　（樋泉岳二作成、2007.11）

魚骨採集法	主要魚類														鳥類		陸獣類					海獣		猟・漁具				
	コイ科	ウナギ属	ボラ科	スズキ属	クロダイ属	マダイ	サメ類	マグロ	エイ目	カレイ科	コチ	イワシ類	アジ類	サバ属	カモ類	キジ科	イノシシ	シカ	イヌ	タヌキ	ムササビ	ウミガメ類	イルカ・クジラ類	釣針	ヤス	銛	錘	鏃
W	△	◎	△	◎	△	・	・	－	△	◎	△	◎	◎	・	・	・	・	・	－	－	－	－	－	－	－	－	+	+
W	△	△	・	◎	◎	△	・	・	△	・	△	◎	●	・	△	・	◎	◎	△	・	・	・	・	+	+	－	+	+
W	－	△	・	◎	△	△	・	－	・	・	◎	△	◎	・	－	・	△	・	－	－	－	－	－	－	+?	－	+	+
W	－	・	△*	・	△*	－	・	－	・	・	・	・	△	・	－	－	・	－	－	・	－	－	－	－	+?	－	－	+
W	△	△	△	◎	◎	△	・	－	・	△	・	・	◎	・	－	－	△	・	◎	－	－	－	－	－	－	－	+	
W	－	△	・	・	・	・	－	－	・	・	・	－	△	－	－	－	・	－	・	－	－	－	－	－	－	－		+
W	－	－	－	△	△	・	・	－	・	－	・	－	・	－	－	・	△	・	・	・	－	－	－	－	－	－	+	
W	－	－	・	・	△	△	・	－	・	－	・	－	△	・	－	・	△	△	－	－	－	・	－	－	－	－	+	+
PU	?	?	?	?	+	?	?	?	+	?	?	?	?	?	+	?	+	+	?	?	?	+	+	+	+	+	－	+
W	－	+	+?	△	△	・	－	－	△	+	・	－	●	◎?	・	－	・	△	－	・	－	・	－	－	－	－	－	+
PU	－	・	－	△	◎	－	・	－	・	－	・	－	・	－	・	－	△	△	?	?	－	・	・	－	－	－	－	－
W	・	・	・	・	△	・	・	－	△	・	・	・	△	・	－	－	・	△	・	・	－	－	－	－	－	－	－	－
W	△	△	－	・	△	・	－	－	△	△	・	△	・	・	－	・	◎	◎	・	・	－	・	－	－	+?	－	－	+
W	・	・	－	・	・	－	－	－	－	－	－	－	－	－	－	－	・	・	－	－	－	・	・					
W	・	・	－	－	・	－	－	－	－	－	－	－	－	－	－	－	・	・	－	－	－							
PU	?	?	+	+	+	+	－	－	+	?	+?	?	?	?	・?	・	◎	◎	・	・?	・	・	・?	+?	+	+	+	+
W	－	・	・	◎	△	・	－	－	・	－	△	－	・	－	－	・	△	△	－	・	－	－	－	－	+?	－	+	+
PU	－	－	－	△	◎	－	－	・	△	－	・	－	－	－	－	－	△	◎	?	?	－	・	・?	+	+?	－	－	－
W	－	・	－	△	◎	・	・	－	△	－	－	－	△	・	・	－	△	◎	－	－	－	・	－	－	－	－	－	+
PU	－	－	－	△	△	△	－	－	・	－	・	－	－	－	－	－	△	・	?	?	－	・	・	+	－	－	－	－
?	?	?	?	?	?	?	?	?	?	?	?	?	?	?	?	?	?	?	?	?	?	?	?	+	+?	+	?	?

表２　大森貝塚と東京都内縄文後・晩期主要貝塚における動物遺体と狩猟・漁撈具の比較

魚骨採集法：W 水洗選別、PU ピックアップ、　動物遺体の頻度：●非常に多い、◎多い、△普通

時期	遺跡名	地点・層準	貝層			主要貝類										
			堆積状況	年代	規模	ヤマトシジミ	ハイガイ	マガキ	オオノガイ	オキシジミ	サルボウ	アカニシ	アサリ	ハマグリ	シオフキ	イタボガキ
後期前半	西ヶ原（北区）	小泉ビル地点	住居跡内	堀之内 I	小	◎	·	△	·	·	·	·	·	●	△	
	延命院（荒川区）	1987 発掘地点	台地斜面下部	堀之内 II	大	◎	·	△	·	·	·	·	·	●	·	·
	西久保八幡（港区）	下部貝層	台地斜面	堀之内 II～加曽利 B1	大	·	●	△	·	◎	·	·	△	◎	·	·
	伊皿子（港区）	1978-79 発掘地点	小谷の谷頭	堀之内 I	大	−	●	◎	·	△	·	△	△	·	·	·
	豊沢（渋谷区）	第 2 地点	土坑内	堀之内 1	小	·	△	·	·	·	·	△	·	◎	·	−
		第 2 地点	土坑内	堀之内 2	小	−	△	·	·	·	·	·	◎	●	·	·
		第 2 地点	ピット内	加曽利 B	小	−	●	·	·	△	·	·	·	△	·	·
		1980 発掘地点	小ブロック	加曽利 B	小	·	◎	·	·	△	·	·	·	◎	·	−
	大森（品川区）	モース発掘地点	台地斜面	加曽利 B	大	−	◎	△?	·	△	△	△	△	△	△	·?
		1984 B貝塚	台地斜面	加曽利 B2	大	−	◎	·	−	−	◎	△	−	△	−	·
		1993 東貝層	台地斜面	加曽利 B	大	·	◎	△	◎	·	·	·	◎	●	△	−
後期後半～晩期前半	西ヶ原（北区）	農林省地点	遺構外・ピット内	加曽利 B3	小	●	·	·	△	·	·	·	·	◎	·	−
		1996 発掘地点	遺構外	加曽利 B3	大	●	·	△	△	·	·	·	·	◎	·	−
		1985 発掘地点	住居跡内	安行 I	小	△	·	◎	△	△	·	−	−	◎	−	−
			土坑内／小ブロック	安行 II～IIIa	小	◎	·	·	·	·	·	·	−	△	−	−
	旧本丸西（千代田区）	1949 発掘地点	台地斜面下部？	安行 I～III	大？	◎	◎	△	△	△	+	△	+	◎	+	·
	西久保八幡（港区）	上部貝層	台地斜面	加曽利 B3～安行 I	大	·	△	△	◎	◎	◎	·	△	△	·	·
	大森（品川区）	1993 南貝層	住居跡内？	曽谷	小？	·	△	·	◎	·	·	·	◎	●	·	·
		1984 A貝塚	台地斜面	安行 IIIa	大	·	◎	·	·	·	△	△	△	●	·	·
		1993 西貝層	台地斜面	安行 IIIa	大	+	+	+	+	+	+	+	+	+	+	+
参考	大森（品川区）	1941 大山調査	？	？	？	?	?	?	?	?	?	?	?	?	?	?

＊伊皿子貝塚のボラ科・クロダイ属遺体の大半は鱗

というわけにもいきませんので、やはり釣ったと考えられますが、マダイの釣針としては大きすぎる印象ですし、マダイの出土数も決して多くはありません。そうすると、大森貝塚の中にあって、これらの釣針は、少なくとも魚を獲るために大活躍していたとは思えません。

実は、こういう軸の長い釣針がどこに多いかといいますと、利根川の流域に特徴的に分布する傾向があります。そういうことから考えますと、もしかすると、これらの釣針は大森貝塚の人々が自分たちで作ったのではなくて、利根川流域の人々が大森貝塚を訪れた際に、持ち込んだのではないかと想像しています。もらった大森貝塚の人たちは、使いようがないので、捨ててしまったのではないかと考えるわけです。銛に関しましても、松原先生の報告（図16、七〇頁）にありましたように、利根川に限らず、もっと北の東北地方の太平洋側に沿って分布しています。おそらくこれも、そういった所から来た人たちのお土産？ではないかと想像しているわけです。いずれにせよ、こうした大形の骨角器は見栄えがするので、実用品としてさかんに使われていたと思われがちでありますけれども、動物遺存体から考えれば、実際にはそんなに活躍していたとは考え難いように思います。

阿部　ありがとうございました。貝塚から出てくる動物遺存体からみた場合、大森貝塚の人々がどういう生業活動をしていたのか、さらに、大森貝塚の人々の周辺にどういう干潟があったのかということまで、これは、今後の具体的調査を待つにしても、一つの仮説を述べていただきました。それから、釣り針や銛に関しては、非常に魅力的な考えをご披露いただきました。それでどうでしょうかね。こういうふうに大形の釣り針や銛が出てくる貝塚というのは、東京都内でも、ほかにもありますか。

樋泉　ありますよ、都内ではたとえば千代田区の旧本丸西貝塚から大きな銛が出ています。

阿部　その場合、何か限られた特別なムラから出てくるというようなところがありますか。

樋泉　なんともいえないですが、そうした可能性もあるでしょうね。

阿部　それでは大森貝塚から出土した軸の長い釣針は、茨城方面からお土産としてもらったのでしょうか。

樋泉　多分、そうではないかと。

阿部　ここから先は、考古学だけでは、なかなか解明できないことでもあると思いますけれども。釣針の形態的な比較からいうと、樋泉先生がそういった発想を持つに至った根拠にはなるわけですね。余山《よやま》貝塚ですとか周辺の、千葉県の銚子周辺の釣針と似ているということですね。

樋泉　形態的には似ています。

阿部　その辺が、結論の根拠の一つになっているわけですね。

樋泉　それから、千葉市の矢作《やはぎ》貝塚、これは後期前半の遺跡ですが、たくさんの釣針が出ています。ここの釣針は、大森貝塚のように大きいものではなくて、やや小さいものです。またマダイの骨もたくさん出てくる。しかも作りかけの釣針がたくさん出土していることから、ムラで釣針をつくっていたことがわかります。ここのケースは、明らかにマダイを獲るために釣針を作っていたんですね。このような実用的な遺跡もありますので、それに比べ、大森貝塚ではどうも実用的に大きな釣針を使ったとは考えにくいのです。

阿部　ありがとうございました。

三　貝塚の保存と活用

阿部　それでは、後半の部をはじめたいと思います。

前半の部では、主に近年の大森貝塚の調査・研究の成果をもとにして、大森貝塚という枠組みではなくて、大森ムラという捉え方の中で、東京湾を目の前に臨む台地の上にあるムラの一角にのこされた貝塚という認識が定着したかと思うのですが、大森貝塚の人々はさまざまな活動をしていることがわかってきました。

大森ムラの人たちは、ここに住むだけではなくて、広くは土器の文様でいえば北海道までを含むような情報のネットワークの中で生活を営んだというところまでご理解いただけたかと思います。こうした成果を基にして、将来、大森貝塚といったものを、どう活用して行くのか。これは現在でも、すでに大森貝塚の活用というのは行なわれているわけですけれども、今回の成果をふまえてどのような展望を持つ必要があるのかということをテーマにして後半の議論を進めたいと思います。

活用するためには、当然、保護する。そういうようなことも重要になってきますので、これまで東京都内の重要遺跡の保存・活用に係わってこられた岡崎先生の方から、遺跡保護の現状を簡潔にご紹介いただきたいと思います。

岡崎　岡崎でございます。では、「保存・活用」ということで、お話させていただきます。

文化財ですから、文化財保護法にのっとりまして、保存・活用ということですが、これは、文化財保護法の第一条にも、きちっと明記されておりまして、保存、かつその活用を図るということが、謳われております。

次に文化財の定義についてでございますが、これには、勿論、貝塚、古墳、都城、その他、これも明記されています。すでに今日、坂詰館長からも、いままでの学史的なお話がありましたけれど、一八七七（明治十）年から一三〇年という、長い貝塚研究を基に、きちっと、文化財保護法にも明記されているというのが「貝塚」です。

一般的に遺跡が発見されると、現在ですと開発などの工事で壊されるということで、事前に、発掘調査がなされます。大部分は、記録保存されるだけで、この世から消えてしまうのですが、その中からとくに価値の高いものについては、保存していこうということで、事業者の方、あるいは地主の方と話を進め、理解と協力を得て保存がなされてきたということです。

それで、都内の貝塚の様子をみますと、行政上の資料から、私が拾ったんですが、区部で一二一ヵ所、島嶼で二ヵ所ということになります。先ほども話がありましたけれど、大半、江戸時代に大規模な都市江戸が形成された時に、かなりの部分、都心である千代田、港、文京、新宿の一部とかについては、もう大半が壊されています。先ほど紹介がありました、いくつかの貝塚については、辛うじて、幸運な貝塚であったために残されていたということになります。江戸近郊には、品川区をはじめ、北区、それから板橋区などでは、大分、貝塚が残っているという状況です。そういったことを踏まえまして他の時代と重複し部分的なものも含めて約一二〇ヵ所ぐらいあります。

それで、指定についてみますと、大森貝塚は、一九二五（大正十四）年に、まず東京府の指定になっております。東京では、大正の一桁から二桁にかけて、かなり近郊を含めて都市化の波が押し寄せておりまして、その中で、地元からの推薦によって、遺跡を保護して行きましょうという動きがありました。その時の一つに、この大森貝塚も一九二五年に指定になっています。そののち、国の指定になるのが一九五五（昭和三十）年ということです。

碑は、昭和のはじめですから、それについて、二ヵ所が、それぞれ指定されています。それで一〇〇年目に、再調査がされまして、どうも、やはり品川区の方が、モースが掘った場所であろうということが、ほぼ確定しております。このような経緯をへて、保存がされてきています。それで、出土品についての指定は、一九七五（昭和五十）年ということで、大分遅いのですが、国の重要文化財に指定されています。

東京都で、現在指定されているものは、大森貝塚、それから、後ほど、調査から指定まで紹介をしていただきますが、中里貝塚の指定が、国からされております。中里貝塚の指定については、二〇〇〇（平成十二）年の九月ですね。数年間、内容、それから範囲についてできる範囲で調査をいたしまして、指定をしていただいたということでありま す。

それから、先ほどから、大森貝塚と対照的に出てきます、西ヶ原貝塚ですが、これについては、やはり大正年間に東京府の指定になっております。ただ、この時、きちっと範囲を定めておりませんでしたので、旧跡ということになっておりました。これを東京都教育委員会が昭和五十年代から、都内の重要な遺跡などを国の補助金をいただいて、調査をしておりまして、その一環として一九九五（平成七）年度から、三年間ほど、都内の重要な遺跡について、発掘調査を行なって見直しをしましょうということで、ここにおられます、坂詰先生に団長をお引き受けいただきまして調査を実施しました。

その中で、西ヶ原貝塚の内容と範囲については、もう一度、確認をしましょうということで、調査が行なわれまし

東京の貝塚の保存と活用について

○都内の貝塚数　区部121ヵ所、島嶼2ヵ所（大島町）
遺跡総数約5,750ヵ所（平成19年3月末現在）
○大森貝塚　国の指定史跡および出土品の有形文化財（考古資料）指定
・都指定史跡　大正14年5月（国指定により昭和30年3月解除）
・国指定史跡　昭和30年3月　品川区大井6-21（23.4㎡）および大田区山王1-3（20.5㎡）
・追加指定　　昭和61年8月　品川区大井6-2944-5、鹿島町2955（計約1,036㎡）
・出土品の国指定重要文化財（美術工芸：考古）　昭和50年6月（東京大学総合研究博物館所蔵）
○中里貝塚の指定
・国指定史跡　平成12年9月（約4,433㎡）
○都指定史跡
・西ヶ原貝塚　5,733㎡（北区立飛鳥中学校内）、動坂遺跡　約46㎡（貝塚範囲、都立駒込病院内）、西久保八幡貝塚　約75㎡（社殿裏側の一部）
○近県の指定状況
・千葉県：国指定11ヵ所（加曾利・堀之内・姥山貝塚ほか）、県指定7ヵ所（西の城・下小野貝塚ほか）
・埼玉県：国指定3ヵ所（黒浜・真福寺・水子貝塚）、県指定5ヵ所（新郷・綾瀬貝塚ほか）
・神奈川県：国指定2ヵ所（夏島・五領ヶ台貝塚）、県指定4ヵ所（子母口・茅山・堤・吉井貝塚）

表3　都内貝塚一覧

区・町	貝塚数	著名な貝塚	備考
千代田	4	旧江戸城本丸西	
港	10	西久保八幡（都史　昭62年）、伊皿子	
新　宿	1		
文　京	11	動坂（都史　昭51年）、向ヶ岡（弥生町二丁目　国史　昭51年）、弥生町、お茶の水、小石川植物園内	
台　東	4	湯島（切通し北）	
品　川	7	大森（国史）、居木橋、池田山	
目　黒	1	東山	
大　田	41	大森（国史）、馬込、久ヶ原、千鳥久保、下沼部	
世田谷	2	多摩川流域東京湾最奥部の貝塚（稲荷丸北・瀬田）	縄文前期
渋　谷	3	豊沢	
豊　島	3	池袋西	
北	6	中里（国史　平12年）、西ヶ原（都史　平11年）	
荒　川	1	日暮里延命院	
板　橋	9	小豆沢、四枚畑、中台馬場崎	
大　島	2	下高洞	縄文後晩期

＊平成19年3月現在：遺跡地図登載上の箇所数（古代・中世など一部除く）

た。その時、ちょうど、阿部先生が岡山から明治大学に戻られて、講師をされておりました。先生は学生の頃から、北区でよく調査されておりましたので、調査員をお願いいたしまして、私が事務局をして、調査を行ないました。たまたま、飛鳥中学校という、学校の中を調査させていただくことになったものです。これも、調査終了後から、二年ほど経て、報告書を出し、次の年には、直ちに指定をかけたという経緯があります。それから都心部の遺跡ですが、先ほど、安孫子先生から紹介がありましたが、動坂遺跡という都立の駒込病院の一角に貝塚を四六平方メートルほどですが指定をしました。それから西久保八幡貝塚ですね。これも、神社の境内の一角をそれぞれ東京都の指定史跡にさせていただいております。

こういうことで、現状では、まだ指定のみですが、これから、いろんな意味で、どのように活用していくかということを考えなくてはならないという状況にあります。

その他に、若干、資料として他県の指定状況も、参考までに載せておりますので、これは見ていただければ結構です。活用という意味では一番、活用がなされているのは、まさに大森貝塚ということで、品川区の方で、いろいろとご尽力いただきまして、公有化をはかっていただいて、大森貝塚遺跡庭園として整備がされております。ただ、この整備をする時に、現在ですと整備・活用の委員会などを作り、教育委員会、それから関係の部署、たとえば、建設部局の公園課などの方々で構成しています。この遺跡をどういうふうに整備・活用するかという委員会を立ち上げるんですが、どうも、当時の記憶がハッキリしないんですが、委員会などが設置されずに公園の整備が進んだという状況があるようです。それで、図13に入れてありますが、この太い線の部分が指定範囲ということになっております。

以前は、後の部分だけだったんですが、調査が二回ほどされまして、一回目の調査を基に、さらに追加指定をいただいて、現在の面積で指定をされているということです。これについても、今後もう一度、一三〇年という節目を省みて、活用について考えなければいけないのかなというふうに思っております。

図 12　現在の大森貝塚碑と大森貝墟碑

品川区は国の史跡である大森貝塚碑に隣接する土地 1,165㎡を購入し、大森貝塚遺跡庭園として 1985（昭和 60）年開園した。さらに、隣接地約 5,200㎡も公園敷地に加えられ、1996（平成 8）年大森貝塚遺跡庭園は新装開園し、現在の姿となっている。公園内には、貝層の剥離標本をはじめ学習広場・体験広場があり、縄文時代について学習できるようになっている。さらに、モースの胸像やモース誕生の地であるアメリカ合衆国メイン州ポートランド市と品川区との姉妹都市提携記念碑も置かれている。

また同じく国の史跡である大森貝墟碑（大田区山王 1 丁目）へは、NTT データビル脇の通路を通り自由に見学できるようになっている。

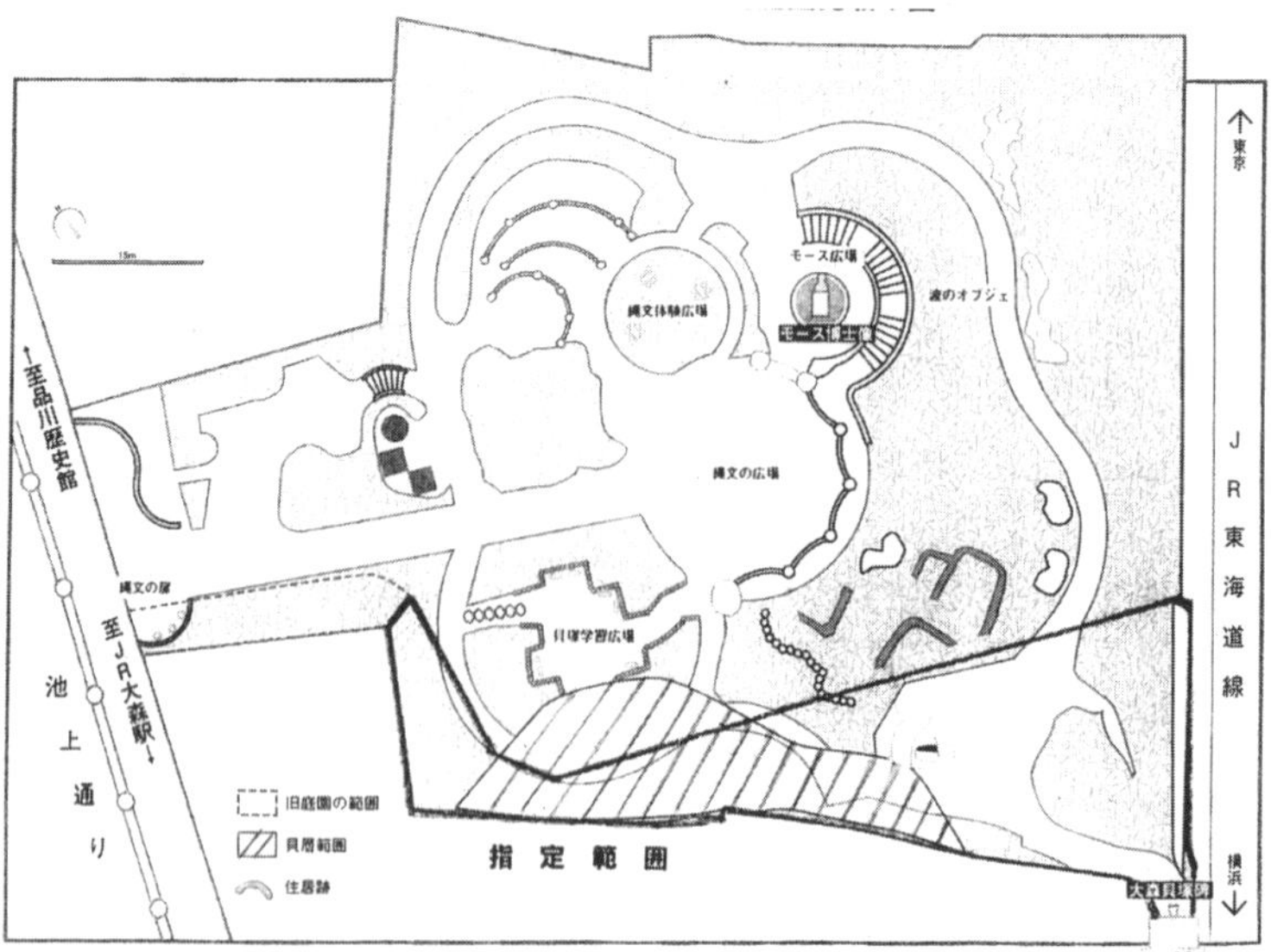

図 13　大森貝塚遺跡庭園見取り図
（『モース博士と大森貝塚　改訂版』品川区立品川歴史館、2001 年を加除筆）

後ほど秋山先生の方からお話がありますが、先生は全国的に活用と整備に活躍されている方で、いろいろな保存、活用、整備の仕方があろうかと思いますが、その辺のご紹介をいただければと思います。簡単ではございますが、私の方からの報告は以上です。

阿部　ありがとうございました。

今、岡崎先生の方から説明がございました、一番新しく都内で国の史跡にされた縄文貝塚を調査され、さらにその後の保存・活用まで含めて、担当されました北区の中島先生の方から、発掘の生々しい話も含めて、お話をいただければと思います。よろしくお願いします。

中島　どうも、はじめまして、北区の中島です。

中里貝塚ということで、今日は出席したわけなんですけども、冒頭に坂詰館長からお話がありましたように、中里貝塚、あるいは西ヶ原貝塚というこの二つの貝塚はすでに明治時代草創期の頃から著名な貝塚として知られていました。かたや西ヶ原貝塚、こちらの大森貝塚、あるいは台地上の貝塚と近似する要素として注目され続けてきた部分があるんですが、中里貝塚は、どちらかというと二〇世紀には顧みられなくなるという経緯がございます。そんな中で、阿部先生の資料（図9）にありますけれども、中里貝塚はご存知のように海岸線の京浜東北線の下の標高四〜五メートルに位置する貝塚であることがわかってきました。

中里貝塚の貝層本体をわれわれが調査したのですけども、学史的には図8のように半島状に突き出て累々と貝が、一キロ近く延びているというふうな部分にあたります。

学史的なお話を簡単にさせていただきますと、もう、二〇世紀に入ってきますと、中里貝塚というのは、顧みられなくなるようになります。リーフレットに中里貝塚Q＆Aというのがありますけれど、「中里貝塚には、どんな特徴があるの？」にアンサーとして、「……魚骨類、土器、石器などの生活用品がほとんど出土しませんでした」ということで、貝が累々と堆積しているだけで、掘ってもあまり面白くないというか、興味を持てないような内容だったという視点がどうやらあったようで、巨大な貝塚なんだけども、はたして人工なのか、自然なのかという部分もありまして、研究者の目から少し離れていったのではないかと思います。そういった中で、新幹線の上野乗り入れのための調査がありまして、これは、國學院大學の永峯光一先生が団長をされた時に、中里貝塚の近くに新幹線を通すのだから、是非、調査をしなければならないということで、調査をしました。

その時、丸木舟、あるいは、縄文土器や石器類がいろいろと出土したわけです。で、その後、中里貝塚の本体にメスが入りましたが、それが一九九六（平成八）年です。

私どもが調査したのは、区の公園造成ということで、旧国鉄から土地を買って、まず、試掘をやった時に、通常、試掘とは、機械でバッと掘るんですけど、一面、貝がワサワサと出てきて、何だろうコレは、と。新幹線関連で東京都が中里遺跡を随分掘ったが、貝層は自然貝層だろうというふうな見方をしていたのが、すごい浅いところからも、それもかなりの量で貝層が見つかって、それから調査に入ったわけなんです。それが一九九六（平成八）年です。

実は、その一九九六年の調査地点というのは、一九五八（昭和三十三）年に和島誠一先生が千代田区史のお仕事で沖積地の陸化というのが、どういうふうに行なわれたのかという視点で試掘をやったのが、同じ場所でした。調査中に、和島先生が掘られたトレンチも確認いたしましたが、二メートルの深さで断念されておりました。もう、水が沸いてきている。貝がたくさん累々と堆積しておりますので、ちょっと生々しいのですが、モノが出ない貝塚ですし、思いっきりユンボで掘りました。

先ほどの松原先生のお話ではありませんが、累々とたまっている貝の堆積が四・五メートルに達し、それがハマグリとカキのほぼ二種類で、ほとんど埋め尽くされているというふうな状況がわかって、私は、縄文が専門ではないものですから、当時、阿部先生とか、樋泉先生とか、いろんな人たちに係わっていただいても、決着がつかない。低地にある貝塚、こういったものが本当に人工の貝塚なのか、というアプローチをして分析したり、いろいろしました。

また、その時、文化庁といろいろ協議をしました。ただ調査地点が、準工業地域といいまして、工場と住宅地の密

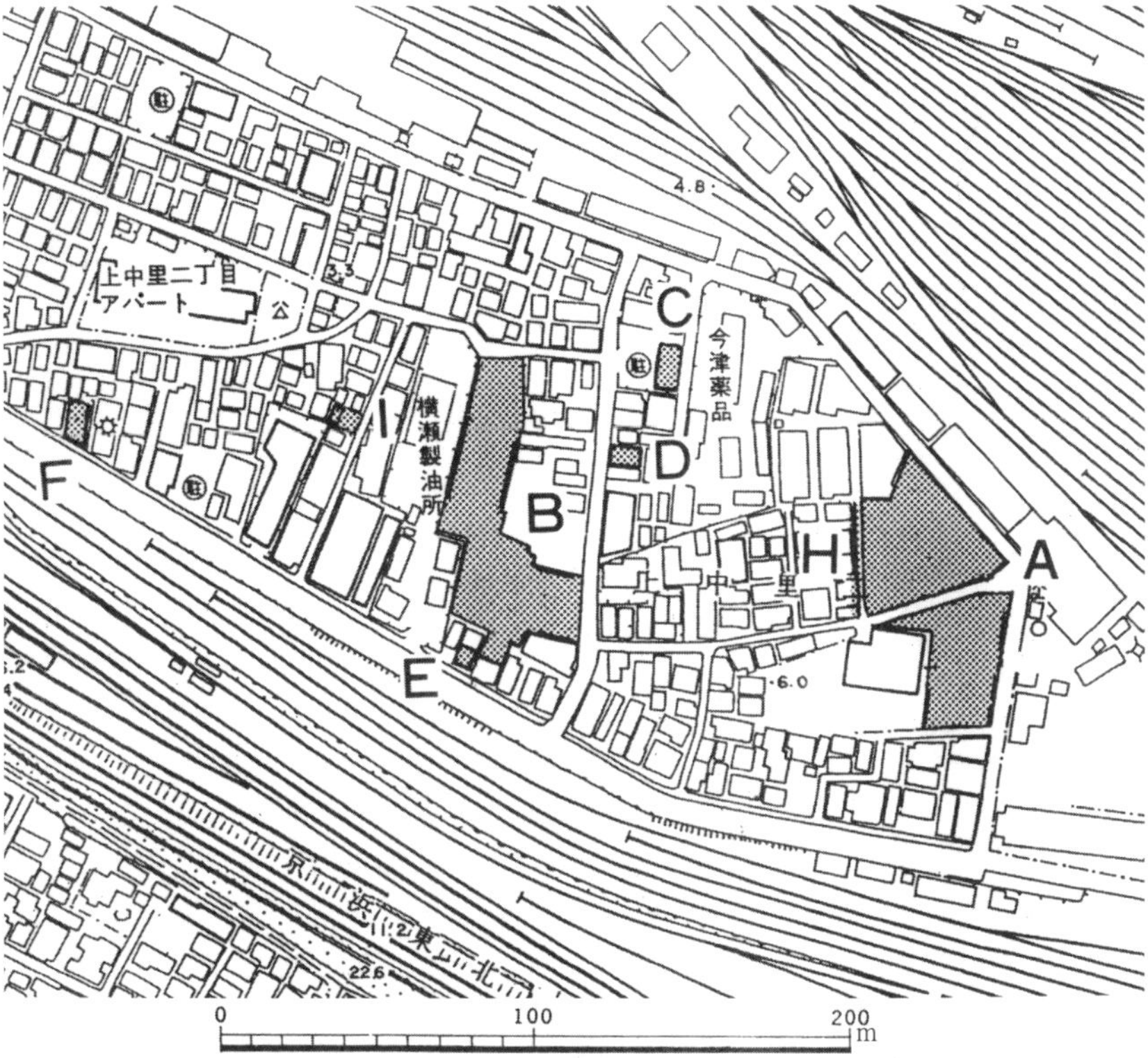

図14　中里貝塚調査地点
（北区教育委員会『七社神社裏貝塚・西ヶ原貝塚Ⅲ・中里貝塚Ⅱ』2002）

集地です。もう一寸の余地もないぐらい家が林立しているというふうな状況です。調査した地点は、中里貝塚には現在AとBという地点がありますけれども、A地点は一九九六（平成八）年に調査した地点です。

　A地点は、二、一七七・四五平方メートルです。国の史跡に指定するにあたって、この面積では駄目だよということで、注文を出されました。貝塚が実際に人工の貝塚で、貝塚の分布範囲もどういう広がりを持つのか、ボーリング調査をやったらどうだと。貝塚もですね、ボーリングも入れられないような非常に厳しい条件でしたので、文化財保護法に基づいて、建て替えを行なう時の確認調査とかを、小まめにやっていた矢先、B地点で同じような面積二、二五六平方メートルの工場が移転しまし

図15　中里貝塚の貝層
（北区教育委員会提供）

て、マンション建設計画が出てきました。ここで調査をやったら、工場で下がいたんでいるのではないかと思いましたが、とんでもなくて、二メートルの貝層が出てきました。同じような面積がもう一ヵ所確保されて、AとBも、東西で約一〇〇メートルぐらい離れている位置関係にあるのですが、その二つの土地をもって、指定できるだろうということで、マンション建設会社に、「工事を断念してくれ」という話を申し入れして、買い上げたという経緯でございます。

今後の保存というのはですね、原則、この辺りは周知の埋蔵文化財包蔵地で、小まめに、届出をしていただいてやっておりますけれども、基本的に低地で水が湧くような条件の所ですので、そんなに深く掘ることはないというのが建物の建築状況ですので、小まめに、貝層に届かないように指導しています。またB地点の隣接地で、数年前に、印刷会社の社屋の建て替えがありまして、これは四階建ての大きな建物でして、これはいよいよまずいなということで、買い上げるなり、いろいろ方策を練っていかないといけないんじゃぁないかと、文化庁と協議しました。

ところが、社屋の建主の方が、「だったら、基礎工事の方を上げるよ」と「その代わり、杭を打つ部分は勘弁してくれ」と「できるだけ、面で貝層を残そうじゃぁないか」という協力が得られる中でですね、文化庁とも話をして、最小限に止めるということで建築工事をしていただくように指導している、というのが実際の現状です。

非常に生々しい話になってしまいましたけれども、この貝塚自身は、国内では、おそらく貝層の部分の範囲は、五〇〇メートル以上、幅で五〇～一〇〇メートルぐらい、密度の高いところ、低いところがあるんですけれども、いずれにせよ、巨大な貝塚です。

指定地に行っていただくと、なんだい、全国で一番大きいっていっているのに、住宅密集地の中に、ぽつんとあるような状況だと、非常に、私どもも心苦しいんですけれども、現状では、A地点というのは、公園、それからB地点というのは史跡広場ですけれど、一般開放しており、説明板などで案内しているという状況です。したがいまして、史跡活用に関しましては、土地を公有地化して行くということが大切なのですが、なかなか現状では、そこまで踏み込むところまで来ていないんです。とにかく、現状で遺して行こう、保存して行こうというのが、今の現状といえるのではないかなと思います。

阿部　ありがとうございました。

遺跡を保存して活用するという時には、当然さまざまな形でその土地が利用されているわけですから、それをまず確保して、それからということが非常に大きいんですけれども、中里貝塚は、広がりは大体どれくらいですか。

中島　東西に一キロ行くかといったところです。厳密に言っても規模五〇〇メートルは優にあるんじゃぁないかと考えております。概ね、そういうふうな大きさを設定しております。

阿部　隣に樋泉先生がおりますので、中里貝塚のカキとハマグリですが、どのくらい大きいものですか。

樋泉　ハマグリは、大きいですね。長さが五〜六センチ以上、カキも一〇センチぐらいのものが多かったかと思います。もっと小さいものもあるんですけども、大形のものが目立つというのが特徴です。

阿部　かなり大形のものばかりが堆積しているということですね。

樋泉　それが特徴です。

阿部　それから、中里貝塚の時期は、大森貝塚よりも古い時期です。縄文時代の中期で後期のはじめくらいまで継続していましたか。

樋泉　後期初頭の称名寺式土器が、貝層の一番上から出ています。

阿部　後期の初頭で、ほぼ形成が終わるということですね。大森より少し古い時期の遺跡です。縄文時代の貝塚にもさまざまな特徴があるということがこれまでの議論の中でもおわかりいただけたと思います。それでは次に東京都内での遺跡の保存と活用には非常に厳しい現実があるということも踏まえて、いや、踏まえないで、（笑）最後に将来の展望と夢を語るということで、遺跡の保存・活用がどうあるべきか、提言的なお話を秋山先生からお願いします。

四　遺跡の保存活用の実態と「大森ムラ」の街づくり

秋山　秋山でございます。

これまで発表されてきた内容は、極めて学術的な調査研究に関する成果でありましたが、これから私がお話いたしますす内容は、発掘調査されて残されることが決まった遺跡がどのように保存・整備・活用されていくのか、そのプロセスを追いながら写真を使って説明してまいります。

発掘調査から保存・整備までのプロセス

古墳の例　はじめに、愛媛県今治市大西町にあります四世紀初めの前方後円墳・妙見山一号古墳保存整備工事でご説明いたします。

この古墳は、愛媛大学の考古学研究室で発掘調査されたもので、後円部の石室はすでに盗掘されておりましたが、前方部にある石室は発掘調査によって新たに発見され、中の遺物はそっくり完全な姿で出土しました。

新たに検出された前方部の竪穴式石室の保存工事からまずご説明いたします。はじめに遺構の保護工事です。竪穴式石室を守るために薄い布を石室の床から壁（遺構）に貼り、保護するための土を入れます。場所によって異なりますが、一般的に保護するために地山の表面の上に五〇センチ前後の保護盛土をいたします。

遺構の保護作業を終えますと、どこに何があったのかわからなくなりますので、遺構の真上に検出された石室の原寸大の写真を焼付けた陶版を設置し、遺構の平面表示をしました。都内では世田谷区にあります野毛大塚古墳の墳頂

図16　古墳の竪穴式石室の発掘から整備（愛媛県大西町：妙見山1号墳）

部でもやっておりますが、そこでは位置だけを示したものが設置されています。

後円部の竪穴式石室は、保存施設を古墳の墳丘の上につくりその中に入って見学できるように工夫されています。その保存施設は土の中に密閉された状態になっていまして、中は温湿度の変化が地上と比べて少なくなっています。竪穴式石室は一般的には上からしか見ることができませんが、ここでは石室の長手の端から覗けるように展望室が設けてあります。このアイディアを考えついたのは、発掘の段階から現地を見せていただいていたお陰です。本物の竪穴式石室をそのまま見学できるというのは、国内では今のところ、ここだけだと思います。

古墳の上からは美しい瀬戸内海が見えます、海側から見ますと山の上に保存整備された墳丘を見ることができます。実は、この古墳は海側だけを復元的に保存整備していまして、山側は既存のまま保存しています。この古墳整備は、通産省の一九九七年度のグッドデザイン施設（Gマーク）に選定されたことも珍しいことです。

縄文時代の集落遺跡の例

次は、鹿児島県の史跡上野原遺跡です。縄文時代、約九五〇〇年ぐらい前の遺跡ですけれども、その当時の住居跡の遺構そのものを見せたいというのが、鹿児島県の文化財課のご要望でした。遺構の露出展示ですが保存上は大変難しい設計条件となります。

保存施設は土中に半分埋まっています。室内の温湿度を一定に保つために特殊な空調設備を備えています。室内環境をコントロールするのが非常に難しいので、千葉市にある加曽利貝塚で行なわれていた保存方法の苦労話を、当時保存整備をおやりになった後藤和民先生におうかがいいたしまして、設計条件を検討し保護施設の設計をいたしました。

保護施設の平面の形は楕円形をしております。土の中なのでどこからも見えませんが、インテリアのデザインにも気を使っています。

図17は、上野原遺跡指定地域と少し離れた所にあります土層断面観察施設です。これも本物の地層をそのまま見ることができます。約四・五メートルの高さがありますが、土の中にもぐって行って見学するようになっています。雨が降りますとちゃんと雨水が浸透してきますので、この表面はじわっと濡れてまいります。湿度が九〇％以上あり蒸しますので、室内環境の維持管理の面で温湿度の調整など難しいものがあります。

縄文時代の地点貝塚　図18は、埼玉県富士見市にある縄文時代の地点貝塚として知られている水子《みずこ》貝塚です。敷地は約三・六ヘクタールあります。はじめに、この遺跡をどう見せるかということをまず検討しました。環状に配された住居跡に貝塚が形成されていることが特色ですので、地点貝塚の配置を示すことにしました。白い「ハマ」と言う、焼き物を焼くときに使われる磁器製の小さな丸い台が貝層を示しています。この遺跡の特色としてさらに当時のムラの景観を創出するために、竪穴住居を保護盛土をした上で復元的に遺構上部につくりました。また、花粉分析の結果を基に樹種選定を行ない、縄文時代の植生を敷地周辺に縄文の森として復元しまして、この森に沿って園路を計画し、園路の内側には縄文の景観だけが広がるようにしてあります。

また、敷地のはずれに、遺跡の説明を補助的に行なうガイダンス施設を設け、中で竪穴住居跡の中に捨てられた貝

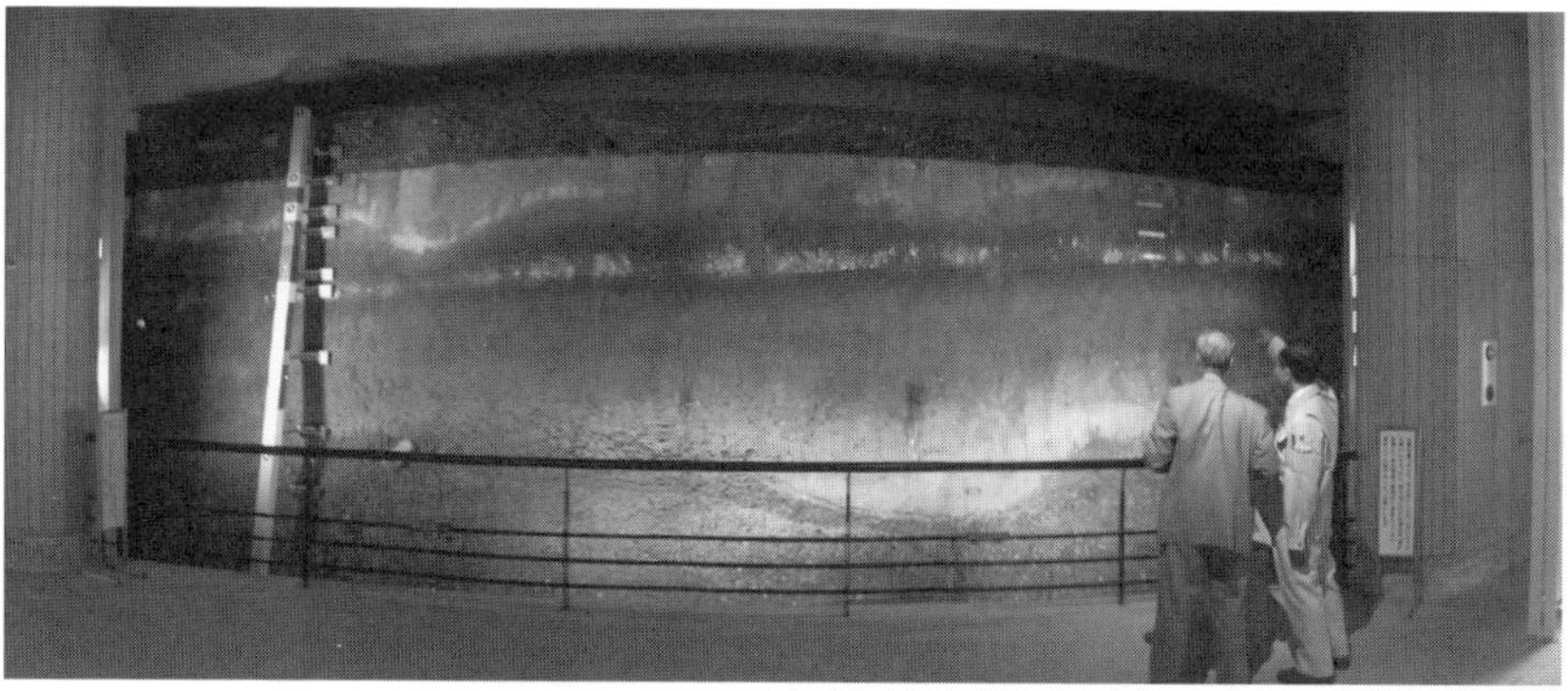

図 17　地層観察施設（鹿児島県霧島市国分：史跡上野原遺跡）

図 18　埼玉県富士見市：史跡水子貝塚（周辺の樹木は整備で植樹、白い部分は貝塚の平面表示）

図 19　岩手県北上市：史跡樺山遺跡（縄文集落復元）

層を見せております。保存整備計画を始めた時ですが、住民の方々が要望される内容は、ほとんど加曾利貝塚の整備が前提となっていまして、貝層断面を見たいという要望が多かったのです。しかし、住居跡にある貝層断面を見せるということは、厚みもないので非常に難しいものですから、ガイダンス施設の中に造形的に復元されたものを展示することにしました。ここに使われている貝は本物です。また柱穴の中には、犬の骨が埋納されている状態が復元されています。

縄文時代の北海道の貝塚

次は、北海道の洞爺湖町にある入江高砂貝塚です。この貝

図 20　学校教育実例（岩手県宮古市：史跡崎山貝塚）

塚は、最近爆発して有名になった有珠山の直ぐ下にあります。ここには、加曾利南貝塚と同じような手法で、剥ぎ取った貝層を壁に貼ったトンネルが作ってあります。どうしても、引きがないので貝層断面は写真には全体がうまく写りません。床下にも、同じような貝層が出ております。

隣の伊達町にある北小金貝塚です。これは貝塚の表示を、本物の貝を敷いて見せています。

佇まいを見せる　今までは、遺跡の遺構や遺物そのものを見せる保存整備の話をしてまいりましたが、最近の整備ではそれぞれの遺跡をイメージする佇まいを創出していくことが試みられています。図18は水子貝塚ですが、整備当初に植えた木が一〇年以上経ちましてもうこれだけ大きくなり落葉広葉樹に囲まれています。住居跡を復元、貝層がイメージされております。図19は北上市にあります樺山遺跡です、これもやはり縄文の史跡です。この丘の下に配石遺構が検出されていまして、復元して見せています。当時のムラ景観を見ることができます。

遺跡の活用

これまで、発掘された遺跡を保存し整備するところまで見ていただきましたが、次に、どのように整備の後活用されている

親子で土器づくり（埼玉県富士見市：史跡水子貝塚）土器焼見学（北海道釧路市：史跡北斗遺跡）

火起こし体験（釧路市：史跡北斗遺跡） ボランティアガイド（鹿角市：特別史跡大湯環状列石）

図 21　生涯学習実例

伊勢堂岱ワーキンググループ（北秋田市）　古代焼き祭り（特別史跡大湯環状列石）

図 22　地域コミュニティ形成

かをご覧いただきます。

学校教育での活用　図20は、岩手県の宮古市にあります史跡「崎山貝塚」で行なわれている活用例です。本格的に整備はされていませんが、遺跡のもつ特色を上手に活用されていることと、学校との連携がしっかり取れていることが感じられました。

ここで、出土した遺物について担任の先生でなく学芸員の方が詳しく子供たちに説明しています。また、クマの標的を弓矢を使って撃っています。こんな至近距離ではクマに襲われそうで危ないのではないかと思うのですが。（笑）別の場所では、縄文土器を焼いていました。これらは、いわゆる体験学習ですね。

次に、学校教育の一環として活用されている例として、先ほどの鹿児島県の上野原遺跡で国分中学の生徒がガイドをしているところです。私が第一号のお客になりました。非常にスガスガしく、覚えたことだけ説明してくれるので嘘がなく、いいですね。（笑）要するに知らないことは、いわないよさがあります。それから、子供たちが大人を相手に説明するよい機会でして、子供たちが社会とつながるという意味ではかなりよい場だと思いました。

生涯教育としての活用　図21は大湯環状列石で学芸員の方が、一般の方に説明をしています。生涯教育にも利用されている光景です。最近の遺跡は、この手が多くなりましたね。

子供さんを連れた親子連れを遺跡で見かけます。ここでは、火おこしを親と一緒にやっています。こちらは土器焼きをしているところを親子で熱心に見ています。

ここで大事なことは、遺跡に来ると会話が生まれるということです。わからないことや知らないことがありますから、なんだろうという疑問を持ちますので自ずと会話が生まれます。

コミュニティ活動としての活用　秋田県の真中辺りにある鷹巣町という所にある伊勢堂岱《いせどうたい》遺跡の活用事例をご紹介します。縄文時代のストーンサークルがある遺跡ですが、遺跡の発見後保存運動とともにできあがったワーキンググループが一〇周年を迎えました。図22左はその記念式典の写真ですが、全員で三〇〇人くらいの会員がいるそうです。

東京ですと、なかなか、こういうものはできません。犬の散歩仲間やPTAコミュニティ、そういうものが多いのですが、こういう新しい絆が、遺跡によって生まれてくるということ、これも、また、大事な活用だと思います。

図22右は、秋田の大湯環状列石でもう二一年間行なわれている、市民が中心になった古代焼き祭りです。毎年八月最後の週の土日、二日間かけての祭りです。延べ千人近い人が参加しているようです。この祭りでは、選ばれたその年のムラ長が二日間家族とともに、古代焼きの祭祀を取り仕切ります。まず、火おこしを昔ながらの方法で行ない、その火をたいまつに点火して、それぞれの窯に火を入れます。焼いている間、見物客のために、写真のようなコンサートをやったりしております。地元青年たちの太鼓の演奏や、東京の府中市からは、笛浮き童子上杉紅童さんのグループが縄文時代の土笛の演奏をしていました。

大森貝塚・大森ムラの活用アイディア

今日、樋泉先生の話にもありました、この貝塚は、海がすぐ近くに見えるということ。それから、モースが発見した貝塚を発掘調査した結果、貝塚を伴う住居跡も検出されたということ、この二点が、まずは重要ではないかと思います。この間、ここに来るときに品川から電車に乗ったのですが、モースが汽車の中から貝塚を発見した時の状況をと、図23の写真を撮りました。三枚、連続で撮りましたが、これ以上うまく撮れる自信のある方は挑戦してみてください。（笑）　京浜東北線の電車の中から撮りました。実は、ここに、貝層があったわけですから、この貝層を表示したらいいのではないかと思います。モースが掘っている姿を再現しておくと面白いでしょうね。

そして、年に一度くらいは、モースが発見した日というお祭りをやって、京浜東北線にここをゆっくり走ってもらい、ちゃんと説明してもらうというのも、提案したいですね。実は、秋田県の武家屋敷で有名な角館の駅から、先ほどの伊勢堂岱へ行く秋田内陸縦貫鉄道が走っています。カタクリの花が咲く頃ですが、カタクリ群生地にさしかかると、列車はものすごくゆっくり走ります。止まって、窓からですが写真撮影までさせてくれるのです。

図 23　この斜面部のモースが見た貝層を明示（夜ライトアップ）する

ほとんど、一日に何本もないという状況ですから、そういうことが出来るのですけれども、本当の観光はこのように地域の光るところを観せることですね。このようなことをJRと協議して、東京というのはアスファルトのジャングルだけでないということも宣伝してもらうべきなのではないかと思います。

それから、街づくりもしゃべれということなので、即席ですが大森貝塚までの道のりを写真で見ていただきます。ここに「大森駅北口」という字がなかったなら、香港、シンガポールかなぁ……（笑）。

どうもわからないですね。で、街路には、綺麗なタイルが貼ってあって、こういうふうにたまに広くなっていたりしています。また、一部ですが知的なものが敷いてありまして、最初は何だかわかりませんでした。そしたらこれ、実は地質学年代が書いてある、古生代なんて書いてありませんか？　そして、ここにはこの遺跡から出てきた土器などの図がタイルに焼かれ床に貼ってありました。だんだん歩いていくと、貝塚記念碑に通じる道ですね。これちょっと難しすぎるのではないかと思いました。どうせなら、現代大森駅から縄文時代大森貝塚まで、およそ一万二千年ぐらいの歴史年表歩道を作ったらどうですかね。散歩する人は何年分歩いたとか楽しみながら歩けますね。

話し変わりますが、皆さん気が付かれたかどうかわかりませんが、大森貝塚商店街という広告があるんです。この周りを見たんですけれども、どこにも商店街がない。（笑）で、ちょっと見廻しますと、美味そうなお蕎麦屋さんぐらいしかありませんでした。この大森貝塚商店街の活性化というのも、大森貝塚と名を付けてもらっていますから、地元の方と協力していろいろやる必要があるのではないかなと思いました。

図24　大森の今　駅から貝塚へ（大森駅から「大森ムラ」に至る間の街並には様々な空間がある）

散歩しながらやっと、この大森貝塚に着きました。さて、ここの第一印象ですが、スペインのバルセロナに来たかと思いました。大体、おわかりと思いますがガウディ風ですね。

中を歩きましたが、「大塚貝塚、どこにあるの」と、ふっと私は思いました。中心広場にあるだろうと思ったのですが、ここに貝層らしき断面が表示してありまして工夫されて見せているのですが、まあ、モースが発見した貝塚というのは、この図では、なかなかわからないですね。まあ、こんなところも工夫が必要ではないかと思います。

それで、最後でございますが、じゃあ、大森貝塚がどういうイメージだったのか、モンタージュをつくってみましたのでご覧ください（図25および表紙カバー裏写真）。この青いところが東京湾です。ちょっと丸木舟を浮かべるのを忘れましたけれども、向こうに見えるのが房総半島です。竪穴住居が復元してありまして、ここに森があります。この地域を「大森」といいます。（笑）これを、もし、モースが見たら、必ず言われるのではないかと思います。「やっぱりガウディでなくて、このモンタージュにしてくれないか」と。これを本当の「ものモース」と申します。（笑）落ちがつきましたので、終わりにいたします。ありがとうございました。

阿部　ありがとうございました。これからの大森貝塚の活用・保存について秋山先生の方から話がありましたけれども、私からかなり無理なお願いをしまして、その無理なお願いにたいして、ご自分で、まず大森という街を歩かれて、そこから、全国の遺跡の保存にかかわった、これまでの経験を踏まえた上で、説明したのが一番最後の映像だということ。遺すだけではなくて、どういった活用方法が必要なのかといったことに関して、子供たち、あるいは、親子がここに集うというような、そうした空間としての利用の仕方もあるという提案となりました。かなり現実的な話をしていただいた、岡崎先生と中島先生から、秋山先生の今の発表についてコメントいただけますでしょうか。

岡崎　大変興味深く、お話を聞かせていただきました。いろいろな課題が今、話の中に入っていたかと思います。まず、その地域ですね。あるいは、その住民、そういうものと一体になって、遺跡の保存と活用を図っていくというのが、最近の全国的な潮流です。そういう意味では、もう一度見直すよい機会になればというふうに思います。

中島　すばらしいものを見させていただきました。先ほどの斜面のモースの貝層を見せるというようにやはり具体的に貝層とかを見せないとと思います。中里貝塚も厚い貝層があるわけで、それを埋めておくだけでは、見学に来られた方が、何をしに来たのかわかりませんね。二〇〇〇（平成十二）年の史跡指定になった時に、発掘調査したところをもう一度開けて、その貝層を体感してもらおうということで一ヵ月間一般公開しました。

一ヵ月で五千人を超える人が来ていただいて、大変にすごいものだとみなさん感動されました。そのイメージが、私としては一番いいのですけれども、実際には水が湧く条件で一ヵ月間の公開が限界で、いつでも開放して見学できる、そういう技術的問題とかも含めて、今後、生のものを見せるという方法を教えていただければと思っております。

阿部　最後に樋泉先生、秋山さんの大森貝塚の原風景のイメージですが、どうでしょうか。樋泉先生の貝塚研究という視点から見て。

樋泉　貝塚研究からみた場合もっともイメージに近いです。海岸がみえるともっとリアルですね。

阿部　ちなみに当時の砂浜はどの位先まであったのでしょう？

樋泉　多分、東海道の通っている所辺りが一番外だと思いますよ。

阿部　では大森ムラには、潮風が吹いてくるような、そういう景観ですね。

樋泉　もちろんそうです。

阿部　ありがとうございました。今日、会場で、一番最後の映像をご覧になって、前半の部分で、さまざまな考古学的知見を含めた研究中心の話がありましたけれども、一番最後にこの映像にイメージが落ち着きました。また、その間に考古学的に検討を重ねて行くべきところが勿論、あるかと思います。そうはいいましても、大森貝塚一三〇周年という節目の年に貝塚研究からみた大森貝塚の実像とは、一体、どういうものだったのかということを考えてまいりました。そしてそれを踏まえて、大森貝塚を残した人々の生活・社会について考えると、まだまだ尽きない興味が湧いてくると思います。

図 25 「大森ムラ」の復元イメージ

そういった意味では、安孫子先生のお話の中にも、まだ話足りないところがありまして、もっともっと、しゃべりたいというところがたくさんあると思うんですけれども、今後、そうした部分については、それぞれの研究分野で、詰めて行く必要もあるかと思います。

大森貝塚というのは保存範囲が狭い、あるいは現状を、なかなかお見せできないという制約がある中で、これだけの議論ができるというのは、やはり大森貝塚には一三〇年という、日本考古学の重みというのがあるからだろうと思います。最近、縄文時代の記述というのは、教科書からほとんど姿を消していっていますけれども、それでも、大森貝塚という名前は資料集などの中に、かならず出ているものです。これからも大森貝塚から縄文時代という人類文化の大切さを主張する必要があります。

また、狭い保存範囲でもそれが京浜東北線のすぐ横にあるのだから、そうした地の利をもっと活用してはという話は秋山先生からお聞きしたんですけれども、そういう発想というのは、なかなか考古学の研究ばかりをやっている僕らには、持てない発想でした。

秋山先生は、一番最後に一言いいたいことがあるとのこ

図26　縄文が結ぶ絆
（書・古田悠々子）

とで、一言だけ、お願いいたします。

秋山　ありがとうございます。では、図26をご覧いただきたいのですが、筆で書かれています、私の作りました字の説明をいたします。糸偏を左側に置きまして、よく見ますと「縄文が結ぶ絆」と書いてございます。わかりますか？　これが最後の一言です。

阿部　大森貝塚の発掘から一三〇年経って、大森貝塚というのは、ムラとして考えるという視点が広く共有できたと思います。それは、安孫子先生の発表の中でもありましたようにムラから出土するモノから、周辺地域との関係も含めて広く研究すべきだというご指摘も、非常に重要であると思います。

樋泉先生の話の中では、大森人がかかわりをもった海といってもさまざまな海があるというお話でした。ハマグリが獲れる浜もあるし、ハイガイが獲れるような浜もある。そういうさまざまな浜辺の資源を巧みに利用して生活をおくっていたということが、かなり具体的なデータとともにお話いただけたかと思います。

考古学の方面での課題としては、今回の安孫子先生のお話は、加曾利B式、それから安行式という時期に限定したお話であったかと思います。大森貝塚の資料の全貌が、まだ明確ではありませんが、もう少し細かい時間の厚みの中で、大森貝塚、大森ムラの形成過程というものを、明らかにして行くことが今後の課題になると思います。

それから、やはり、秋山さんの最後の映像を見ても思いますけれども、周辺の環境というのは、一体、どういうものだったのか？　現在は、商店街、あるいは住宅の下に埋もれてしまっていますが、古環境復原に関する情報というのは、実は遺跡の中、あるいは遺跡から離れた地中に埋もれています。ボーリング調査を行なうことで、土壌の中から花粉を取り出して、当時の生態系を復元するというふうな研究も、最近では活発で、そうした関連研究を取り込んだ学際的な研究も、今後、是非、実施してみるべきだと思います。

それから、安孫子先生のお話の中には、貝塚だけを残す遺跡があるわけではない、というご指摘があったかと思います。やはり内陸の遺跡と湾岸部の遺跡との関係というのが、これから、もっともっと、深められるべき課題であろうかと思います。

またこれは、坂詰先生がご専門で研究されておりますけれども、一三〇年という日本考古学の歴史の中で、大森貝塚に係わる調査の記録は完全に解き明かされているわけではないようです。さまざまな場所から、大森貝塚に係わる記述、あるいは資料類が、何か今回のような機会を待っていたかのように、少しずつ出てくるんですね。そうしたものの再評価と記録の発掘というものも進めていかなければならない重要な仕事になろうかと思います。

後半では、遺跡という空間を将来に向けて、どう保存・活用していくかという話に議論が集中しました。その中では、研究者のできること、あるいは行政ができること、市民が間に入って、手をつないで、三位一体で研究と教育活動をしていくことの重要性について、秋山先生から、さまざまな実体験を踏まえたご指摘をいただきました。

その中でもとくにハード面ではなくてソフト面が重要だという提言は、限られた環境の中で遺跡を活用して行くときに重要なキーワードになると思われます。保存された範囲が非常に狭い、大森貝塚はいわば局所保存型の遺跡といってもよいかと思います。大森貝塚を掘った人たちは、その後、陸平《おかだいら》貝塚という、茨城の霞ヶ浦に面した所にある貝塚を発掘いたしますが、その貝塚は、ほぼ全域が保存されているんですね。今行くと、貝塚とその対岸の縁まで、見事に保存されております。ここではすでに具体的活用を念頭に置いた議論が深められていますが、それまた、大森貝塚とは違うテーマと課題を持っていると思うんですね。

いずれにせよ、遺されたわずかな部分をどう活用していくかということは、たとえ、全域が保存されたといっても、その遺跡に集まって暮らしていた人たちの場所、全部が保存されているわけではないわけですから、同じような課題があるというふうに思います。

また視覚化された遺跡という点的な空間を飛び越えて地域的ネットワークを通じて研究を進めてゆくことにより、樋泉先生のお話にありましたように銚子の余山貝塚の釣針が大森まで来ていたのかどうかというふうな話も現実味を帯びてくるかと思います。いずれにしましても今回は、大森貝塚一三〇周年、区政六〇周年を記念しての事業ということですが大森貝塚が恵まれているのは、一〇〇周年の時に、かなり大規模なセレモニーと立派な研究報告書がなされているんですね。今後も一〇年刻み位で大森貝塚を見直すというようなことが行なわれることになるだろうと思います。一〇年後というのは一四〇周年ですか、その時に大森貝塚がどのように活用されているか、研究と活用の両面から楽しみに見てみたいと思います。

第三部

都内の貝塚と貝塚研究史

特論

東京都内の貝塚について―「東京都心部遺跡分布調査」から―

宮崎　博

はじめに

品川歴史館の企画展が大森貝塚発掘一三〇周年の節目の年に開催されることは、同時に東京都内の貝塚研究が一三〇年の歴史をもつことに当たり、この間都内の貝塚が数多くの学界の先人によって調査、紹介されてきたことは学史でも明らかなところである。本章ではそうした調査の一つとして、筆者も係わりをもった東京都心部遺跡分布調査において、その報告で触れるに至らなかったことを含め、都内に所在する縄文時代の貝塚の一端について再考してみたい。

一　東京都心部遺跡分布調査

東京都心部遺跡分布調査は、昭和五十七年度から五十九年度（一九八二～一九八四）に東京都教育委員会が国庫補助を受けて実施した貝塚・古墳・江戸の三部門からなる調査で、当時の急速な都心部の再開発に対応するための基礎データづくりを目的とした悉皆的な調査であった。調査は「東京都心部遺跡分布調査団」に調査委託し、滝口宏氏を団長に、永峯光一氏〈貝塚〉、坂詰秀一氏〈古墳〉、加藤晋平氏〈江戸〉が副団長として各三部門の陣頭指揮にたたれた。その調査結果は、昭和六十年三月に東京都教育委員会から『東京都心部遺跡分布調査報告 都心部の遺跡―貝塚・古墳・江戸―』（以下『都心部の遺跡』という）として刊行され、今日も基礎資料となっている。ちなみに江戸の調査成果に関しては、平成元年（一九八九）に東京都教育委員会が発行した『江戸復原図』の成果につながることとなった。

二　貝塚形成の消長

『都心部の遺跡』では縄文時代の五九貝塚と弥生時代の九貝塚を登載し、縄文時代前期後半と縄文時代後期前半の二時期に貝塚形成のピークが認められたことから、当時調査に係わっていた安孫子昭二氏の提案により、貝塚形成の盛衰に即して一、縄文時代早期～前期前半、二、縄文時代前期後半（諸磯式期）、三、縄文時代中期、四、縄文時代後期前半（称名寺式～曽谷式期）、五、縄文時代後期後半（安行Ⅰ式）～晩期、六、弥生時代の六期に大別した。その上で六期毎の東京湾岸と一一支谷所在する貝塚と武蔵野台地内陸部所在の遺跡とあわせて地図上に表示し、その消長を通観した（表1参照）。

表1　各支谷における時期別貝塚数

	縄文時代					弥生時代	計
	早期～前期前半	前期後半	中期	後期前半	後期後半～晩期		
荒川谷	1	2	3	5	2	3	16
谷田川谷	1		3	3	2	2	11
谷端川谷			1	1	1		3
神田川谷			1			2	3
溜池谷				1			1
渋谷川谷		1	1	4	1		7
目黒川谷		1		1			2
立会川谷				1	1?		2
内川谷	1?						1
呑川谷	3	1		1		1	6
多摩川谷		4		3	1		8
東京湾	1		1	3	2	1	8
計	6	9	10	23	9	9	68

＊東京都教育委員会1985『東京都心部遺跡分布調査報告 都心部の遺跡－貝塚・古墳・江戸－』より

上記の縄文時代五期中、後期前半期の貝塚数が二三ヵ所と他の時期を大きく凌駕しているが、同時期の内陸部の集落跡数が前代の中期と比較して著しく減少している一方で、貝塚数が増加している矛盾する問題がある。この点については、同時期の海面低下に伴う陸化した沖積低地への進出が指摘されているところであり、内陸河川を含めた沖積低地の遺跡の追跡と調査が重要と考える。その際、縄文時代中期の多摩丘陵から武蔵野台地の集落構成はセトルメント・パターン論（小林一九七三）に基づけば、A～Cパターンの集落構成が顕著に認められたが、この後期（堀之内1式以降）についてもセトルメント・パターン論に即した各期の集落構成の変遷の実像と、貝塚を形成した海浜部と内陸部の集落の相互関係を類型的に明らかにしていく必要がある。

一方、大森貝塚・北区西ヶ原貝塚に代表される大型貝塚の形成は縄文時代後期前半をもってほぼ終焉を迎えており、関東地方の大型貝塚の終焉と期を一にしている。この大型貝塚の終焉の背景には、製塩土器の出現（近藤一九八四など）と不離密接な関係が予想される。製塩土器の出現を契機として大型貝塚の形成が終焉を迎えた事実から、縄文人が単に食料資源として貝類を捕採し、不要な貝殻を廃棄した結果、貝塚が形成されたとするだけでなく、捕採した貝を海水で煮沸した後、開いた貝類の身を干した際に付着した塩分資源の確保が主目的であったとも考えることができる。干した貝類の身が塩分資源としての価値を備えていたとすれば、上述した都内の武蔵野台地内陸部の集落範囲を超えた広域的な需要と供給に基づく交易網を想定することができる。塩分資源の確保を目的としたこの想定は、鹹水産の貝類の場合に適応できるが、淡水産のシジミ・タニシ・カワニナなどの場合は、食料資源としてのみの捕採活動とみることができる。

なお、縄文人が食料資源としていた主な資源と貝類の一キログラム中のカロリーを比較すると、根菜類二、九七六カロリー、種実類九、六五五カロリー、魚類二、八二三カロリー、鳥獣類二、八九六カロリーに対し、貝類はわずか六二八カロリーで、縄文人の基幹食料源は堅果など種実類であったことが首肯できる。ただし、貝類は通年を通じて捕食が可能なことと、カロリー源としてより蛋白源として常時食されたとの指摘についても留意しておく必要がある（鈴木一九七九）。

三　中里貝塚の調査成果

北区に所在する中里貝塚は、縄文時代中期中頃から後期の初頭に形成された貝塚で、武蔵野台地東縁直下の縄文（有楽町）海進時に浸食された波食崖東側の上位波食台に位置し、当時の海浜部にあたる。貝片の散布状況から武蔵野台地と平行して幅七〇メートルから一〇〇メートル、長さ五〇〇メートル以上に連なり、貝層の最大層厚四・五メートルの日本最大の貝塚であることが、東京都心部遺跡分布調査後に実施された平成八～九年、十二年の発掘調査で明らかにされた（北区教育委員会二〇〇〇・二〇〇二）。

『都心部の遺跡』では、中里貝塚の従前の調査成果（和島一九六〇）と東北新幹線工事に伴って発掘調査されたばかりであった同じ北区内の袋町貝塚群の両貝塚について、両貝塚は「（略）貝殻の処理場という表現は適切でないかもしれないが、要するに貝をむきみにし、貝殻を廃棄した場所ということである。その特性として、当時の海浜に隣接し、通年にわたって居住したような施設は見当たらず、また土器や石器等の日常什器が乏しい割に、貝層だけが厚く目立つ（略）中里貝塚からは、貝を煮沸（茹でるか？）するための焚火跡と考えていい、炭や灰層も検出されている。（略）」と専ら生産活動に伴う場であることを指摘した。

事実その後の中里貝塚の発掘調査でも、日常生活を感じさせる遺構・遺物の発見はなく、ストーンボイリングといわれる粘土を貼った土坑に焼礫を敷いて貝を入れた後、水をかけて蒸すか、土坑内の水を焼礫で熱湯にした中に貝を入れて茹で上げたと推定されている遺構が発見されるにとどまる（両加工法に使用された水は海水か？）。このことから中里貝塚は「水産加工場」としてとくにカキとハマグリを集中的に加工処理した後、干貝が広域にわたる交易品として内陸の集落へ運び出されたと推定されている。また、捕採されたカキは破砕されやすく計測できないが大型のものが目立ち、ハマグリの場合は殻長平均四三ミリメートルを測る大型のもので、三五ミリメートル以下はほとんどないとのことであり、その捕採の際に選択されていたことは明白といえる。

この中里貝塚の発掘調査によって得られた成果から、都内で発掘調査された中里貝塚と同時期の縄文時代中期の貝塚の規模が小規模である背景に、巨大な中里貝塚がその需要を一手に担ったと推定することも可能かもしれない。一方、中里貝塚での貝類の捕採について、中里貝塚の近隣の居住者（北区西ヶ原遺跡群など）が占有をしていたのか、広域的に入浜権のような共有権が存在したのか気にかかる問題である。

なお、中里貝塚や袋町貝塚群と同様に当時の海浜部に形成されていた貝塚が他の地域・他の時期にも存在していたことも予想されるところであるが、当時の湾奥の場合には海退後の沖積地化に伴う河川の洪水、当時の湾口あるいは外海に面した海浜部であれば波浪によって消失してしまっていることも予想される。自然環境に係わることとして、中里貝塚の発掘調査ではカキの養殖について話題をよんだが、むしろカキ殻を海浜の海側に投棄を繰り返したことにより、結果としてカキ礁の発達を促し、長期にわたる貝類の捕採活動が可能となり、巨大貝塚の形成につながったと考えられる。

四　縄文時代後期の貝塚形態の位相

縄文時代の貝塚については、貝片散布の平面形状から地点・点在・馬蹄形・環状貝塚などに分類されてきた。この貝塚の形状・規模を決定した背景に、A、貝塚の形成期間、B、貝塚を形成した集団の人口、C、貝塚の採取活動の規模と季節性、D、貝殻の廃棄パターンなどの要因が提示されている（谷口 二〇〇三）。

上記要因に係わる調査報告の好事例に港区伊皿子貝塚（日本電電公社・港区伊皿子貝塚遺跡調査会 一九八一）があり、同貝塚の調査では面積三五一平方メートル（貝塚形成時推定六七五平方メートル）、体積二九三立方メートル（貝塚形成時推定五七五立方メートル）の貝層のすべてについて自然科学的な分析が行なわれた。貝塚の形成期間は堀之内1・2式期に亘り、一部貝殻が強く火熱を受けて変色あるいは破砕した貝層面が互層をなして拡がる箇所を貝類の調理した場と想定するとともに、土器と動物遺存体が稀少であることから、近くの集落に居住した集団が反復して利用した海産物の処理場であると言及している。また、貝殻の廃棄パターンが斜面下方から上方側に廃棄が移動しているという事実も明らかにされた。

また、伊皿子貝塚規模について貝塚の面積と体積により約一、四四〇平方メートルの千葉県木戸作貝塚、九、四五三平方メートルの同県加曾利南貝塚の貝塚と比較し、面積では一番小規模な伊皿子貝塚が体積では木戸作貝塚を上回っ

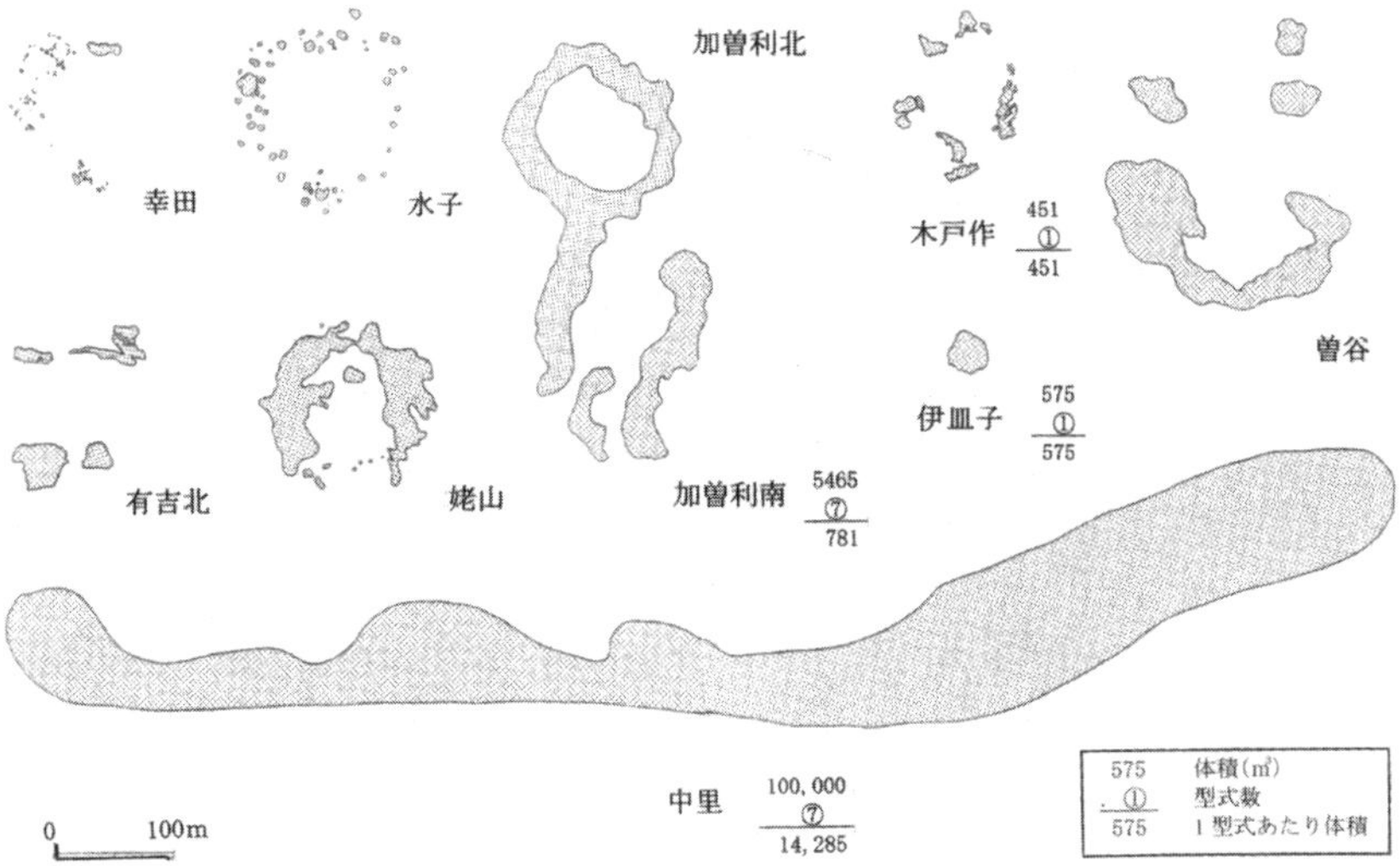

図1　東京湾沿岸の貝塚規模の比較（植月学2003「東京都北区中里貝塚」季刊考古学別冊11『日本考古学を語る』より転載）

ていることや、土器形式で一型式あたりの体積についても伊皿子貝塚：木戸作貝塚：加曾利南貝塚間で一：〇・八：一・二となり、面積では最小規模の伊皿子貝塚と木戸作・加曾利南両貝塚の間に面積比による大きな差異が認められないことが判明している。その要因の一つに、貝塚を形成した集団の人口規模が近い数値であったことが上げられよう。

一方、『都心部の遺跡』では触れるまで至らなかったが、港区伊皿子貝塚の調査事例から、縄文時代後期（堀之内1式以降）の貝塚のすべてではないが、貝類などの廃棄を特定の場所に集中的に行なっている傾向にあるらしいことが話題の俎上に上っていた。都内における同時期の貝塚の中で千代田区皇居本丸西貝塚、荒川区延命院貝塚、板橋区赤塚城址貝塚そして大森貝塚もそうした貝塚の一つである蓋然性が高い。さらに大森貝塚について『都心部の遺跡』では、伊皿子貝塚と同様にモースの発掘にかかる出土資料中に貝層の規模に対して動物遺存体が稀少であること、貝塚が台地斜面の低位置に形成されている共通性から大森貝塚も付近に居住した集団が反復して利用した海産物の処理場であったと推定したが、上記の他の貝塚もあわせて再検証が必要である。

おわりに

都内の縄文時代の貝塚は、かつて海浜に近接していた都心部に位置するがゆえに市街地化が著しいため実態不詳のものが数多く、江戸遺跡の発掘調査現場の隙間から突然に発見される事例もある。『都心部の遺跡』の冒頭で滝口団長が触れているように、今後も性格不祥な貝塚の解明と、新たに発見された遺跡の増補・集成の継続が求められているのが現状であるが、あえて推論を試みた。

引用・参考文献

小林達雄　一九七三「多摩ニュータウンの先住者」『月刊文化財』昭和四十八年一月号（第一一二号）
近藤義郎　一九八四『土器製塩の研究』青木書店
鈴木公雄　一九七九「縄文時代論」『日本考古学を学ぶ（三）』有斐閣
谷口康浩　二〇〇三「貝塚」『日本考古学辞典』三省堂
東京都北区教育委員会　二〇〇〇『中里貝塚』北区埋蔵文化財調査報告第二六集
東京都北区教育委員会　二〇〇二『七社神社裏貝塚・西ヶ原貝塚Ⅲ・中里貝塚Ⅱ』北区埋蔵文化財調査報告第二九集
東京都教育委員会　一九八五『東京都心部遺跡分布調査報告　都心部の遺跡―貝塚・古墳・江戸―』
日本電電公社・港区伊皿子貝塚遺跡調査会　一九八一『伊皿子貝塚遺跡』
和島誠一　一九六〇「考古学上よりみた千代田区」『千代田区史（上巻）』千代田区

付論　日本における貝塚研究の歴史—一八七七年〜一九七〇年代—

江坂輝彌

一　貝塚の認識とモースの発掘

貝塚の存在が日本人に知られたのはかなり古いことで八世紀初頭の『常陸国風土記』に、茨城県大串貝塚はわれわれ人類の遠い祖先の残したものと考えず、巨人が貝を食し、その貝殻を捨てた場所と考えられたが、これは今日知られる貝塚を記録した文献としては最古のものである。一七一九（享保四）年、佐久間義和の撰になる『奥羽観蹟聞老志』にも福島県新地町小川貝塚について、鷹浪山に住む手長明神が福島県東北部の海の貝を食した貝殻を捨てた跡として、手長明神と称する巨人の神がいて食したものと、『常陸国風土記』に類似した伝説がこの地に古くより伝えられていたことを記しているのは興味深い。現在も貝塚に近い新地町小川の地に手長明神の社殿がある。江戸時代中葉頃から後であろうか、小字地名に「貝塚」なる名称がつけられたところは一〇〇ヵ所前後あり、中谷治宇二郎の調査によると、そのうち六三ヵ所には貝塚が現存しているという（『日本先史学序史』岩波書店、一九三五年）。

このようにわが国の人々が貝塚の所在に気付いたのはかなり古いことであるが、これが当時の海岸、湖岸近くに居住した古代人類が、貝を食した後、その貝殻を鳥獣魚骨・日常什器の破損品などとともにまとめて投棄した一種のごみ捨て場と気付くまでには至らなかったのである。

貝塚を発掘してわが国の古代文化を究明しようとした最初の人は考古学の専門家でなく、米国からわが国へ相模湾に棲息する触手動物腕足類を捕採研究の目的で一八七七年来日した動物学者エドワード・シルヴェスター・モース

（Edward Sylvester Morse、一八三八～一九二五）であった。モースの大森貝塚発見と発掘調査のことは今日多くの人々が知り、一九七七年十一月には発掘調査一〇〇年の記念式典が地元で行なわれ、大森駅ホームにモースが発掘した後期の縄文土器深鉢のブロンズ三倍の大きさの模型が台石の上に記念として設置されたのであった。

モースは一八七七年六月横浜に上陸して数日後、東海道を横浜から東京新橋までの鉄道に乗車し、東京に向かった。鉄路の両側は水田で、水田に働く農夫の姿などが彼の日誌に記されている。そして大森駅をすぎて間もなく、鉄道の左側の切割に貝殻が層をなして堆積しているのを車窓から目ざとく発見、古代の貝塚遺跡であろうと思ったという。モースはかつて米国大西洋岸、北東部メーン州で数多くの貝塚を調査し、貝塚の貝類の研究を行なった経験もあったため、たやすく貝塚であると鑑別し得たものと思われる。

そして約三ヵ月を経た九月十六日（日曜日）、始めてモースは同貝塚を訪れている。そして九月二十二日、人夫二名を同行、小発掘調査を行なった。この発掘調査がわが国の貝塚遺跡を計画的に科学的に研究調査を行なった最初のものであり、この調査の成果は一八七九年『SHELL MOUNDS OF OMORI』の表題でモースによって発表されている。また同年十二月には矢田部良吉の口述によって翻訳された『大森介墟古物編』（東京大学法理文学部印行、理科会粋第一帙上冊）が発行されている。このモースの著書には彼の巧みなペン画の発掘風景、土器・石器などの出土品が石版印刷の図版となって掲載されている。モースはこの報告書の中で縄文文様の施文された土器を「Cord marked pottery」という表現で記したが、これが今日の「縄文土器」の名称の起源になったわけである。したがって縄文土器、縄文文化の名称はモースが命名者ということになる。『大森介墟古物編』では矢田部は「索文」と訳したが、後に白井光太郎が「縄紋」とし、神田孝平が「縄文」と訳した。

二　日本人による明治時代の貝塚調査

モースが大森貝塚の発掘を行ない、東京大学で動物学の講義をしたことにより、モースに教えを受けた佐々木忠次郎・飯島魁などの若い生物学徒がその刺激を受けるところ大であった。

佐々木は一八七九年七月、霞ケ浦産の淡水産貝類の捕採研究を目的として茨城県霞ケ浦西南部地方へ旅行し、霞ケ浦の西南面の台上、稲敷郡美浦村（当時は大山村と馬見村の境界付近）陸平《おかだいら》に貝塚を発見、一日調査をなし、その結果を飯島とともに翌年二月刊の『学芸志林』第六（東京大学文理法学部編纂）に「常州陸平介墟報告」の表題で発表、その後一八八二年九月に至り英文の『OKADAIRA SHELL MOUND AT HITACHI』を発刊している。

佐々木の一八七九年七月の霞ケ浦西岸付近の踏査とその後の調査も加え、他に一六ヵ所の貝塚の所在が霞ケ浦周辺部に判明したことが前記『学芸志林』の報文中に記されている。また「其ノ鐶鈕ノ大ナルハ大森介墟ニ見サル所ニシテ」と、大森貝塚発見の土器とその形状の相違することなども当時二つの貝塚の発見土器を比較しただけで早速喝破している。なお本書では矢田部の訳に従って「縄文」を「索文」として記述している。また土器底面に押捺された網代文にも注意し「竹ヲ編ミテ模押セル器ノ底モ少カラス」と記している。また貝塚堆積の貝類についても二〇余種を検出している。

一八八六年二月には『人類学雑誌』の前身『人類学会報告』第一号が発刊された。これより先、一八八四年十月に坪井正五郎が中心となり「人類学の友第一回の会」が開催されるなどして、考古学上の貝塚研究がモースおよびモースの門下であった佐々木・飯島などから、モースに直接の教えを受けなかった坪井正五郎を取りまく人々へと移行し、陸平貝塚の発表以後、佐々木・飯島らの調査研究論文は一篇も発表されていない。

一八九〇年代へ入ると若林勝邦が『東洋学芸雑誌』に「磐城国新治村貝塚発掘記」（一八九〇年）を、続いて坪井正五郎「西ケ原貝塚探究報告—東京都—」（『東京人類学会雑誌』第八巻第八五号～以降、一八九三年）、下村三四吉・八木奘三郎「下総国香取郡阿玉台貝塚探究報告」（『東京人類学会雑誌』第九巻第九七号、一八九四年）（同誌はミスプリントで表紙印刷など一〇巻となっている）、佐藤伝蔵「常陸国福田村貝塚探究報告」（『東京人類学会雑誌』第九巻第一〇〇号、一八九四年）、佐藤伝蔵・若林勝邦「常陸国浮島村貝塚探究報告」（『東京人類学会雑誌』第一〇巻第一〇五号、一八九四年）、館岡虎三「磐城新地貝塚探究報告」（『東京人類学会雑誌』第一〇巻第一一一号・一一二号、一八九五年）など貝塚の小発掘調査の成果をもとにした研究報告が相ついで発表された。

これらの報告の多くは発掘した出土文化遺物の紹介を中心とするもので、遺跡・遺構に関する紹介は全くない。当時の調査は単身で一日ないし数日の小調査であり、遺跡の全貌を把握したり、竪穴住居跡などの遺構を探索するまでには至らなかったことであり、致しかたなしというべきであろうか。しかし、下村・八木の「阿玉台貝塚探究報告」のように大森貝塚出土の土器と、陸平貝塚出土の土器の相違に注目し、両形式の土器を出土の貝塚に堆積する貝殻の種類の差異にも目を向け、大森貝塚出土と同形式の土器を出土の貝塚の貝類はアサリ・ハマグリなど鹹水産のものが多いのに対し、陸平・阿玉台貝塚のごとき土器を出土の貝塚の貝類はシジミなど淡水産の貝類が多い。この事実は、後者の方が現海岸線に海が次第に後退し始めたことを示すものであり、大森貝塚から出土するような大森式土器を出土の貝塚が、陸平・阿玉台貝塚のような厚手粗笨な土器、陸平式土器を出土の貝塚より古い時代のものであるとの考証を行なった。この報告書は始めて縄文文化が大森式と陸平式の二つの形式に細分することができることを指摘し、さらに二つの文化が時代を異にするものであることを、貝類相の変化によって考証した記念すべき論考である。

縄文文化を細分する土器形式区分、編年細分に式を付すことは今日も使用され、八木奘三郎らによるこの研究方法は今日も使われている方法の一つで、一九世紀末に逸速く海岸線の時代の下降とともに現海岸線へと後退に目をつけ、鹹水産の貝類から汽水性、淡水産の貝類へと堆積する貝塚の貝殻の主なるものの種類に着目、貝類相の変化によって、伴出土器形式の差異を見きわめて、土器の形態、文様の差異を時間的な差異によるものと決定付けようとした八木の慧眼は刮目すべき業績であった。ただ八木のいう陸平式は中期に、大森式は後期であり、層位的な事実によっても全く逆になることが明らかにされているが、八木のこのような考証を行なった時期には縄文海進時代の一海湾の貝塚の分布状況を詳さに調査されていない時期であり、たまたま相近接した位置にある二、三の貝塚の堆積主要貝類の淡鹹度の差異を調査し、土器形式の差異に結びつけてしまったために大きな誤りを犯してしまったものであろう。下村・八木は大串貝塚を後期のものと誤認したが、これは前期前半の貝塚であり、ハマグリ・マガキの貝殻もかなり多く認められるが、ヤマトシジミが最多でかならずしも主鹹貝塚とはいい得ない貝塚である。また大串貝塚より、対岸那珂川を約六キロ遡った地にあり、貝層を形成する貝殻は主としてヤマトシジミで主淡貝塚といってもよく、前者大串より比較的鹹度は低いといい得るが、この貝層出土の土器片の多くは後期の堀之内式ないしは加曽利B式であり、中期の加曽利E式は貝層直下から出土するようであり、この点も表面採集による調査で誤認されたものと思われる。

また、東京都北区西ケ原一丁目昌林寺貝塚（八木の報告書では生蓮寺）と同二丁目農林省農事試験所構内から東側隣接地上中里一丁目七社神社境内付近にわたって、ヤマトシジミを主とする中期の加曽利E式土器を主として出土の小貝塚群についても記し、後者が広漠たる荒川の沖積平野に北面する洪積台上にありながらヤマトシジミを主とする小貝塚であるのに対し、本谷から西南へ約五〇〇メートルの距離の不忍池の谷の奥部にあたる谷に西南面する台上に昌林寺境内からその周辺地域にわたる縄文文化後期の貝塚があり、この貝塚も発育良好なヤマトシジミを最多とする貝塚であったが、ハマグリ・アサリなどの鹹水産貝類の貝殻も、二割前後散布し、ヤマトシジミより殻も大きく眼につきやすいため、鹹度を高く考えられたものと思われる。江坂が一九四〇年頃、七社神社わきの加曽利E式土器片出土の小貝塚を道路切通し断面で観察したことがあったが、この貝塚は小粒なヤマトシジミがほとんどを占めていた。

入間川（現荒川）の流れる東京都東北と埼玉県の間に介在する旧入間湾は上流からの土砂の流入量が多く、河川の水量も多かったためか、海湾、入江奥部の埼玉県志木市付近の前期の貝塚でもヤマトシジミが過半を占め、これに海岸に木の枝でも植え付けて、保護管理したものを捕採したと思われる、細い枝に付着した痕跡のある汽水性のマガキの貝殻などが眼につき、後・晩期の貝塚では都内板橋区小豆沢町宮ノ前貝塚でも発育良好なヤマトシジミが過半を占めており、入間川河口に潮が満ち、入江の最奥付近が、この海湾では中期から後期に赤羽～川口を結ぶあたりまで後退していたのではないかと推察される。したがって中期末に北区の西ケ原付近の人々が台下近くの海岸で捕採できたのは主としてヤマトシジミであり、後期の人々はクロダイ・スズキなどの魚類を追って、入江奥部からの行動半径がかなり拡がっており、鹹度の高いハマグリ・アサリなどはかなり遠隔の地から丸木舟などで魚とともに運んだものと推察される。このような考察を抜きにして、狭い視野で海退関係を見るには極めて悪い条件の二地区の資料で判断を下したため、このような誤認がなされたものと思われる。せっかくの卓見が十分に生かされなかったことは残念であるが、一九世紀末に形式分類の基礎を作り、貝塚の堆積貝殻の貝類相の調査により、海岸線の後退状況を観察し、土器形式の相対年代を見きわめ、縄文文化の編年細分を試みようとした八木の鋭い観察眼に対しては敬意を表すべきである。

一八九〇年代には考古学同好の士も各地に次第に増加し、貝塚探索紀行の報告などもかなり『東京人類学会雑誌』上に掲載され、各地の貝塚の所在と、そこで表面採集、または小発掘して得た土器片・石器類の写生図が紹介されるようになってきた。

明治前半、わが日本の考古学の揺籃期には前記した八木のような鋭い見解を示す学者も存在したが、各地の貝塚の探索発見と、そこでどのような遺物が採集されたか、採集遺物の観察までに終始したものが多く、遺跡を大規模に発掘調査を行なったものはなく、遺跡の遺構、立地状況などを詳細に紹介したものもない。

一八九四年、八木の前記論考の掲載後、同年十二月刊の『東京人類学会雑誌』第一〇巻第一〇五号に佐藤伝蔵・若林勝邦の「常陸国浮島村貝塚探究報告」が発表されたが、ここで両氏は浮島村貝ケ窪貝塚発見の土器が椎塚（大森式）・陸平のものとも異なるものであることを指摘されている。そして三年後一八九七年十月刊の同誌第一三巻第一三九号に八木が「相州諸磯石器時代遺跡の土器」と題する報文を発表、諸磯発見の土器が前記浮島貝塚出土のものと同一形式で、大森・陸平のものとは異なる形式のものであることを確認している。ここに一八九〇年代までに、縄文土器には少なくとも三形式があり、これを時代的な差異であろうと考えた八木の慧眼に対しては全く驚くほかはない。

また、有坂鉊蔵による本郷弥生町貝塚での口頸部上半が欠損した丹塗壺形土器の発見が、東京大学理学部人類学教室の人々の注目を引き、類似土器の発見例が増加するとともにいつしか弥生式土器の名で呼ぶようになり、一八九六年、蒔田鎗次郎が『東京人類学会雑誌』上に「弥生式土器発見に付て」なる報文を発表し、弥生式土器の名が活字となり、一般化してきた。八木奘三郎は一八九八年四月、前記蒔田の論考などを見て、同誌第一三巻第一四五号誌上に「馬来形式の新遺物発見」と題する論考を発表した。八木は本形式の土器を長い縄文文化から古墳時代の須恵器の発生までの短い時期の一形式、大森式・陸平式などと同等の一形式文化と考え、弥生式のほか中間式とか馬来形式などの名称も使っている。馬来式はマレー半島、東南アジア地方の土俗品の壺など器形が類似しているためつけられたものであろう。

八木はこれらの発表の後、『東京人類学会雑誌』第二二巻第二四八、二五〇、二五一、二五六号（一九〇六〜一九〇七年）に「中間土器（弥生式土器）の貝塚調査報告」と題する報文を発表している。

八木は最初の二四八号ではN・G・マンローの依頼で、現在神奈川県川崎市幸区南加瀬北部に所在した南加瀬弥生式土器出土貝塚の調査に至った理由、弥生式土器・馬来式・中間式などの名称論、弥生式土器に関するそれまでに発表された論文の紹介などをされ、次の二五〇号では南加瀬貝塚の貝層の断面図を示し、貝層の堆積状況なども詳さに記録している。そしてアサリの多い上部貝層からは弥生式土器を出土し、ハマグリの多い下部貝層から石器時代土器すなわち縄文土器が発見されたように記しているが、下部からは弥生中期の粗い縄文の施文された須和田式系統の土器片が出土したため、縄文土器と見誤られたものではなかろうか。そして同号の末尾に中間土器の用語はマンローの発案であると記されている。そして二五六号では「第三章　考説」とし、中間土器が前、中、後の三時期に区分し得ることを記され、今日の弥生文化三大区分がすでに七〇年前、八木によって打ち出されていることは、前記の考証といい、八木がこの時代には他の人々と比較し得ない非凡な人物であったことを示すものに他ならないと思う。関東地方における唯一と思われる弥生時代の南加瀬貝塚を最初に詳さに報告したものであるとともに、わが日本の弥生時代貝塚についての最初の報告書である。

一九世紀末から二〇世紀初頭、八木による他を引き離した卓抜した貝塚遺跡に対する学史上重要な諸論考が発表されている。一九世紀から二〇世紀へ入り、一九二〇年代の前半までは、あまり画期的な業績はなかったが、明治の後半二〇世紀初頭は、大学・博物館などに勤務する専門研究者以外の一般人にも趣味で考古学を研究しようとする人々が次第に増加をした時期で、とくに当時の中堅流行作家であった江見水蔭（忠功）・水谷幻花（乙次郎）などを中心とする趣味の考古学集団の関東各地を中心とした遺跡地の探訪旅行には目覚しいものがあり、各地を表面採集して歩くだけでなく、縄文文化後・晩期の骨角器・石器・完形に近い土器などが埋蔵していると思われる貝塚については近傍の旅館に宿し、人夫を傭って数日間発掘するというようなことも行なっている。遺物採集の目的で宝探しのような無秩序な発掘がさかんに行なわれた主な貝塚は、東京都区内では大井権現台貝塚（のちに国鉄大井車輛基地となり壊滅）、大田区田園調布下沼部貝塚、大田区馬込貝塚、千葉県園生、加曽利、姥山、余山、茨城県福田、広畑、鬼越などの諸貝塚であり、就中銚子市の余山貝塚は出土品も多かったためか、貝層の存在するところは余すところなく掘り尽されてしまった。彼らの発掘調査旅行記は興味本位の文体で、江見が博文館から一九〇七年『地底探検記』、続いて一九〇九年に同じ博文館から『地中の秘密』を発刊した。また、水谷は朝日新聞社の記者であり、当時の朝日紙上に、考古学の調査発見記事を記すとともに、青少年向きの学芸記事も執筆していた。さらに江見はその後一九一七年には実業之日本社から『考古小説　三千年前』を刊行した。この小説は東京都大田区馬込、田園調布付近の縄文文化後・晩期の時代を舞台として、馬込貝塚、下沼部貝塚などの住人が登場人物となり、多摩の入江の対岸、日吉台地には鉄製の利器を所持した弥生人が住み、対岸征服の機会をうかがい、下沼部のコロボックル青年ヌマンベと馬込貝塚のコロボックルの酋長の娘ネツカタとの悲恋物語なども織りなした興味深い一気に読破させてしまうような物語であり、江見のこれらの図書を一読して考古学に趣味を持った青少年は当時非常に多かったと思われる。英文学の権威であった市河三喜も考古学に深い造詣を持たれていたが、江見の前記の図書によるものであると、その感化を受けたことを語られたことがあった。

江見は一九一三年坪井正五郎が露都で急逝後も、坪井によって提唱された日本石器時代人コロボックル説を堅く信奉する一人で、その著作には縄文文化人はすべて伝説の人コロボックル人として、その生活環境が画き出されている。『地底探検記』『地中の秘密』には関東各地の貝塚から発掘した珍しい遺物の写生図が掲載されているので、ある種の遺物の集成などを行なう折りには多少参考となることもあるが、新しい若い研究者を出すチャンスを作り出した以外には、学界に貢献するところは少なかったといえよう。

三　大正時代の貝塚調査研究

坪井正五郎の急逝後、縄文文化人コロボックル説、アイヌ説の論争も、コロボックル説衰微によって、学界を賑わせるようなことはなくなり、鳥居龍蔵の北千島の調査の成果なども踏まえて、縄文文化人アイヌ説が大正時代前半は全盛をきわめた時期である。また八木によって明治時代後半に縄文土器文化が土器形式の差異により、三期以上に時代区分ができるのではないかとする考察が行なわれたのであったが、鳥居は陸平式を厚手式、大森式を薄手式と呼び、これら土器形式の相違は時代的な差異ではなく、同時併存した生活様式を異にする部族の作品であると考え、薄手式は主として海岸に庄む漁撈民族の作品であり、厚手式は主として内陸部に住み、主たる生業が狩猟であった民族の作品であると考えた。この考え方には早稲田大学の西村真次も同意し、西村の著書である『人類学汎論』などにも、山林部族と海岸部族というような名称が使用されている。

大正時代前半は偉大な学界のリーダー坪井正五郎を失ったことで、研究も停滞気味であった。一九一七年大阪府藤井寺市国府遺跡を京都大学文学部考古学教室で発掘調査を行ない、多数の石器時代人骨の発見を端緒として、京都大学医学部の足立文太郎・清野謙次、東北大学医学部の長谷部言人、東京大学医学部の小金井良精、大阪大学の大串菊太郎などによる、日本各地の貝塚の一部に埋葬されている縄文時代人の埋葬骨格を人類学研究上、競って発掘する風潮が台頭した。大正年代の後半は縄文文化人の完全骨格発掘の目的をもって、上記の人達によって、熊本県轟貝塚、広島県太田貝塚、岡山県津雲貝塚、愛知県小坂井貝塚、同吉胡貝塚、同保美貝塚、同伊川津貝塚、同亀山貝塚、静岡県蜆塚貝塚、岩手県細浦貝塚、同下船渡貝塚、同大洞貝塚などがかなり大規模に発掘調査された。この発掘人骨の整理研究によって、清野は縄文文化人はアイヌでもコロボックルでもなく、われわれの遠い祖先であり、あまりにも時代的な懸隔があるため、骨格などに大きな開きがあるのであり、次第に変異して現代日本人へと移行した。これには新しく大陸から渡来した人々との混血融合も影響するところがあったと考えられて「日本石器時代人説」を提唱されたのであった。これに対し長谷部は、大正年代には汎アイヌ説を提唱し、また縄文文化人と現アイヌ人は異なることを力説された人類学者が多い。このような大規模な発掘によって人骨とともに発掘された文化遺物についても、人類学者自身が目を向ける人もあり、長谷部は「燕形銛頭」（『人類学雑誌』第四一巻第三号、一九二六年）、「燕形銛頭とキテ」（同誌第四一巻第七号、一九二六年）、「本輪西貝塚の鹿角製銛頭」（同誌第四一巻第一〇号、一九二六年）など三陸地方から北海道西南部にわたる縄文文化諸貝塚発掘の漁撈具についての論考を発表された。

清野が各地で発掘した貝塚の出土文化遺物については、晩年、発掘時に記録したノートと写真を基に、『日本貝塚の研究』を脱稿せんと努力され、一応下書きは完成された段階で逝去されたので、江坂と芹沢長介で、その挿図などを選定、一九六九年になって、大正時代から昭和初年の清野の発掘成果を岩波書店から『日本貝塚の研究』の表題で発刊した。

このような研究の一部として東大医学部解剖学教室の小金井良精は、理学部人類学教室の松村瞭とともに千葉県加曽利貝塚を発掘、続いて千葉県市川市姥山貝塚の発掘が計画され、偶々一九二六年五月九日、東京人類学会の遠足会で本貝塚の発掘が行なわれ（大正年代から一九四〇年頃まで、学会主催で貝塚を会員各位に発掘させる、宝探しのような遠足会が催され、主要な発掘遺物は学会を通じて人類学教室へ献納してもらうような処置がとられた）、この時貝層下のローム層面に炉址とおぼしきものが発見され、埋葬人骨も一体発見されたので、五月十三日より本貝塚を人類学教室の調査事業として発掘を継続することになった。そして貝層下に全貌を知ることのできる竪穴住居跡を発見、この時考古学の研究視察を目的として来朝された、当時スエーデン皇太子であったグスタフ・アドルフが本貝塚の調査を見学されることに決まり、同年八月二十七日より十月二十二日まで約二ヵ月間にわたってわが国始めての大規模な発掘調査が実施され、ここに縄文文化中期の集落の一部、竪穴住居跡群の遺存状況が始めて明らかにされた。この大規模な調査はわが国の縄文時代の貝塚研究に一エポックを画するものであった（『東京帝国大学理学部人類学教室研究報告』第五編、一九三二年）。そしてこの調査を松村のもとで担当したのは、若き研究者の宮坂光次と八幡一郎であった。

四　大正末より昭和年代前半の調査研究

貝塚調査による縄文文化の編年研究

大正前半には一度、忘れ去られたかに思われた縄文土器文化の編年的研究は東北大学理学部地質学古生物学教室出身の松本彦七郎が松島湾岸の諸貝塚を分層的な小発掘を行なうことによって、再び口火が切られた。

松本は一九一九年三月、まず宮城県河南町宝ケ峰貝塚の分層的な発掘調査を行ない、表土下を一層から六層まで区分して発掘した。その成果は一九一九年五月刊の『人類学雑誌』第三四巻第五号誌上に「陸前国宝ケ峯遺蹟の分層的小発掘成績」と題し発表している。その後宮戸島里浜貝塚の分層的発掘調査の成果についても、引き続き『人類学雑誌』上に発表するとともに、同年刊の『現代之科学』第七巻第五・六号にも「宮戸島里浜及び気仙郡獺沢貝塚の土器」と題する層位的発掘によって認められた土器形式の差異を発表した。

このような研究成果は一九二〇年代へ入って、東京大学理学部人類学科の選科で勉学を始めていた前記の宮坂・八幡を始め、山内清男・甲野勇らの心を動かすものがあったと思われる。八幡は一九二四年三月、小金井・松村・甲野・山内らと千葉県加曽利貝塚を調査した成果について、同年六月刊の『人類学雑誌』第三九巻第四・五・六合併号に「千葉県加曽利貝塚の発掘」と題し発表したが、この報文中で、「B地点には甲野君と私、E地点には宮坂君と山内君が当った。E地点は傾斜面に添ふて幅二メートルの溝を作り表土、貝層と下の方から上へと掘り進んだ。発掘によって私達は直感的にB地点発見の土器とE地点発見の土器とが趣を異にして居る事を知った。そしてB地点の黒褐色土層の中からもE地点発見の土器に似たものが時々現はれた。」と記している。これは加曽利貝塚B地区の貝層下の黒褐色土層にB地区の貝層出土の加曽利B式とは異なった今日の加曽利E式土器片が層位的に出土することを最初に指摘した文献である。

一九二七年十二月刊の『人類学雑誌』第四二巻第一二号に八幡一郎が同年十月二十三日、東京人類学会の遠足会で発掘を行なった千葉県野田市山崎貝塚での所見を、「下総国山崎貝塚に対する二三の私見」と題して発表、「余は此の短時間の然も小地域の発掘に臨んで、かなり重大な事実に遭遇したことを感じたのである。」と記され、甲地区の貝塚はハマグリ・シオフキなど多い鹹水産貝塚で加曽利E式、堀之内式土器片を出土、乙地区はほとんどヤマトシジミのみの貝殻からなり、出土の土器は今日の安行1、2式の土器であり、土器形成の相違と貝類相の相違を突き止められたことであり、「鹹水より淡水への交替を前提として、厚手式土器が薄手式土器に先行すると云ふ事は肯定されるであろう。」とその見解を披瀝された。ここに八木の旧見解と全く逆の正しい見解が出されたわけである。その間三〇余年の歳月が流れている。

甲野・山内・八幡らのこのような南関東地方の貝塚調査による縄文土器文化の編年的研究を強くバックアップしたのは、大山柏が主宰する大山史前学研究所による南関東各地に散在する貝塚遺跡に対する計画的な発掘調査であった。

大山史前学研究所の貝塚研究

大山柏は日露戦争の陸軍総司令官であった大山巌元帥の嫡男として生まれ、陸士から陸大へと進まれた生粋の職業軍人であったが、大正初年ドイツへ大使館付武官補佐官としてベルリン滞留中から考古学に異常なほど興味を持ち、一九一九年願によって軍を予備役に編入されて以後、一九二〇年には沖縄県伊波貝塚の発掘調査、続いて愛知県渥美町保美貝塚の発掘など、各地の遺跡の発掘を実施、『人類学雑誌』にその研究成果を発表された。一九二二年頃より再びドイツへ留学、帰国後東京渋谷の大山邸内へ大山史前学研究所を開設、外郭団体として史前学会を設け、一九二九年三月『史前学雑誌』を発刊した。大山は、一九二六年神奈川県相模原市勝坂遺跡を発掘、一九二七年二月、『史前学研究会小報』第一号として、『神奈川県下新磯村字勝坂遺物包含地調査報告』を発刊し、続いて研究所員に就任した若き研究家甲野勇が一九二六年秋発掘した埼玉県岩槻市真福寺貝塚の調査成果を、一九二八年六月『史前学研究会小報』第二号として『埼玉県柏崎村真福寺貝塚調査報告』を発刊した。

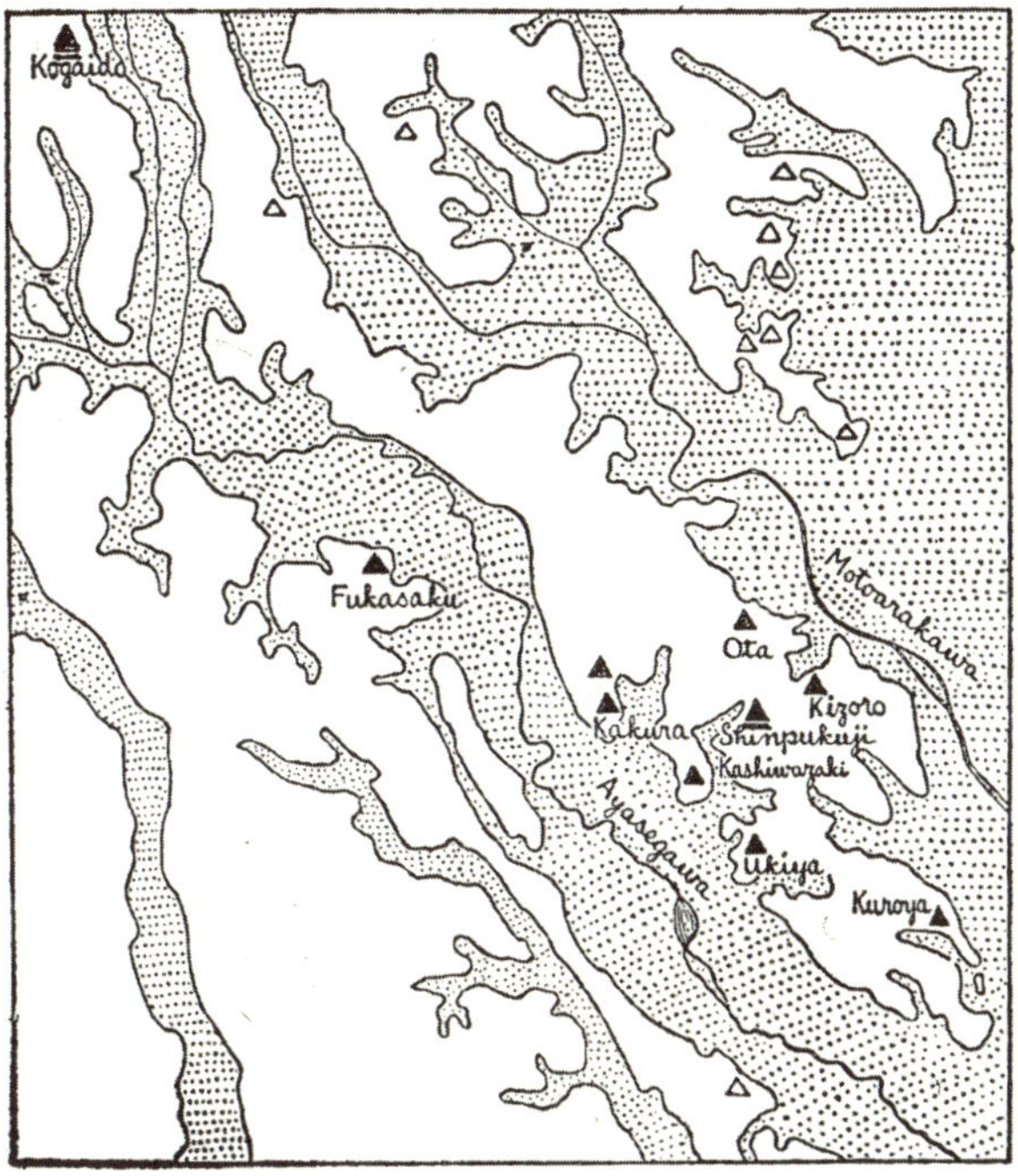

図１　岩槻付近の貝塚分布図
（『埼玉県柏崎村真福寺貝塚調査報告』より）

甲野が執筆の上記報告では、その第四編に「岩槻丘陵貝塚群中に於ける真福寺貝塚の文化的編年的位置」と題する編年的な研究の考察編を設けられているが、ここでも前記八幡の論文にも見られたように、付近貝塚の鹹度の相違と、土器形式の相違の調査をされ、これを付図（図１）として示されている。

さらにこれを「（一）岩槻丘陵上に於ける貝塚の地理的分布」「（二）各貝塚発見遺物の対比」「（三）貝塚を構成する貝類に依る史前海岸線の

想定」と三小項目に区分して考証している。

甲野の図1に示した貝塚のうち、黒谷、木曽良両貝塚は綾瀬川の沖積低地ではなく、元荒川谷、奥東京湾右岸に面する貝塚とみるべきであるが、他は綾瀬川の入江に望むもので、小貝戸、深作はその右岸、加倉、柏崎、真福寺、浮谷が左岸に望むもので、真福寺は支谷の入江の奥深い位置にある。甲野の第4表を改訂した表1を見ると、綾瀬川最奥の諸磯式（矢上式）土器出土の小貝戸貝塚はヤマトシジミ・ニッポンシジミが最も多いと記されている。筆者が一九四七年本貝塚を訪れた時の記録にもシジミ類が最も多く、ほかにハマグリ・アサリ・ハイガイ・マガキの貝殻を採集している。甲野の原表にはハイガイが漏れていたので、表1には付け加えた。

この綾瀬川低地の対岸、蓮田市栗崎所在の貝塚も、その後一九二八年六月、大山史前学研究所の調査で判明した前期の関山式の貝塚であるが、一九四七年三月、筆者が踏査した時は常川徳太郎邸内の畑地にあり、マガキの純貝層が芋穴内に露出し、他にアサリ・ハイガイ・ヤマトシジミなどの貝殻が認められた。貝層下に竪穴住居址の存在も予想された。また宅地前の川に面する畑にもマガキ片などの散布する地点があり、関山式の時代の竪穴住居跡内に竪穴住居を廃棄後に貝殻を投棄した小貝塚が、この地に数カ所所在するものと思われた。またこの下にある同市関山貝塚は関山式土器の標式貝塚で、ハイガイの貝殻が圧倒的に多く、これにつぐものはマガキとヤマトシジミであり、ハマグリ・オキシジミなどの貝殻もわずかに検出されている。

以上のように縄文文化前期中葉の関山式の時期は早期末の茅山式以降、海進の最も進捗した時期で、沖積平野へ、後氷期の暖期で河川の流量の増加に伴って海面上昇が起こり、海進現象の頭初は入江の奥部は波静かな泥海底干潟が現出し、泥海底干潟を好んで棲息するハイガイがまず異状繁殖をしたようで、早期末から前期中葉までの入江の最奥付近に位置する貝塚はハイガイの貝殻が最多を占めるものが最も多い。綾瀬川谷の入江もこの例外ではなかったわけである。その後前期後半から中期前半頃にわたっては、波浪によって泥海底の泥土は次第に沖合へ流され、泥海底の干潟から砂泥底の干潟へと移行、棲息貝類もハイガイからアサリ・ハマグリ・シオフキなどの砂泥底干潟を好む斧足

表1　岩槻付近の貝塚出土貝種名一覧表
（甲野勇「真福寺貝塚調査報告」第4表を改訂）

地名 / 種名	後期末・晩期 真福寺	前期諸磯式 小貝戸	前期黒浜式 深作	前期諸磯式 柏崎	中期勝坂式 浮谷	前期黒浜式 黒谷	前期関山式 木曽良
ニッポンシジミ	⊚	⊚					
ヤマトシジミ	◎	⊚			◎		
ハマグリ	◎	○	○	⊚	◎	◎	⊚
オオノガイ	◎			○	○	○	◎
ハイガイ	○	○	⊚	⊚	⊚	⊚	◎
サルボウ			○		○	◎	○
アサリ		○		○	◎	◎	○
シオフキ			○	○	◎	◎	◎
オキシジミ		○	○	○		◎	◎
マガキ		◎	◎	◎	◎	⊚	◎
イタボガキ						○	
アカニシ			○	○	○	◎	◎
オオタニシ	◎						
マルタニシ	◎						
カワニナ	○						
チリメンカワニナ	○						

類へ変化して行った。綾瀬川の谷でも柏崎、浮谷の諸貝塚ではこの現象が観取できる。小さな奥深い入江で、汽水性であるため、ハイガイの捕獲量やマガキについては変化がないが、ハマグリ・アサリ・シオフキなどの貝殻が増加していることは、付近海岸環境の変化を如実に示しているものと思われる。

中期末から後期を経て、後期末から晩期の初頭では、奥東京湾右岸の川口市安行領家小字猿貝貝塚でも発育のよいヤマトシジミがほとんどを占めており、北々西一二キロ上流にあり、しかも支谷入江の最奥に所在の真福寺貝塚付近は、綾瀬川冲積低地も沼沢地と化し、オオタニシ・マルタニシ・カワニナ・チリメンカワニナなど沼沢地に棲息する貝類のみが捕獲できるような場所が多くなっていたと見られる。恐らく独木舟などで五キロ以上下へ向ってやっと、鹹水が満潮時などに若干流入する汽水性の河口地帯のようなヤマトシジミが好んで棲息する場所に達することができたのではなかろうか。そしてハマグリ・オオノガイなど捕獲するためにはさらに南へ五キロ近く下ったことと思われる。

このような海岸線の変化を予測し、まだ完全な編年的研究も組み立てられなかった時代に、関東地方の縄文土器文化の編年的研究の第一歩を踏み出そうと、貝塚の貝類の変化を看取するこのような研究が、ちょうど半世紀前の一九二八年に甲野勇によって発表された。

このような研究を大山史前学研究所ではその後も継続して実施し、南関東地方各地の貝塚を毎週一日一貝塚の予定で、五ないしは一〇平方メートルを小発掘調査し、貝類相の相異、表土、貝層、貝層下土層などに区分した、出土土器の層位的な差異なども探索し、総計九五ヵ所の貝塚の調査成果を一九三三年十月、大山柏・宮坂光次・池上啓介の共著で「東京湾に注ぐ主要渓谷の貝塚に於ける縄紋式石器時代の編年学的研究予報〔第一編〕」として発表した。大山はこの報文で縄文文化前期の形式として、指扇、蓮田、諸磯の各式、中期として勝坂式、後期として大森式を設定した。

大山史前学研究所の関東各地の貝塚の小発掘調査はその後も継続され、一九三五年五月には甲野勇が『史前学雑誌』第七巻第三号に「関東地方に於ける縄紋式石器時代文化の変遷」と題するその編年的研究成果を発表した。本報告では甲野は南関東地方の土器形式を第一群土器から第八群土器までに編年分類して詳述した。一九三五年代、甲野によって提唱された土器形式は第一群に子母口式・茅山式、第二群に花積下層式、第三群に蓮田式（後の関山式と黒浜式）、第四群に諸磯式（甲野のいうこの諸磯式は繊維を含有するものも含み、後に筆者が水子式としたものに該当）、第五群にいわゆる諸磯式（筆者のいう矢上・四枚畑・草花式としたもの）の以上を前期とする。第六群は阿玉台式・勝坂式・加曽利E式、以上を中期とする。第七群は堀之内式、第八群は加曽利B式・大森式・安行式（真福寺式）、以上を後期として、前記した大山による編年試案を一歩前進せしめた。

甲野は「第三章　縄紋式石器時代の編年学的考察」においても、その小項目（一）として、「貝塚を構成する貝類に基づく遺跡相対年代の推定」と題する論考をまとめ、埼玉県下の元荒川流域の貝塚調査の成果について論究している。

このようにして関東地方では大山史前学研究所が中心となり、一九三五年頃まで、一日ないし二日の予定で、各地の貝塚が小発掘調査され、縄文土器文化の編年学的研究は大いに推進されるところがあった。そして縄文文化前期から後期までに一〇形式以上の土器があり、器形・文様ともそれぞれ異なった特徴があることが明らかにされ、伴出遺物にも差異のあることが、甲野の論考で指摘されたのであった。

一九二〇年代から一九三〇年代頃までは、山内清男が東北大学医学部解剖学教室助手として赴任し、長谷部言人のもとで、東北各地の貝塚遺跡を発掘調査し、仙台平野を中心とする東北地方南部太平洋岸の縄文土器文化の編年学的研究の大綱を一応組み立てられたのであった。

しかし山内が発掘を担当した宮城県七ケ浜町大字要害字大木囲《だいぎがこい》貝塚の調査成果になる大木1式より10式に至る細分編年と、大木囲貝塚から氏が発掘された膨大な資料は林檎箱につめられたまま、発表を見ないうちに氏は逝去されてしまった。骨角製漁具など貴重な資料も多く、残念に思う。

当時における日本国内の貝塚遺跡の発掘調査などは大山が私財を投じて運営されていた大山史前学研究所が、その微々たる研究費で一日ないし二日の小発掘調査が実施できるという研究計画で、今日から見れば実に微々たるものであるが、当時としては全く破天荒のことであった。

関東各地の貝塚調査研究

一九三〇年代の中頃から酒詰仲男に協力して、芹沢長介や江坂が神奈川県下の鶴見川流域の各貝塚の小発掘調査を行なったが、これとて酒詰が大山の紹介で服部報公会から年間二〇円程度の研究費を受けたものと、私達の自発的な小遣の支出によって、細々と続けられたもので、当時は国の科学研究費は全くなかったのであり、また考古学に興味を持ち、考古学関係の入門書を読もうと思うような人々も、今日の百分の一にも満たなかった時代である。後藤守一の名著、四海書房刊の『日本考古学』（一九二七年刊）が版を重ねて刊行されたといっても、初版三〇〇部、再版以降二〇〇部ぐらいずつで、一九四〇年頃まで十数年間でどうやら一、〇〇〇部を越すといったところが、当時としては考古学界のベストセラーであった。

このような時代にあって一九三一年、八幡一郎・平等直照らが横浜市緑区折本町貝塚で、貝層下に縄文文化前期の諸磯式の竪穴住居跡を発見、八幡の指導で平等が一戸の竪穴住居跡を完掘した。

一九三七年には第二京浜国道新設工事で横浜市鶴見区東寺尾町荒立台上貝塚が破壊されることになり、敷地台上土砂の切り崩し前に、貝塚の調査を当時の内務省土木課出張所の許可を得て、酒詰・芹沢が費用自弁で調査に乗り出した。発掘は一月十七日から二十八日まで一一日間にわたって実施され、貝層下から火災に遭った縄文文化中期末の円形の竪穴住居跡を発掘した。

同年八月四日には国学院大学の国史教育講習会が実地見学の目的で、横浜市港北区下田町の、われわれが下田東貝塚と呼んでいる縄文文化前期の水子式土器出土の貝塚群中の一貝塚を大場磐雄・樋口清之の指導で講習生に発掘させたのであったが、その催しに参加を許された酒詰・芹沢・江坂らはこの一日の調査で貝層下に炉址床面らしきものを発見、大場・樋口ら主催者側の快諾を得、地主とも改めて交渉し、八月六日から八日まで三日間を費やして、貝層下の長方形の前期の一竪穴住居跡を完掘した。この後酒詰・江坂らのコンビで鶴見川流域では篠原貝塚で同じく前期の水子式の竪穴住居跡一戸を完掘、また東京都板橋区前野町（当時は小豆沢町）四枚畑《よんまいばた》でも、前期の四枚畑式土器の小貝塚下で一竪穴住居跡を完掘した。このように一九三〇年代中頃に入っては一貝塚に数日通って、貝層下の竪穴住居跡一戸ぐらいを発掘調査するような調査が次第に行なわれるような風潮が生まれてきた。

また横浜市港北区菊名町宮谷台上から鶴見区東寺尾町上ノ宮の台上にわたる菊名貝塚群は前期初頭の花積下層式の代表的な貝塚で、大山史前学研究所でも宮谷貝塚は大規模に発掘調査し、インドネシアなど東南アジアの先史考古学を専攻するカーレンフェルスを招いて、同貝塚の調査状況を見学させたりした。カーレンフェルスは菊名貝塚出土の礫器が、ハノイ付近発見のホアビニアン型礫器などに類似する点に注目し、「キクナニアン型石器」と命名し、東南アジア方面の古い石器文化は日本の縄文文化の波及によって発生したのではないかとの仮説を発表した。

この菊名貝塚群の一つ、上ノ宮側の貝塚は桑山龍進が一九三四年頃より数カ年を要して一人で完掘し、今日やっと膨大な資料をまとめ、報告書完成の域までに独力でこぎつけた。

また一九三七年には荒立、下田東両貝塚調査の中間期の五月二十三日から七月十九日までの約一五日間、今日の埼玉県上福岡市に建設計画のあった陸軍の東京工廠の上福岡支廠の火薬庫などの土堤工事で、地表の土を数十センチにわたって削除中、地下の小貝塚群の貝塚貝層上面が露出し、同廠の白石護郎が考古学に多少趣味を持ち、土器片など拾われたことが機縁で、人を介し山内清男の知るところとなり、同廠の許諾を得て、戦局多端で突貫工事の命を受けている中で、山内を中心に、関野克、桑山龍進、江坂などが協力、貝層露出一五ヵ所のうち、かろうじて八戸の竪穴住居跡を発掘した。三日で一人一戸を発掘するような急ピッチの仕事であり、白石が個人的には種々配慮をされたが、これも調査費は関野らのポケットマネーによるものであった。しかし土木工事に伴う調査などで調査の規模は次第に大きくなり、当時の住居跡の研究などもできるところまで進展を見せたのであった。

また大山史前学研究所では大給《おおぎゅう》尹《ただし》が中心となり、貝塚出土の魚骨を調査し、『史前学雑誌』上に左記のような論考を発表している。

「史前漁撈関係資料としてのエビ類（Batoidei）に就いて」（第七巻第六号、一九三五年十二月）
「史前漁撈関係資料としてのフグ類（Tetraodontidae）について」（第九巻第二号、一九三七年三月）
「史前漁撈関係資料としてのハモとコチに就て」（第一五巻第一号、一九四三年五月）

大給は一九三四年、慶応義塾大学文学部史学科（国史専攻）卒業後、慶応で講義を受けた大山の研究所へ入所し、文科系の出身であるが、貝塚出土の魚骨、漁具に興味を持ち、この方面の研究に専心されたものである。

一九四〇年代に入っては横浜市日吉に近い、港北区下田町下組に所在の縄文文化前期初頭の花積下層式土器出土の貝塚が菊名貝塚同様に各種の魚骨を出土し、鹿角製釣針なども出土するので、本貝塚出土の魚骨、漁具の研究を熱意をもって行なわれたが、大山史前学研究所は戦災で灰燼に帰し、再興ならず、大給も仙台市へ転居し、宮城県立図書館へ司書として勤務されることとなり、自宅で焼け残った魚骨標本、下組貝塚出土の魚骨などを保持されたまま、その研究は頓挫してしまった。下組貝塚出土の貝殻の種類、魚骨の種類、獣骨の種類については、『史学』第二二巻第一号（一九四三年九月）に「神奈川県下組貝塚に於ける自然遺物」と題する小報を発表されたのが唯一のものになってしまった。

なお、大給は縄文文化人の狩猟対象になった獣類にも目を向けており、慶大在学中に「日本石器時代陸産動物食料」と題する長篇を『史前学雑誌』第六巻第一号（一九三四年一月）に発表している。これは日本各地の貝塚・洞窟遺跡など発見の出土獣骨に対する集成的研究である。

貝塚発見の縄文時代の魚種、骨角製漁撈具などについては岸上《きしのうえ》鎌吉が一九一一年、『東京帝国大学農科大学紀要』第二巻第七号に英文で発表された、「Prehistoric Fishing in Japan」があり、巻末にある鹿角製銛・釣針・土錘・石錘・丸木舟・各種の魚骨資料など、今日でも貴重な資料となるものであり、大給もこの高著に感化を受けたところ多大なものがあった。また大山が慶大の人類学の講義のテキストとして『史前学講義要録』を作り、自然遺物関係についても論及されることが多かったので、大山からの感化も大きかったであろう。

貝塚の貝類についての研究は、大山史前学研究所では大山柏の令息桂と酒詰が担当、酒詰は一九三八年『人類学雑誌』第五三巻第一～三号に「神奈川県下貝塚調査概報」と題し、数カ年にわたる小発掘と巡検調査の成果をまとめた概報を発表されている。このように関東地方を中心として昭和前半年代の貝塚研究は小規模な調査ではあったが、かなりの成果を上げていたと見ることができる。

関東地方以外の貝塚調査研究

関東地方以外での貝塚研究は大正後半から昭和初期にかけて縄文時代人骨発掘の目的で、かなり大規模に発掘されたが、このうち京都帝国大学文学部考古学教室が協力参加した岡山県津雲貝塚、熊本県轟貝塚の調査の成果は一九二〇年に『京都帝国大学文学部考古学研究報告』第五冊として刊行され、また鹿児島県出水貝塚の調査成果は『同報告』第六冊として翌二一年に刊行されている。また同大学医学部の清野謙次も自身が縄文時代人骨発掘のため調査した貝塚については、備忘録的なものを発表されていたが、一九二五年に『日本原人の研究』と題し、岡書院からまとめて刊行された。その後のものは一九四二年、同じ岡書院から『日本石器時代人研究』の論文集としてまとめられ、清野の古人骨発掘を行なった縄文・弥生時代の貝塚については、これらの著書で片鱗を伺うことは可能である。

一九三〇年代の後半は関東地方では貝塚の小規模な発掘調査が各地で行なわれ、とくに若い研究者の発掘調査がかなりさかんであった。しかし東京近傍以外での調査は少なかった。東北地方では一九三八年六月、伊東信雄らによる宮城県小牛田町素山貝塚の発掘調査が実施され、早期末の注目すべき調査成果は一九四〇年、『東北帝国大学法文学部奥羽史料調査部研究報告第二　宮城県遠田郡不動堂村素山貝塚調査報告』として発表された。

なお、一九三〇年七月、京城帝国大学予科の横山将三郎が、釜山市影島区東三洞貝塚を三日間にわたって発掘調査し、この櫛目文土器貝塚の調査成果を一九三三年八月刊の『史前学雑誌』第五巻第四号一冊を使って「釜山府絶影島東三洞貝塚報告―縄紋式系統の朝鮮大陸との関係―」と題し、詳細な研究報告を発表している。また『史前学雑誌』には小原一夫が一九三〇、三一年に調査した鹿児島県薩南諸島の奄美群島徳之島面縄《おもなわ》第二貝塚について、三二年十一月刊の同誌第四巻第三・四合併号に「奄美大島群島徳之島貝塚に就いて」と題する調査概要を発表、ついで同誌第五巻第五号（一九三三年九月）に大山と共著で「奄美大島群島徳之島貝塚出土遺物　第一回―面縄第二貝塚　伊波式土器の研究―」を発表している。

また同誌第六巻第六号（一九三四年十一月）には、鹿児島県大口市在住の寺師見国が同年一月鹿児島県西北部の東支那海上に浮ぶ甑列島の下甑島所在の弥生文化後期の手打貝塚を小発掘調査し、その成果を「薩摩国甑島手打貝塚」の表題で発表されている。

このほか『史前学雑誌』上に掲載された同研究所調査の関東地方各地の貝塚調査報告以外のもので、主なものは、樋口清之「讃岐蔦島貝塚之研究」（第八巻第一号、一九三六年一月）、樋口清之「香川県仁尾町南草木貝塚の研究」（第一〇巻第五号、一九三八年十月）などがある。

香川県三豊郡仁尾町小蔦島貝塚は一九三五年八月、樋口による小発掘調査が行なわれ、上記報告書の発表後一九三六年四月十六日～二十日まで、五日間にわたって、小林行雄・角田文衞・三森定男などによる発掘調査が行なわれ、一九三七年三月刊の『考古学論叢』第四輯にコロタイプ図版四葉を入れた「讃岐小蔦島貝塚の研究」が三森によって発表された。

また一九三六年と翌三七年、杉原荘介・吉田富夫らは名古屋市東南の天白川流域右岸、同市南区笠寺町粕畑貝塚と、左岸の同市緑区鳴海町上ノ川貝塚（以上二貝塚は早期末）、同区鳴海町鉾ノ木貝塚（前期）、同町矢切小字雷《いかづち》貝塚（晩期）と同一河谷に面する縄文時代貝塚四カ所を小発掘調査し、この地方の縄文土器文化の編年学的研究に寄与するところがあった（吉田富夫・杉原荘介「尾張天白川沿岸に於ける石器時代遺跡の研究（一）」『考古学』第八巻第一〇号、一九三七年十月、「同（二）」『考古学』第一〇巻第一二号、一九三九年十一月）。

また一九三八年九月、和歌山県田辺市（稲城村）糸田の高山寺境内で道路工事中、縄文文化早期の押型文土器の貝塚が発見され、九月より十一月にわたって各方面の協力を得て、浦宏が中心で発掘調査にあたり、一九三九年七月刊の『考古学』第一〇巻第七号に「紀伊国高山寺貝塚発掘調査報告―押型文土器の単純遺跡に就手―」と題する報文を発表している。

研究の方向

雑誌『考古学』を刊行していた東京考古学会は杉原荘介らが世話役となり、一九三九年一月八日東京で第一回総会を開催、一五名の研究発表があり、貝塚遺跡に対する研究発表も、酒詰仲男の埼玉県水子貝塚に関する発表、筆者の「関東縄文式土器の層位的出土遺蹟の集成」などがあった。これらは同年四月刊の『考古学』第一〇巻第四号にその要旨が掲載されている。また同号にはかつて杉原荘介が『史前学雑誌』上に報告したことのある千葉県船橋市飛ノ台貝塚を一九三八年九月、杉原・酒詰などが中心となり、東京考古学会員有志が参加し、「飛ノ台貝塚調査分科会」を結成、貝層下の特殊炉穴群の発掘調査などに数日を費やした、その調査研究の成果を分科会の名で「下総飛ノ台貝塚調査報告」の表題で発表している。

東京考古学会では飛ノ台貝塚より早く、一九三七年十二月十六日から二十六日まで約一〇日間、埼玉県富士見市水子貝塚を、会員有志で東京考古学会縄文式部会・水子貝塚研究分科会という名称の組織を作り、酒詰仲男などが中心となり発掘を実施し、貝層下の縄文文化前期の長方形竪穴住居跡二戸を完掘した。この成果は分科会の名で一九四〇年二月刊の『考古学』第一一巻第二号に「埼玉県入間郡水谷村水子・大応寺前貝塚調査報告」の表題で発表されている。

酒詰は一九三〇年代東京の開成中学校の英語教諭であったが、のち考古学に志し、一九三五年頃から大山史前学研究所で研究の便宜を得、研究所の貝塚調査に参加、同年代後半は芹沢・江坂らと神奈川県下の貝塚の調査を行ない、一九三八年には『人類学雑誌』上に「神奈川県下の貝塚調査概報」を発表、同形式貝塚の存在位置の距離の問題などにも論及した。氏はこの発表以降、母校同志社大学の教授になられてからも多くの貝塚関係の論考をまとめられている。

また一九四一年、東京考古学会、京都の考古学研究会、中部考古学会が合併し、日本古代文化学会が誕生、同年二月刊の『考古学』から『古代文化』第一二巻第二号と改称されたが、この四月刊の『古代文化』第一二巻第四号に、東京府立農芸高校の矢島清作が、四〇年八月から翌四一年二月まで、八回にわたって発掘調査を行なった千葉県松戸市（当時は東葛飾郡小金町）幸田貝塚における縄文文化前期の花積下層式と関山式土器出土の貝塚および貝層下の二竪穴住居跡の調査成果を「千葉県幸田貝塚の竪穴住居遺蹟」として発表している。

このように一九三五年頃から一九四八年頃にわたる貝塚の発掘調査は総発掘面積が一〇平方メートル前後の規模のもので、個人のポケットマネーで一〇日間前後の期間で発掘調査を実施するのが、最も計画的な、当時としては規模の大きな調査であったと言い得るであろう。

手伝いの学生も電車賃などは自弁で、夕食に丼飯をごちそうするのがやっとのような調査であり、多くの姉妹学の研究者の協力を得るような予算の捻出は困難であり、したがって貝塚の貝類の分類なども採集して持ち帰った数個を専門学者に鑑別を仰ぐ程度で、前掲したシジミの細分などには異論もあり、一九四五年より以前の貝塚発掘の貝類の種名表などでは、種名を誤りやすいものなどについては一考を要するものが多いと思われる。

またブロック採集して、その部分の貝の種類のパーセンテージを出すというようなことはほとんど行なわれず、見かけである種の貝が多いとか、稀というような記載をなしており、統計的な研究資料としてはこの時期までの報告書類は参考にし得ないものである。

また獣・魚・鳥骨についても、直良信夫などの研究で、種別の研究はかなりに進捗をみせたが（『古代文化』第一二巻第九号から第一四巻第一号まで一四回にわたって連載された「史前遺蹟出土の獣骨」ほか）、これらの多くは、各貝塚遺跡でどのような鳥・獣・魚骨が発見されたか、種名の判別にとどまり、いずれの種類のものが多く捕獲されたかなどの問題に至ってはほとんど調査されず、発掘調査中に、調査者が多少鳥・獣・魚骨の鑑別に知識を持つと、獣類の骨ではシカ・イノシシの骨格が目立つので、イノシシ・シカが多かったと記し、魚骨についてはクロダイまたはマダイ・スズキが多いなどと記されたものが多い。マグロなど多いと記されていても、例えば、大きな背骨が数十個出土しても、一匹分であるかも知れず多いとはいえないわけであり、シカ・イノシシなど大型な獣類の場合も、右ないし左の下顎骨などと骨の部分を決めて頭数を数え、小獣類のウサギ・ムササビ・アナグマ・アカネズミなどと比較しないと、量的には一見大型動物の方が多く捕獲されているように見誤られるのでこの点注意を要するが、このようなことをわきまえて統計をとったものは、この時代までには皆無であった。

またマダイ・クロダイ・スズキの上顎・下顎などを貝塚発掘中に、種名判別用に数個採集するだけでなく、全部を採集し、何年生のマダイ・クロダイ・スズキがこの貝塚では多く捕獲されたかという統計的研究の行なわれたものも皆無であり、全顎骨を採集して保存するというような調査も稀であったため、今日、一九四五年までの発掘調査資料で、このような研究に役立つ資料を保有しているところは極めて少ないといってもよい。

この時代の発掘調査研究はまだまだ考古学的な文化遺物中心の研究であり、ようやく竪穴住居跡など貝層下の遺構に対しても、研究者の眼が向いてきた時代である。

江坂は一九四〇年頃から早期初頭の田戸上層・下層、三戸式土器などの貝塚が、茅山、子母口式などの貝塚分布範囲に所在しないことに注目し、これらの時期は大海進以前のものであろうと考え、その後白崎高保らとともに稲荷台式など三戸式以前の土器形式の発見もし、四一年から四二年にわたり大塚弥之助の指導を受け、有楽町化石貝層など化石貝層との関連も追究しながら、縄文時代の海進海退の輪廻運動の研究に取り組んだ。

戦局多端となり東京周辺各地で掘られる防火用貯水槽などで露出する有楽町層の貝化石標本などかなり調査蒐集し、ある程度の成果を収めた一九四二年十月一日、江坂は召集を受け、一九四三年三月、南京へ出発直前、帰宅してまとめた稿が『古代文化』第一四巻第四号（一九四三年四月）に掲載の「南関東新石器時代貝塚より観たる沖積世に於ける海進・海退」であった。

一九四四年から四六年頃までは戦局悪化の一路をたどり、やがて終戦を迎え、四六年末頃から再び研究が再開される気運となった。

太平洋戦争後、今日までの約四分の一世紀のわが国考古学界の研究発展には目覚ましいものがあり、貝塚研究もようやく、本来の科学的研究の軌道に乗ったと見ることができる。

五　戦後の貝塚研究

太平洋戦争も終結し、各地の戦野に動員されていた研究者も一九四七年頃までにはほとんどの人々が復員して、旧の研究活動に戻ることができた。そして研究者がほぼ一丸となって調査が開始されたのが静岡市の登呂遺跡の発掘調査であり、これが機縁で日本考古学協会の発足をみた。

しかし五年の戦争で、学なかばで散った人々もあり、また大山史前学研究所のごとく全く戦火の灰燼に帰した研究機関もいくつか数えられるが、再起し得なかった代表的な例は大山史前学研究所であった。関東地方の貝塚調査研究に大きな功績のあった同研究所が研究なかばで一切を灰燼としてしまったことは実に遺憾に堪えない。しかし戦禍による大きな損失を踏み越えて、戦後三〇年の貝塚研究にこれまでになかった大きな躍進の跡をたどることができる。

一九四七・四八年頃の調査

一九五〇年代の前半までは戦後の疲弊が十分立ちなおらず、さして大規模な調査も行なわれなかったが、一九四七年には文部省が人文科学研究委員会を設け、文部省人文科学費交附金、人文科学研究費補助金、人文科学研究奨励交附金を交附することになった。一九四八年度にこの交附金を受けて発掘調査研究に従事したものの中で、貝塚関係の調査を行なったものには、駒井和愛ほか一二名による「北海道モヨロ貝塚の発掘調査」、名取武光による「モヨロ貝塚の竪穴と土器発掘調査」がある。モヨロ貝塚は駒井らにより一九四七年度より発掘が進められていた。

この頃、西岡秀雄は歴史時代の古文献なども調べ、さらに古墳、弥生、縄文時代と遡って、わが国の気候七〇〇年周期説を発表、一九四七年十一月十四日の『読売新聞』などにも報道されたが、西岡が暖期、寒期を示す縄文時代の資料として貝塚発見の貝殻を利用し、暖期を示すものとしてハイガイ・イソシジミを挙げ、寒期を示すものとしてウバガイ・トカシオリイレ・イタヤガイ・ヒメエゾボラなどを示したが、関東地方の場合東海岸は銚子沖まで親潮の影響があり、また神奈川、千葉県下など南岸では黒潮の影響が強く、関東の縄文時代貝塚に両系の貝類が見られることは、陸上の気候変化にはほとんど関連がないようで、貝塚出土の貝殻・魚骨によって気候周期の問題を縄文時代まで探索しようとされたことは当を得ぬことであると思うが、東南アジアの地から帰還して間もない氏が、このような周期説に着眼され、研究の第一歩を踏み出されたことは注目してよいであろう。

一九四七年十二月、四八年十月に八幡一郎は青森県むつ市最花《さいばな》貝塚の発掘調査を実施され、一九四八年十月、京都大学で開催された日本考古学協会第二回総会で、「青森県下北郡最花貝塚」の研究発表があった。

一九四七年、四八年はようやく戦後の学会活動が旧に復し始め、それ以上の活気を呈し始めた時であり、関東地方でも東京を中心として、各大学・研究所などによる発掘調査研究がさかんになり、千葉県市川市にジェラード・グロートによって設立された考古学研究所では四八年九月から四九年度にわたって姥山貝塚を大規模に発掘した。また千葉市園生町貝塚は早稲田、慶応、明治など各大学の考古学研究室員が小発掘調査を行なっている。岡本勇は横浜市野島貝塚、横須賀市茅山貝塚など早期末の貝塚を赤星直忠らと発掘し、茅山式土器の編年的細分研究に着手している。

愛知県下では久永春男が中心となり、酒詰仲男・和島誠一・江坂らもこれに参加し、豊橋近傍の石塚貝塚（前期）、北屋敷貝塚（中期）などを小発掘調査、続いて晩期末の土器を出土の大蚊里貝塚などの調査が行なわれた。

瀬戸内海地方では豊元国・村上正名・鎌木義昌らで、広島県府中市の押型文土器出土遺跡を発掘調査したことが発端になり、この調査に参加した江坂も加わり、一九四八年八月、岡山県牛窓町（現、瀬戸内市）沖の黄島に所在の縄文文化早期の押型文土器貝塚の発掘調査を実施し、また酒詰仲男もその直後に同貝塚を発掘調査した。

このほかに松崎寿和による広島市比治山貝塚の調査などいくつかの発掘調査があるが、一九四七、四八年の戦後のスタート・ラインはこのように復員してきた人々によって切り落された。

一九四九年以降一九五五年までの関東地方の調査

この頃になると、明治大学では後藤守一を主任教授に迎え、同大学専門部出身の杉原荘介がこれに協力、同大学文学部内に考古学専攻コースが設けられ、芹沢長介・大塚初重・岡本勇など俊英が集まり、研究活動が急激に活潑化してきた時代である。

一九四七年秋、岡本勇らによって京浜急行横須賀中央駅に近い、横須賀市若松町四五番地の住宅地内に縄文文化早期初頭の貝塚が発見された。この貝塚が通称「平坂《ひらさか》」地内に所在したため、平坂貝塚と名付け、一九四九年五月から六月にわたって岡本が中心となり杉原荘介・芹沢長介らも参加し発掘調査を実施し、早期初頭のほぼまとまった熟年男性の人骨を発掘した。本貝塚では貝層中から花輪台Ⅱ式などと関連性のある早坂Ⅱ式と命名された素文（無文）の尖底深鉢土器と山型・格子目の押型文土器片が出土し、貝層下の混貝土層からは縄文および撚糸文の施文された稲荷台式に対比すべき平坂Ⅰ式土器が出土している。この発掘成果は岡本により『駿台史学』第三号（一九五三年三月）に「相模早坂貝塚」の表題で発表され、出土人骨については同誌と、『人類学雑誌』第六一巻第三号（一九五〇年）に鈴木尚による「相模平坂貝塚の人骨について」と題する報文がある。

一九四六年頃、赤星直忠が岡本勇らの協力を得て、佐野大和などによって注意された早期末の野島貝塚の調査が行なわれた（一九四八年九月刊『考古学集刊』第一冊の赤星直忠「神奈川県野島貝塚」）。また野島貝塚と指呼の間にある横須賀市夏島貝塚の所在は一九四一年、桑山龍進によって『人類学雑誌』上に紹介され、田戸下層式など早期の古い時期の土器を出土の貝塚であることが知られていたが、要塞砲陣地内で一般の立ち入りは禁じられており、一九四五年以降は駐留軍の管理下に置かれ、また一般人が容易に立ち入ることの出来ない場所となっていた。一九四六年、江坂も近傍まで行って観察したが、島内には入れず引き返し、一九四〇年に貝塚を発見して土器片を採集した追浜在住の某書店主に逢い、その所在場所など詳細に教示を受けた。

その後、杉原荘介がたまたま明治大学考古学研究室に勉学のため訪れた駐留軍のJ.Downsを通じ、米海軍横須賀基地司令官B.W.Deckerの了解をとり、一九五〇年二月二十日、J.Downsと明大の後藤・杉原・芹沢・岡本・大塚らとともに、夏島貝塚についてかねてから関心をもっていた赤星・江坂も加わり、第一回の踏査が行なわれた。貝塚は同島の東南部、東斜面の叢林中にあり、一部採土のため貝層断面が露出しており、同日はこの場所を小調査して引き揚げた（図2の写真はその時に筆者撮影のもの。左から二番目、背を向けて貝層断面を発掘している人物が杉原、その右がJ.Downs、後藤、頭だけ写る角帽姿が大塚初重、左端が赤星直忠）。当時杉原からは江坂が所属する慶応義塾大学文学部考

図２　夏島貝塚の調査（1950年）

古学研究室と協同調査の提案もあったが、慶応側はこれを受け入れなかった（J.Downsは慶応の考古学研究室にも勉学のため出入りしていた）。

明治大学考古学研究室では同年三月二十三日から四月四日にわたって第一次発掘調査を実施し、第二次は一九五五年六月十八日から二十三日にわたって実施された。そしてこの調査の成果は杉原と芹沢によって『明治大学文学部研究報告　考古学第二冊　神奈川県夏島における縄文文化初頭の貝塚』の表題で一九五七年に発刊された。

本貝塚の第二次調査を終了し、遺物を水洗整理中、岡本らによって夏島貝塚では貝層下土層に井草式土器片が出土し、その上部の第一貝層から夏島式と命名された稲荷台式土器より古形式と考えられる土器片の出土することが突き止められた。また夏島の調査と前後して一九五一年十一月、同十二月、翌五二年一月の三次にわたって芹沢・岡本らが発掘調査を行なった横浜市南区六ツ川町大丸遺跡（芹沢長介「神奈川県大丸遺跡の研究」『駿台史学』第七号、一九五六年十二月）の調査と相俟って、従来、稲荷台式土器を最古とし、井草式土器はこれに続くものと想定されてきた編年が、層位的に全く逆であることを立証したのであった。ただ、この層位が逆であることは先入観念もあってか、一九五〇年度の第一次調査の折りは、この貴重な事実に誰れも気付かず、芹沢は一九五一年八月刊の武蔵野文化協会考古学部会の『考古学ノート』第三号に「撚糸文と捺型文」と題する小論を発表しているが、この中で「南関東では撚糸文型式群としての稲荷台式→平坂Ⅰ式→井草式の編年は平坂・夏島両貝塚の発掘によって確定したが、この他に花輪台Ⅰ式がなお時期不明の一型式として残されている。この次には無文の平坂Ⅱ式や花輪台Ⅱ式が、三戸式、田戸式とのヒアタスを埋めるものとして介在するらしい。」と記し、夏島貝塚の発掘においても、あたかも稲荷台式→平坂Ⅰ式（夏島式）→井草式が層位的にこの順序で出土したような錯覚に落ち入ってしまっている点は興味深い。早坂Ⅱ式、花輪台Ⅱ式の無文土器群が撚糸文・縄文尖底土器群から貝殻腹縁文、沈線文尖底土器群へ南関東地方の土器文様の変化する過渡期のヒアタスを埋める時期のものではなかろうか、とする卓見を開陳した芹沢も当時としては一九四〇年代に打ち立てたわれわれの先入観を簡単には打破できずに見誤ってしまっている。

われわれ今後の研究に対して、その都度白紙でかかるべきであることを常に念頭に置きながら、まだまだこのような事実があることは大いに反省すべきである。また一九五四年、西村正衛らによって千葉県香取郡神崎町字並木、西之城貝塚の発掘調査が実施され、一九五五年十月刊の『石器時代』第二号に、西村正衛・金子浩昌・芹沢長介・江坂輝彌連名で「千葉県西之城貝塚―関東縄文式早期文化の研究―」と題する調査報告が公刊された。

これらの調査により井草式土器は夏島貝塚でも、西之城貝塚でも、貝層下の土層から出土し、貝塚形成前の時代のものであることが判明した。西之城貝塚は現太平洋岸から西へ直線距離約二〇キロの地にあり、鹿島砂丘成立前の時代であるが、ヤマトシジミの貝殻が過半を占め、これにチリメンカワニナなど純淡水の貝殻を伴う貝層がこの上部に認められ、大丸式、夏島式土器が貝層中から発見される。すなわち夏島式土器の時代になって、後氷期の海面上昇が徐々に進行し、満潮時にはようやく西之城貝塚付近まで鹿島灘方向から若干の海水の流入を見る、ヤマトシジミが生育するのに好適な地がこの付近の沖積低地に現出したことを示しているように思われる。

夏島貝塚は東京湾口近くに浮ぶ小島嶼であるが、夏島式土器出土の第一貝層にヤマトシジミの貝殻が認められ、捕獲魚類にクロダイ・スズキの骨の多いことも、この島の周辺までようやく海進の進んだことを示すものであり、井草式土器が使用されていた時代はこれらの地区にも未だ海進が及ばなかったことを示しているようで興味深い。この問題については江坂が戦前からの研究の継続で、一九五四年三月刊の『科学朝日』第一四巻第三号に「海岸線の進退から見た日本の新石器時代」として発表した。

一九五〇年代の西日本の調査

関東地方を中心としては貝塚遺跡の調査を通して、縄文土器文化の上限問題追究の研究がさかんであったが、西日本でも一九五〇年、五一年、五四年の三次にわたって、滋賀県琵琶湖畔に近い大津市寺辺町石山貝塚が京都の平安学園考古クラブ員の手によって発掘調査され、当時同学園の教諭で同クラブの顧問であった坪井清足・原口正三らがこ

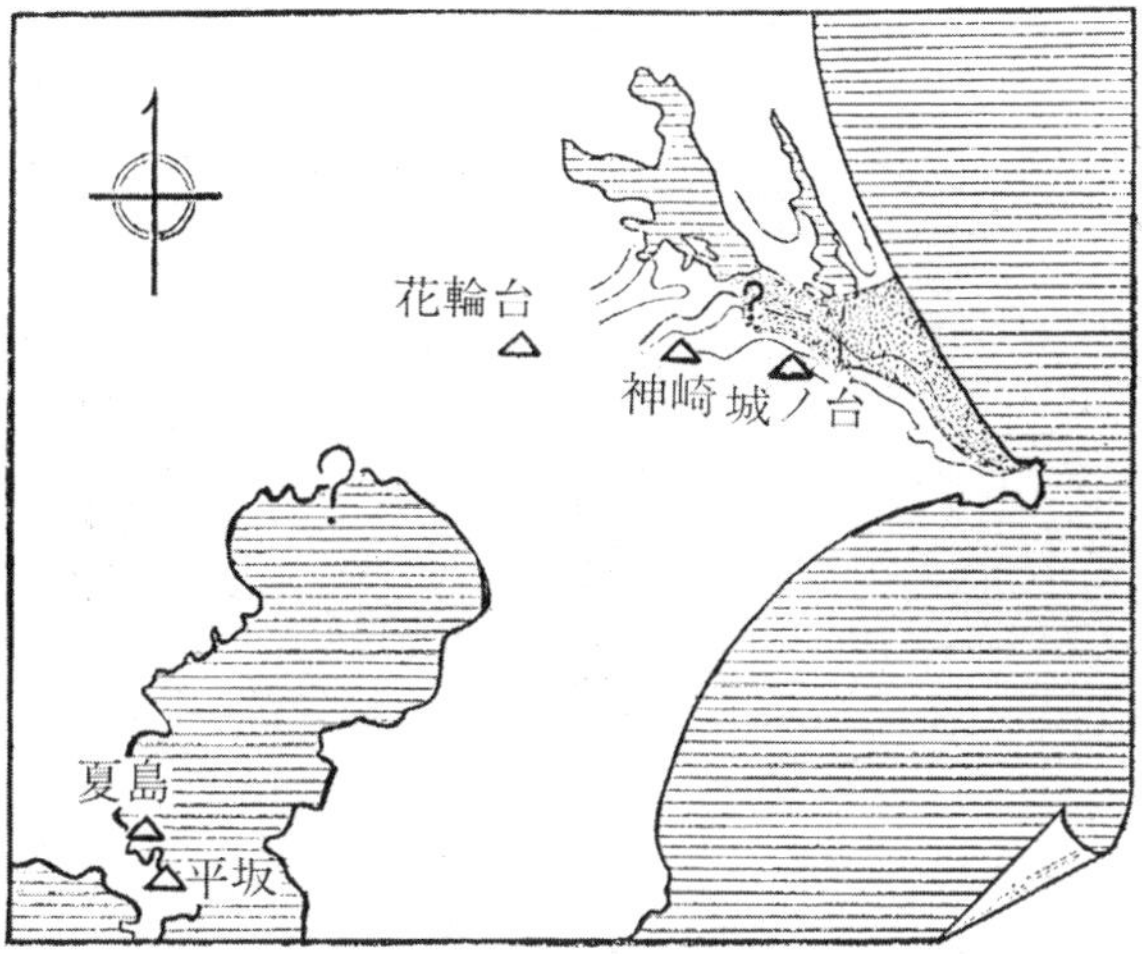

図３　関東地方の縄文文化早期前半の海進状況
（『石器時代』第２号より）

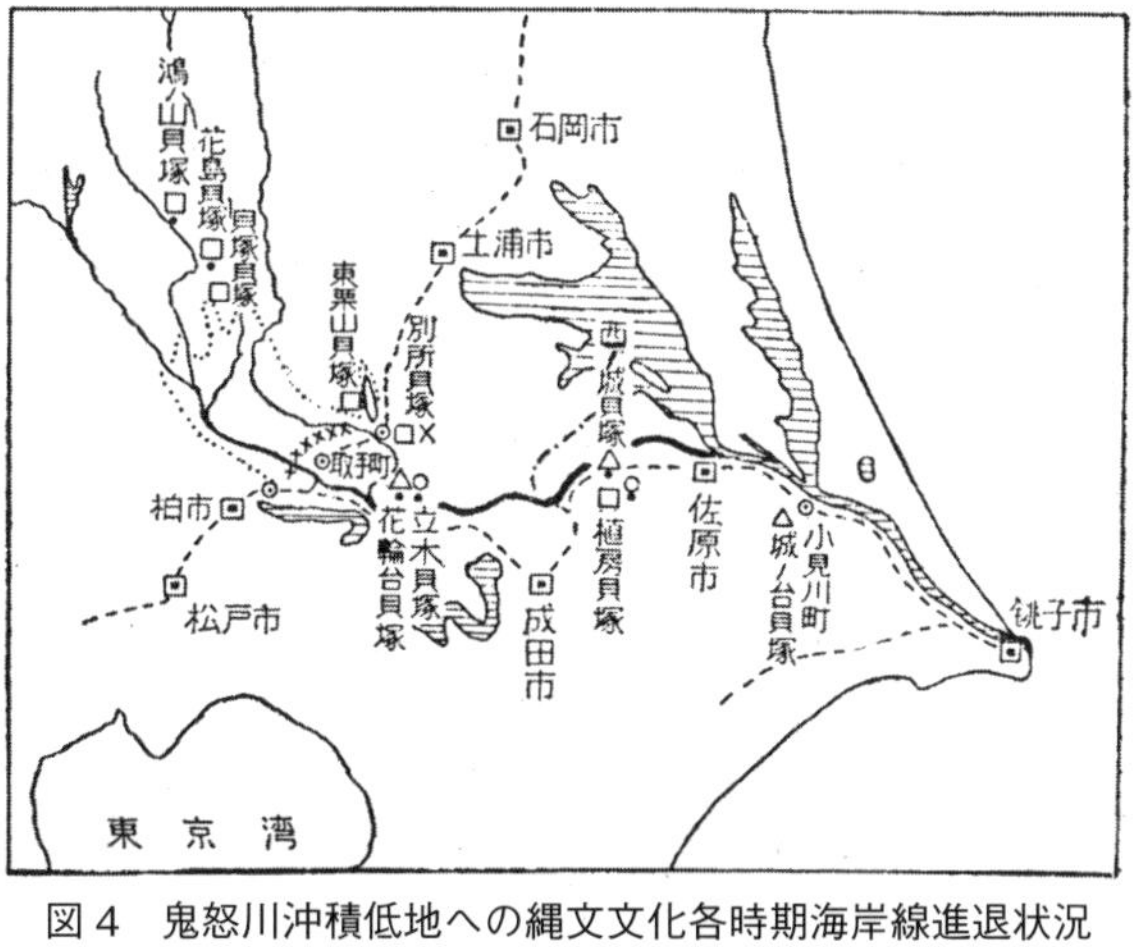

図４　鬼怒川沖積低地への縄文文化各時期海岸線進退状況
（縄文文化各時期の海岸線想定図。……早期末、×××中期、
－・－・－早期前半）

れを指導し、一九五六年十一月、平安学園から坪井らの執筆になる『研究報告第一号　石山貝塚（図録編）』が刊行された。

石山貝塚は日本では例の少ない内陸部の淡水区域の貝塚で、淡水魚の骨格・イシガメ・スッポンなど琵琶湖産の魚貝類のものが多いことは当然のことながら興味深い資料である。坪井は本貝塚の文化層を八層に区分し、押型文土器文化以降、貝殻条痕の施文された早期末の土器群を層位的に編年することに成功した。また本貝塚からは縄文文化早期の埋葬人骨が数体発掘されている。

また南山大学の中山英司は、愛知県知多郡東浦町文化財保存会の依嘱を受け、かつて酒詰仲男などが一九四一年発掘したことのある、同町大字緒川字屋敷一区、入海《いるみ》神社境内所在の入海貝塚を一九五一年八月に発掘調査し、同五五年十二月、同保存会から『入海貝塚』の表題の調査報告書を公刊したが、本貝塚も石山貝塚同様、早期末の貝殻条痕文を施文した土器を出土する貝塚である。

また愛知県下ではかつて清野謙次が縄文時代埋葬人骨数百体を発掘した豊橋郊外の渥美郡田原町吉胡貝塚を文化財保護委員会と愛知県教育委員会との共同で、国として最初の発掘調査を同じ一九五一年春に実施している。

一九五〇年七月文化財保護法が施行され、今日の文化庁の機構が一応完成した最初の記念すべき発掘調査として縄文文化後・晩期の貝塚遺跡が選ばれたことは奇しく因縁である。この調査の成果は一九五二年三月、文化財保護委員会から『埋蔵文化財発掘調査報告　第一　吉胡貝塚』として公刊されている。本書では、調査に参加した山内清男が珍しく筆を執られた部分がある。第三章第三節の第二トレンチの項で、ここには氏のこの地方の晩期の編年に対する新知見が記されている。

日本海側では一九五一年、五二年、五三年と四次にわたって、山形県鶴岡市の致道博物館で酒井忠純が中心となり、柏倉亮吉、江坂などが協力して、山形県飽海郡吹浦村（現、遊佐町）大字吹浦字堂屋に所在の吹浦貝塚の発掘調査を実施した。ヤマトシジミを主とした台上の小貝塚と、成因不明の洞窟内に堆積した小貝塚があり、自然海蝕洞窟に多少人工を加えて貯蔵穴に使用したかと思われるもの、明らかに人為的なフラスコ状ピット内に堆積のものなどが見られた、縄文文化前期の遺跡としては稀有の遺構の所在が注意された貝塚遺跡であった。一九五五年三月、荘内古文化研究会から『吹浦遺跡』の表題でその調査報告が公刊されている。

一九五二年春、新潟県刈羽郡刈羽村所在の縄文文化前期の貝塚が八幡一郎の指導で調査された。本貝塚もヤマトシジミを主とする主淡貝塚で、その調査成果は新潟県横越村沢海の北方文化博物館から一九五八年、『刈羽貝塚』として公刊されている。

日本海岸の富山県下でも一九五三年八月、富山市西北郊の蜆が森貝塚が富山大学考古学同好会のメンバーで調査された。本貝塚も前期の羽状縄文の施文された土器を出土の貝塚で、ヤマトシジミの多い主淡貝塚である。一九五四年九月、富山県教育委員会から『蜆が森貝塚調査報告書』の表題でA５判、本文二六頁、巻末図版一五頁ほどの小報告が公刊されている。

一九四〇年代の後半から五〇年代にわたって貝塚出土の自然遺物の研究も直良信夫から、直良の薫陶を受けた金子浩昌に引き継がれ、直良の活動とともに、ようやく金子の研究も目立つようになってきた。

一九五六年秋、千葉県教育委員会が滝口宏を中心として、館山市浜田字船越にある鉈切神社背後の洞窟内に縄文文化後期の貝塚遺跡を発掘調査し、一九五八年五月、県教育委員会より『館山鉈切洞窟』の表題の報告書が公刊されたが、本報告書では動物遺存体の研究、漁撈具、骨角製釣針、銛の研究などがあり、大いに新しい研究分野の開拓を進めている。

また一九五九年秋には乙益重隆・賀川光夫などの協力で江坂が熊本県宇土市の曽畑貝塚をかなり大規模に発掘調査した。同貝塚は貝灰製造業者によって貝殻が抜きとられ、ほとんど壊滅したと思われていたが、一部に未だ曽畑式土器を出土の良好な貝層が残存していたので、一応所期の目的を達する調査を行なうことができたのである。調査は東西に長さ六七メートル、幅一・五メートルのトレンチが掘られ、鐘ケ崎式土器や市来式土器を出土するマガキの多い厚さ四〇センチ内外の純貝層からなる貝塚と、曽畑式土器を出土する貝塚が残されていた。後者は二つの貝層から成っており、各時代の遺物が重複していたが、それまで縄文文化中期あるいは早期ではないかと推定されていた曽畑式土器が、前期初頭から中葉頃に編年されることが明確になった点で大きな意義をもつものであった。

図５　曽畑貝塚の発掘調査（1959年）

図６　曽畑貝塚出土の土器（清野謙次博士発掘資料）

一九六〇年代の調査と研究

この時代に入ると台地全面を削除して、周辺の水田を埋め、広大な宅地を造成するような大土木工事が各地で実施され、この工事地区が遺跡地である場合は極めて多く、この採土される台上遺跡全地域を事前発掘調査するようなケースが非常に多くなってきている。

千葉県船橋市習志野台一丁目の旧小字高根木戸に所在の竪穴住居放棄後、住居跡内に貝殻など投棄の台上貝塚遺跡が、高根台公団住宅地などの造成に伴う、新設の市立高郷小学校の敷地となったため、一〇、〇〇〇平方メートルにわたる台上全域を四八日間、延べ三、〇〇〇人の人員を要して発掘調査された。そして一九七一年三月に本文三一二頁、巻末図版一二〇葉、B5判の大冊の報告書『高根木戸』が刊行されたが、これなど代表的なものの一例である。

すでに台地の一部が土取工事で削りとられ、また一部に未掘部分もあり、計七〇余の竪穴住居跡と約一〇〇個の貯蔵穴様の小竪穴が発掘されているが、竪穴住居の総数は恐らくこの台地上に一〇〇戸を越す数があったと考えられ、小竪穴の数も一〇〇基をはるかに越す数であったと思われる。そして台地上に中央を広場とする環状集落が営まれ、時代が下降するに従い竪穴住居が外側から次第に内側へと移築されているように看取されたことは興味深いことで、貝塚遺跡ではないが杉並区下高井戸旧小字塚山所在の中期の環状集落でも同一の現象が看取され注目を引いたところである。この貝塚は竪穴住居を廃棄後、屋根も落ちた跡の窪地へ、食用とした貝殻・鳥獣魚の骨も投棄した小貝塚が群をなすもので、他の貝層が広く、厚く堆積している大規模な貝塚に比較すると、鳥獣魚骨の出土量は極めて少なく、貝塚特有の貝殻・鳥獣魚骨の研究には興味ある成果は得られなかったが、金子浩昌らによって、各住居跡内堆積の小貝塚の貝層をブロック採集して、それぞれの小貝塚に堆積の貝殻の種類の統計的な研究や、鳥獣魚骨に対する統計的研究など、発見資料の種名羅列のみが多かった過去の報告より、前進した成果を報告している。

いわき市の臨海工業地域の都市計画に基づく、市営住宅団地の造成ということで一九六一年、六五年と二度にわたる発掘調査によっても遺跡全域を調査することなく、全く煙滅をみるに至った福島県東南端部に所在の縄文文化後期末から晩期にわたる寺脇貝塚は外洋に直面した極めて重要な貝塚遺跡であり、是非とも計画変更をなし、貝塚を伴う集落址全域を広域保存すべき遺跡であったと思うが、県教育委員会などの行政指導も十分でなかったためか、市の発展が優先され壊滅に帰した。しかし渡辺一雄・馬目順一などの地元研究家が中心となり、精緻な発掘調査を実施し、一九六六年九月に磐城市教育委員会（平市と合併し、いわき市となる以前）から、Ｂ５判、本文一八四頁、巻末土器拓影図版三八葉、土器復元実測図版四一葉、骨角器・貝器・石器などの実測図版二四葉、写真図版六四葉の大冊報告書『寺脇貝塚』の刊行をみた。本貝塚では五六種の貝殻が検出され、クボガイ・サザエ・スガイ・レイシ・イボニシなどの岩礁性の海産後足類（巻貝）の貝殻が最も多く、ついでマガキ・ウチムラサキ・オキシジミ・アサリなどの砂泥性の干潟の海底に棲む斧足類（二枚貝）の貝殻が多く認められたという。貝塚発掘の魚骨による魚種は一八種検出されたが、このうちマダイの骨が最も多く、マグロとサメ類の骨がこれに次いでいる。このほかカツオ・カジキマグロ・ブリ・メバルなどの骨もかなり検出されている。本貝塚から多量に発見されている鹿角製組合せ釣針、鹿角製燕尾形離頭銛などの漁具は、沖に舟を出して前記の大型魚類を捕獲用に使用されたものと推察される。また写真図版にマダイの頭骨を始め、クロダイ・カンダイ・ホウボウ・アカエイ・スズキ・サメ類・マグロ・カジキなどの魚骨、イルカ・クジラなどの海棲哺乳動物など、多くの食料残滓の骨類を系統的に分類して掲載している。

一九六三年、千葉市の加曽利南貝塚が工場敷地となり、重要貝塚遺跡として、国庫補助を得て市が買い取り、代替地を斡旋する交渉なども市当局と会社側で進展させる一方、破壊される場合も考慮して、千葉市からの委嘱で日本考古学協会に加曽利貝塚調査特別委員会が設けられ、同年七月より翌々年六五年度まで貝塚に縦横にトレンチを設定して、貝層の堆積状況などを究明しながら調査が進められた。そして南貝塚の範囲などほぼ確認できた段階で、国庫の補助金を得て買い上げることが会社側の承諾が得られたので、発掘調査は一応打ち切りとし、一九七六年三月にこの成果が『加曽利南貝塚』として中央公論美術出版から公刊された。貝塚の貝層中の貝類・獣魚鳥骨については、寺脇貝塚などと同様に金子浩昌が担当し、獣魚鳥骨についてはどの部分の骨が、いくつ発見されたかまで表にして、一目瞭然となるように配慮されていて、彼ら縄文文化後期の人々の嗜好も伺える点甚だ興味深い。

このほか、一九六四年から六五年にわたって東京教育大学文学部史学方法論教室が中心となり、千葉県松戸市栗ヵ沢所在の貝の花貝塚の全域を大規模に発掘調査したが、これは日本住宅公団の宅地造成で煙滅前の事前調査であった。一九七三年三月には『東京教育大学文学部考古学研究報告Ⅱ　貝の花貝塚』の表題でB5判、本文五八七頁、巻末写真図版一六一葉の大冊の報告書が公刊されている。

一九六〇年代一〇カ年のこの方面の研究の躍進には目覚しいものがあったといっても決して過言ではない。

一九六〇年代の後半に入ると、赤沢威などが貝塚出土の魚骨のすべてをサンプリングしたような遺跡のものを選び、マダイ・クロダイ・スズキなどの顎骨を検出し、顎骨からその魚の体長を想定、体長から生後何年の魚が最も多く漁

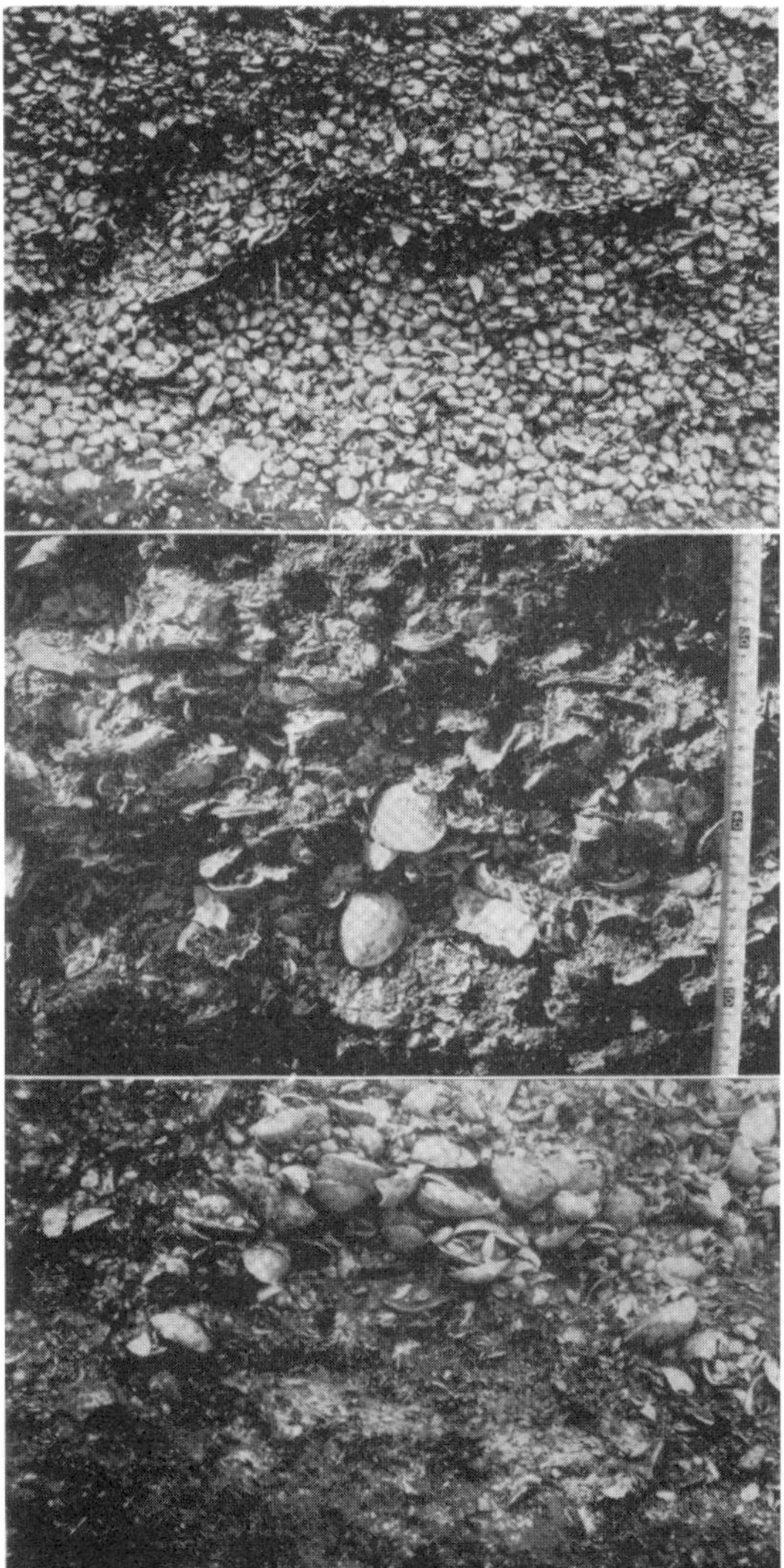

図7　千葉県加曽利南貝塚における貝層各部分の写真
（上からキシャゴの貝層、マガキの多い貝層、破砕貝層）

獲されたかを調査し、その成育魚の生態を調査するようになった。マダイの成熟魚は冬期は沖合の深い海で越冬生活を送り、摂餌行動も鈍い。そして春先以後になると、産卵のために沿岸部へ移動してくる習性があり、マダイ・スズキ・クロダイなどの漁獲は主としてこの春先以降、沿岸部へ魚類が廻遊した折に行なわれたものではないかとの想定を下し、六〇年代後半以降、この問題を意識して発掘した良好な資料について顎骨のすべてを計測し、統計的な研究も行なった。魚種については、一九六九年八月の『人類学雑誌』第七七巻第四号に赤沢が「縄文貝塚産魚類の体長組成並びにその先史漁撈学的意味」と題する研究成果を発表している。

まだ関東地方の数遺跡の出土資料による試論的なものであるが、今後各地域の貝塚の発掘調査で十分な資料を蒐集し、各魚種について統計的な研究が可能となれば、縄文文化各時期の漁場・漁期、各種の魚類のその地方への周遊季節、その時代による変化、さらに過去の周期の統計による今後の廻遊周期変化への予測なども可能となる。魚類の廻遊周期の変化は地球物理学的な問題である親潮や黒潮など潮流の流れの周期的変化にも起因するところがあるとも考えられ、一地域の貝塚遺跡群中で、最も普遍的に採集されている魚種・貝類が時期によって変化があることなどがわかれば、上記のような問題にも注意されるべきで、今後は貝塚の自然遺物についても、種別判定用に数点を採集するだけでなく、鳥獣魚骨などはできる限り、すべてのものを採集することが望ましい。また貝殻も五平方メートルぐらいからブロック採集をかならず行なうようにすべきであろう。

このような研究は一九七六年度より渡辺直経の努力によって「文部省科学研究費　特定研究・古文化財に関する自然科学的研究」という膨大な研究予算の中に組み入れられることになり、一九七〇年度後半の赤沢らの研究には期待されるところが大きい。

一九七〇年代の調査研究

赤沢などの研究が刺激となり、一九七〇年代へ入って、このような自然科学的な研究に次第に手を染める研究者が増加し始めている。小池裕子は、チョウセンハマグリの断面を作成、ハマグリの成長線を調査し、貝殻の末端、外縁部が冬の成長率の低い、不透明部分から春先から夏季への成長率の速い半透明部分へ移行して、その伸びがかなり進んだところで捕採されているものが多いことに気づき、外洋性のチョウセンハマグリは五月から六月頃、晩春から初夏の候が捕採の時期ではないかとみて、関東各地の各時期の外洋性貝塚産のチョウセンハマグリを蒐集し、研究を継続している。チョウセンハマグリ以外の斧足類（二枚貝）についても今後研究が進められると、さらに興味ある成果があがるものと考えられる。

縄文文化の人々の日常の作業は年間を通じ同じような仕事に明け暮れていたのではないことはチョウセンハマグリに採集の季節があったことでもわかるように、季節によって異なった仕事に従事していたことが次第に明らかにされてきた。一九七五年、東京・新宿の小田急百貨店などで開催の「縄文人展」に小林達雄案になる「縄文人の生活カレンダー」が試作されたが、これなど最近における貝塚調査によって次第に明らかにされたものを利用した注目すべき試案であり、今後研究の進捗によってこのような問題もさらに解明され、興味ある結果がでると考えられる。

今後の展望

一九四二年、江坂が東京文理科大学地質学鉱物学教室の藤本治義の指導を受けていた頃の話である。縄文文化人は砂泥性の干潟で、斧足類の貝類を掘り出して自家へ持ち帰り、深鉢形土器に水を入れて火にかけて、水が沸騰した時点で、採集した二枚貝を湯の中へ入れて、口を開かせ中の貝の身を取り出し、食したり、蔭干しにして保存食としたと推察されるが、この中に、内部に当時の砂の充塡した死んだ貝殻が左右二枚合わさったものを採集してきたものがあり、このような合わさった貝殻に海砂が充満したものがよく貝塚から発掘されることがある。恐らく砂の充満したものは土器の中から取り出して、そのまま他の貝殻とともに貝塚へ投棄したものと思われる。この貝殻の中に充満した干潟の海砂の中には当時の放散虫・有孔虫などの化石がかなり含まれており、この奥深い入江の当時の干潟に暖海性の黒潮が流入していたか、また親潮の影響下にあり水温が寒冷であったか、放散虫・有孔虫の種類によって当時の海の状況が判定でき、同じ入江に時代の異なった貝塚が所在すれば、これによって時代とともに海にも変化のあったことを追究することも不可能ではない。この研究は藤本に奨められ、やっと着手したところで一九四二年十月応召してそのままになり、一九四五年十二月、帰還後も遂々、この方面には手がまわらずそのままにしてしまった。若い研究者で誰かこの方面の開拓を目指す人はいないものであろうか。

科研の特定研究「古文化財」で鈴木公雄らによる「先史時代遺跡（主として貝塚）における魚骨標本の組成に関する基礎研究」も最近における注目すべき新しい研究方法の一つである。この研究標本サンプルは、岩手県三陸町（現、大船渡市）宮野貝塚の調査例では「三×三メートルの発掘区を二カ所設定し、堆積していた土層及び貝層を層位的に発掘し、発見した全土層、貝層を五ミリメッシュ（網目）で乾燥ふるいにかけ、メッシュ面上に残された魚骨を現場で採集した。また、発掘区内部に七カ所、三〇×三〇センチの柱状サンプル採集地点を設け、これを水平に五センチ単位にカットし、各採取単位（九、〇〇〇立方センチ）を現場で、九・五二、四、二、一ミリの同規フルイを用いて水洗し、各メッシュ面上に残された資料のすべてを研究室に持ち帰り自然乾燥ののち、その中に含まれる魚骨を採集した」とある。このようにして採集した脊椎骨に基づく魚種を調査し、その比率などこまかな調査研究を行ない、他貝塚のものと比較を行なっている。

この研究も貝塚が多数存在する同一入江における、同一形式貝塚の種類、数の対比、時期の異なるものの比較研究などが十分行なえるように資料が揃ってくると、かなり興味ある研究成果があがるであろう。

これからの貝塚調査は一人考古学者のみでなく、あらゆる自然科学者を動員して行なうべきであると考える。このこともかなり昔から言われてきたことであるが、十数年前までの発掘調査は、考古学研究者のわずかな予算で調査を実行してきた。

しかし貝類分類学者や魚類学などの自然科学に携わる研究者を招いて協力を得るべきであろう。貝層下の住居跡の炉址などの問題になると地球物理学者とか、さらに他方面にわたる研究者の協力が必要なことである。考古学者があらゆる自然科学の研究方法の筋道だけぐらいは理解し、どのような場合はどの方面の学者に協力を要請したらよいかということをみきわめられるだけの能力は必要であり、今後の考古学研究者はあらゆる自然科学の知識を浅く広く理解することだけは要求されると思う。

貝塚保存の問題一つを取り上げても、貝層のくずれる断面をどのような合成樹脂を挿入すればよいかの問題でも、科学的な力が要求される。今後保存・研究の問題はますます複雑多岐になり、私達は一日も研究から手を離すことはできない。

わが国の貝塚研究が、モースに始まり一〇〇年を経過した今日、ここでまた大いに新しい分野への研究に新展開が見られてもよいであろう。若い研究者の今後の奮闘を祈って擱筆したい。

（『考古学ジャーナル』第一四四号、一四六号、一四七号、一四八号、一九七八年より転載。一部削除、訂正）

付1　東京の貝塚遺跡地名表

品川区立品川歴史館編

・本表には、酒詰仲男『日本貝塚地名表』（一九五九年）、『東京都遺跡台帳』、『都心部の遺跡―貝塚・古墳・江戸―』（東京都教育委員会、一九八五年）をもとに、一部その他の調査結果などを含め、貝塚形成時期のわかる遺跡を中心として収録した。
・本表の番号は、口絵の「東京の貝塚遺跡分布図」に対応する。
・貝塚の包蔵地が区をまたいで分布しているケースは、同一番号とし、表への掲載は一箇所にとどめた。
・遺跡の時期のうち、貝塚形成期を**太ゴシック体**で示した。
・時期の表記は、縄文時代を主とし、一部弥生時代を含めたが、それ以外については除外した。

番号	遺跡名	所在地	遺跡の時期	占地状況	遺存状況	貝層の性格
1	海戸貝塚	板橋区赤塚四―二〇・二一	縄文中・**後**期（堀之内・加曾利B）	台地東斜面	湮滅	汽水
2	赤塚城址貝塚	板橋区赤塚五―三三～三五	縄文前・中・**後（堀之内2～加曾利B1）**・晩期（安行Ⅲa・Ⅲc）	台地斜面	良好	主鹹
3	四葉地区遺跡	板橋区四葉二、徳丸八	縄文早・**前**・中・後・晩期	台地上	不明	汽水・鹹水
4	徳丸高山貝塚	板橋区徳丸六―二五・二六付近	縄文**前**・後期	台地上	湮滅	鹹水・汽水
5	中台馬場崎貝塚	板橋区若木三―四・五	縄文早・**前**（諸磯a）・中・後・晩期	台地縁辺	一部残存	汽水
6	四枚畑貝塚	板橋区前野町四―六〇・六一、志村一―一一	縄文早・**前**期（諸磯b）	台地縁辺	湮滅	鹹水・汽水
7	小豆沢貝塚	板橋区小豆沢二―二五～二六、同四―四～一〇	縄文**中**（加曾利E）・後（称名寺・堀之内・加曾利B・安行）・晩期	台地縁辺	一部遺存	鹹水・汽水
8	袋低地遺跡（袋町貝塚）	北区北赤羽一、二	縄文**中**（加曾利E）・**後**期（称名寺・堀之内・**加曾利B**・安行）	低位段丘縁辺（青柳段丘相当）	一部遺存	主鹹
9	赤羽台貝塚	北区赤羽台四―二	弥生時代**（後期）**	台地縁辺	湮滅	主鹹

10	道合遺跡	北区赤羽台一・二	縄文**前**（黒浜）・**後**期（堀之内）	台地上	不明	主鹹	
11	清水坂貝塚	北区中十条四―一三	縄文早・前期（花積下層）	台地斜面	不明	鹹水	
12	亀山貝塚	北区王子本町一―二六	弥生**中**期（宮ノ台）	台地縁辺	不明	主鹹	
13	飛鳥山公園内貝塚	北区王子一―一	縄文**前**（関山）・**後**期	台地西斜面	不明	鹹水	
14	七社神社裏貝塚	北区西ヶ原二―一一	縄文**中**期（勝坂）	台地縁辺	不明	鹹水	
15	滝野川八幡社裏貝塚	北区滝野川五	縄文**後**期	台地上	不明	主鹹	
16	大蔵省印刷局内貝塚	北区西ヶ原二―一～五・八・一一～一三	縄文前・**中**期（勝坂～加曾利E）	台地縁辺	一部残存	主鹹	
17	西ヶ原貝塚	北区西ヶ原三―三～六・一二・一三	縄文**中**・**後**（加曾利B）・**晩**期	台地西斜面	一部遺存	主鹹	
18	中里貝塚	北区上中里二	縄文**中**（加曾利E）・**後**期	沖積微高地	一部遺存	主鹹	
19	中里峡上遺跡	北区上中里一―一	縄文**後**期（堀之内）	台地	一部残存？	主鹹	
20	道灌山貝塚	荒川区西日暮里四―二開成高校内	弥生**後**期（久ヶ原）	台地縁辺	湮滅	主鹹	
21	延命院貝塚	荒川区西日暮里三―一〇	縄文**後**期（**堀之内**・加曾利B・安行Ⅱ）	台地縁辺	一部残存	主鹹	
22	領玄寺貝塚	台東区谷中四―四	縄文**中**（勝坂・阿玉台・**加曾利E**）・後期	台地縁辺	一部残存	主鹹	
23	キリスト教墓地内貝塚	台東区谷中七―一・一二・一三	縄文**後**期（**堀之内**・加曾利B）	台地東斜面	一部残存？	鹹水	
24	新坂貝塚	台東区上野桜木一―一六・上野公園一八	縄文**後**期（加曾利B・安行）	台地縁辺	一部残存？	主鹹	
25	湯島切通貝塚	台東区池之端一―三	縄文前・**後**（堀之内・加曾利B・安行Ⅰ・Ⅱ）・**晩**期（Ⅲa・Ⅲb・Ⅲc）	台地縁辺	一部残存	主鹹	
26	動坂貝塚	文京区本駒込三―一八	縄文前・**中**期（阿玉台・加曾利E1）、弥生後期	台地縁辺	一部残存	主鹹	
27	駒込神明町貝塚	文京区本駒込三―四〇・四一、同四―一～五、一一～一七、同五―七～一三、二四～二八	縄文**中**期（**勝坂**・加曾利E）	台地縁辺	一部残存？	主鹹	
28	千駄木貝塚	文京区千駄木一―一〇・一一付近	縄文前・**中**・後・晩期	台地縁辺	一部遺存	主鹹	
29	弥生町貝塚群	文京区弥生町一―一四・一五・一六、同二―一一	縄文**後**期・弥生**後**期	台地縁辺	一部残存	主鹹	
30	お茶の水貝塚	文京区湯島一―五	縄文前・中・**後**（堀之内・**加曾利B**・曾谷・安行）・晩期	台地縁辺	湮滅	主鹹	
31	元町貝塚	文京区本郷一―二・三・六	縄文**中**期（加曾利E）	台地縁辺	一部遺存？	鹹水	

32	小石川植物園内貝塚	文京区白山三―七	縄文中（勝坂・加曾利E）・後期（堀之内～安行）	台地上	良好	主鹹
33	氷川神社裏貝塚	豊島区池袋本町三・一八・一九・二〇付近	縄文後・**晩**期（安行Ⅲa・Ⅲb・Ⅲc）	台地北斜面	不明	鹹水・汽水
34	九段坂上貝塚	千代田区九段北一―一四	弥生**後**期	台地東斜面	湮滅	主鹹
35	牛ヶ渕貝塚	千代田区九段南一―六	弥生**後**期	沖積地	湮滅	主鹹
36	三番町遺跡	千代田区三番町	縄文**前**期（諸磯）	台地上	不明	主鹹
37	永田町二丁目遺跡	千代田区永田町二	弥生**後**期（宮ノ台）	台地上	不明	主鹹
38	旧本丸西貝塚	千代田区皇居東御苑	縄文前・中・**後**（堀之内・加曾利B・安行Ⅰ・Ⅱ）・晩期（安行Ⅲ）	台地縁辺	一部遺存	鹹水・汽水
39	明治神宮北池貝塚	渋谷区代々木神園町	縄文**後**（堀之内・**加曾利B**・安行）・晩期（安行）	台地縁辺	一部残存？	鹹水・汽水
40	豊沢貝塚	渋谷区恵比寿二―二七～三三	縄文前・中・**後**期（堀之内・加曾利B・安行）	台地縁辺	一部遺存	主鹹
41	羽沢貝塚	渋谷区広尾三―七、同四―一	縄文**後**期（堀之内）	台地上	一部遺存	鹹水・汽水
42	東山貝塚	目黒区東山三―一一～一三	縄文中・**後**（堀之内・加曾利B・安行）・晩期	台地縁辺	一部残存	鹹水
43	青山墓地内貝塚	港区南青山二―三二	縄文前・**後**期（堀之内・加曾利B）	台地縁辺	一部遺存？	鹹水
44	西久保八幡貝塚	港区虎ノ門五―一〇	縄文早・前・**後**（**堀之内1・2、加曾利BⅠ・Ⅱ・Ⅲ**）・晩期	台地斜面	一部遺存	鹹水
45	丸山貝塚	港区芝公園四―八	縄文中・**後**期	台地東南斜面	遺存	鹹水
46	元麻布二丁目貝塚	港区元麻布二―三　麻布学園裏	縄文**後**期（堀之内・加曾利B）	台地上	一部遺存？	純鹹？
47	本村町貝塚	港区南麻布三―八・一一	縄文**前**期（黒浜・諸磯a・b）	台地縁辺から斜面	一部遺存	鹹水
48	伊皿子貝塚	港区三田三―一〇　旧三井邸内	縄文早・前・中・**後**（**堀之内1・2、加曾利BⅠ・Ⅱ・Ⅲ**、安行）・晩期	台地東斜面	湮滅	鹹水
49	旧海軍墓地貝塚	港区白金台一―二	縄文**中**期（加曾利E）	台地縁辺	湮滅？	不明
50	上大崎貝塚	品川区上大崎三	縄文前期	台地縁辺	不明	不明
51	池田山北貝塚	品川区東五反田五	縄文前期	台地上	不明	不明
52	御殿山貝塚	品川区北品川五	縄文前期	台地縁辺	不明	不明
53	居木橋遺跡	品川区大崎二―六・七、同三―一四、西品川三―五・六	縄文**前**期（黒浜・関山・**諸磯**）	台地上	遺存	主鹹
54	権現台貝塚	品川区広町一・二	縄文**後**期（堀之内・加曾利B・安行）	台地上	湮滅	鹹水

55	仙台坂貝塚	品川区東大井四—二	縄文後期（加曽利B）	台地縁辺	不明	不明
56	立会川貝塚	品川区東大井三	縄文後期（加曽利B）	台地縁辺	不明	不明
57	西光寺貝塚	品川区大井四—二二	縄文後期	台地縁辺	不明	不明
58	大森貝塚	品川区大井六—二一七	縄文早・前・中・後（加曽利BⅠ・Ⅱ・Ⅲ、曽谷、安行）・晩期（安行Ⅲa・Ⅲb・Ⅲc）	台地縁辺	一部遺存	主鹹
59	望翠楼ホテル内貝塚	大田区山王三—三〇～三五	弥生後期（久ヶ原）	台地縁辺	湮滅	主鹹
60	桐里町貝塚	大田区池上一—一一	縄文前期（黒浜?）	台地上	湮滅	鹹水
61	馬込貝塚	大田区中馬込一—九・一四～一九、同三—一、上池台五—一～四・七	縄文中・後（堀之内・加曽利B・安行）・晩期	台地上	一部遺存	主鹹
62	塚越貝塚	大田区西馬込二—三五	縄文前期（関山）	台地縁辺	湮滅	鹹水
63	大谷・下谷遺跡	大田区西馬込二	縄文前期（黒浜）	台地上	不明	主鹹
64	雪ヶ谷貝塚	大田区南雪谷五—四～七	縄文前（諸磯b）・中期	台地縁辺	一部遺存	主鹹
65	庄仙貝塚	大田区北嶺町二五・二六、久ヶ原一—一五～一九	縄文前期（黒浜?・諸磯）	台地上	湮滅	鹹水
66	久ヶ原貝塚群	大田区久ヶ原三—二八～三〇・四〇、同四—一四～一七	弥生後期（久ヶ原）	台地上	一部遺存?	鹹水・汽水
67	千鳥窪貝塚	大田区南久ヶ原一—四・七・八	縄文中（勝坂・加曽利E）・後期（堀之内・加曽利B）	台地縁辺	一部遺存	主鹹
68	田園調布高校内遺跡	大田区田園調布南	縄文前期（関山）	台地上	不明	鹹水
69	田園調布本町貝塚	大田区田園調布本町	縄文前期（諸磯b・c、関山、黒浜）	台地上	遺存	鹹水
70	下沼部貝塚	大田区田園調布本町三七～三九	縄文早・前・中・後・晩期	台地縁辺	一部遺存	主鹹
71	丸子多摩川園北貝塚	大田区田園調布一—五六・五八付近	縄文後期（加曽利B）	台地上	湮滅	鹹水
72	上沼部貝塚	大田区田園調布四—二七～二九、同五—四	縄文前（諸磯a・b・c）・後（堀之内・加曽利B）・晩期	台地縁辺	一部遺存	主鹹
73	六所東貝塚	世田谷区野毛一—二五・二六、同二—一七・一八	縄文前（黒浜、諸磯a・b）・中期	台地上	一部遺存?	鹹水・汽水
74	稲荷丸北貝塚	世田谷区上野毛三—三・四・八	縄文早・前（黒浜、諸磯a・b・c）・中・後・晩期	台地縁辺	一部遺存	鹹水・汽水
75	瀬田貝塚	世田谷区瀬田一—八・一三	縄文前期（諸磯a・b）	台地縁辺	一部遺存?	主鹹

付2　東京の貝塚文献目録

品川区立品川歴史館編

・本目録には、『都心部の遺跡―貝塚・古墳・江戸―』（東京都教育委員会、一九八五年）所収の文献一覧に因りながら、その後に発表された文献を追加して編集した。

1 E.S. Morse『*Shell Mounds of Omori*』東京大学理学部紀要 一、一八七九年
2 エドワード・エス・モース（矢田部 良吉 口訳・寺内 章明 筆記）『大森介墟古物編』一八七九年
3 冨士谷 孝雄「中村穴居考」『学芸志林』一三―一四、一八八三年
4 University of Tokyo『*Catalogue of Archeological Specimens*』一八八四年
5 白井 光太郎「貝塚より出でし土偶の考」『東京人類学会報告』一―二、一八八六年
6 白井 光太郎「中里村介塚」『東京人類学会報告』一―四、一八八六年
7 坪井 正五郎「東京近傍古跡指明図（第五版）」『東京人類学会報告』一―五、一八八六年
8 坪井 正五郎「大森土版」『東京人類学会報告』一―五、一八八六年
9 福家 梅太郎「人骨研究」『東京人類学会報告』一―五、一八八六年
10 木村 政五郎「真砂樓遺構」『東京人類学会報告』一―七、一八八六年
11 若林 勝邦「日本鹿製石棒」『東京人類学会雑誌』二―一九、一八八七年
12 坪井 正五郎「貝塚とは何であるか」『東京人類学会雑誌』三―二九、一八八八年
13 若林 勝邦「貝塚」『東京人類学会雑誌』四―三四、一八八八年
14 若林 勝邦「日暮里延命院貝塚」『東京人類学会雑誌』四―三四、一八八八年
15 坪井 正五郎「帝国大学の隣地に貝塚の痕跡あり」『東洋学術雑誌』九一、一八八九年
16 関 保之助「池袋村貝塚ヨリ曲玉類出デタリ」『東京人類学会雑誌』四―三七、一八八九年

17 羽柴雄輔「縄文土器を比較して本邦の古代に大移動の動乱ありしを知る」『東京人類学会雑誌』四―三七、一八八九年
18 関保之助「東京日暮里村の貝塚」『東京人類学会雑誌』五―四六、一八八九年
19 鳥居邦太郎「大森の貝塚」『日本考古提要』秀英舎印刷、一八八九年
20 坪井正五郎「日本考古学講義」『文』二―八、一八八九年
21 若林勝邦「貝塚土偶に就て」『東京人類学会雑誌』六―六一、一八九一年
22 土屋彦六「東京駿河台鈴木町ニテ貝塚土器ヲ拾フ」『東京人類学会雑誌』六―六四、一八九一年
23 若林勝邦「下総、武蔵、相模に於ける貝塚の分布」『東京人類学会雑誌』七―七三、一八九二年
24 井上喜久治・鳥居龍蔵「貝塚七ヶ所の記」『東京人類学会雑誌』八―八五、一八九三年
25 下村三四吉「小豆沢紀行」『東京人類学会雑誌』八―八五、一八九三年
26 坪井正五郎「西ヶ原貝塚探究報告　一」『東京人類学会雑誌』八―八五、一八九三年
27 鳥居龍蔵・内山九三郎「武蔵国荏原郡調布村旧下沼部貝塚」『東京人類学会雑誌』八―八六、一八九三年
28 内山九三郎「武蔵国荏原郡調布村峯千鳥久保遺跡発掘」『東京人類学会雑誌』八―八六、一八九三年
29 本郷迂人「池袋貝塚」『東京人類学会雑誌』八―八八、一八九三年
30 坪井正五郎「西ヶ原貝塚探究報告　二」『東京人類学会雑誌』八―八九、一八九三年
31 阿部正功「貝塚土器塚、横穴、所在地名表」『東京人類学会雑誌』八―九〇、一八九三年
32 坪井正五郎「西ヶ原貝塚探究報告　三」『東京人類学会雑誌』九―九一、一八九三年
33 鳥居龍蔵「武蔵北足立郡貝塚村貝塚内部ノ状態」『東京人類学会雑誌』九―九二、一八九三年
34 井上喜久治「玉川沿岸遺跡探究の記（続）」『東京人類学会雑誌』九―九三、九四、一八九三・一八九四年
35 坪井正五郎「西ヶ原貝塚探究報告　四」『東京人類学会雑誌』九―九三、一八九三年
36 坪井正五郎「貝塚土偶の面貌の奇異なる所以を説明す」『東洋学術雑誌』一五〇、一八九四年
37 坪井正五郎「西ヶ原貝塚探究報告　五」『東京人類学会雑誌』九―九四、一八九四年
38 内山九三郎「下沼部貝塚より胡桃の実出づ」『東京人類学会雑誌』九―九六、一八九四年
39 八木奘三郎・下村三四吉「下総阿玉台貝塚探究報告（続）」『東京人類学会雑誌』九―九七、一八九四年
40 坪井正五郎「西ヶ原貝塚探究報告　六」『東京人類学会雑誌』九―九八、一八九四年
41 佐藤伝蔵・鳥居龍蔵「武蔵国北豊島郡中里村貝塚取調報告」『東京人類学会雑誌』九―九八・九九、一八九四年

42 大野 延太郎・鳥居 龍蔵「武蔵国北多摩郡国分寺村石器時代遺跡」『東京人類学会雑誌』一〇―一〇二・一〇六・一〇七・一一一、一八九四・一八九五年

43 坪井 正五郎「西ヶ原貝塚探究報告　七」『東京人類学会雑誌』一〇―一〇六、一八九五年

44 坪井 正五郎「コロボックル風俗考」『風俗画報』一～一〇、一八九五・一八九六年

45 坪井 正五郎「異地方発見の類似土器」『東洋学術雑誌』一七五、一八九六年

46 足立 文太郎「人類学瑣談（大森貝塚ヨリ得タル一石斧他）」『東京人類学会雑誌』一一―一一九、一八九六年

47 蒔田 鎗次郎「武蔵国北豊島郡池袋ニ於テ新貝塚発見」『東京人類学会雑誌』一一―一二〇、一八九六年

48 佐藤 伝蔵・鳥居 龍蔵「武蔵国北豊島郡中里村貝塚取調報告」『東京人類学会雑誌』一一―九九、一八九六年

49 佐藤 伝蔵・鳥居 龍蔵「武蔵国北豊島郡中里村貝塚取調報告　第六章結論」『東京人類学会雑誌』一一―一二一、一八九六年

50 蒔田 鎗次郎「弥生式土器（貝塚土器ニ似テ薄手ノモノ）発見ニ付テ」『東京人類学会雑誌』一一―一二二、一八九六年

51 宮沢 甚三郎「人類学者の初陣」『東京人類学会雑誌』一一―一二三、一八九六年

52 林 若吉「子が得たる石器時代曲玉」『東京人類学会雑誌』一一―一二六、一八九六年

53 田中正太郎・林 若吉 編『日本石器時代人民遺物発見地名表』第一版、東京帝国大学、一八九七年

54 坪井 正五郎「日本に於ける石器時代遺物発見地の種類」『東洋学術雑誌』二〇四、一八九八年

55 沼田 頼輔「把手の分類（前号の続）」『東京人類学会雑誌』一三―一四六、一八九八年

56 沼田 頼輔「把手の分類（接前号）」『東京人類学会雑誌』一三―一四七、一八九八年

57 沼田 頼輔「把手の分類（第四）」『東京人類学会雑誌』一三―一四九、一八九八年

58 大野 雲外「香炉形土器ニ就テ」『東京人類学会雑誌』一四―一五二、一八九八年

59 野中 完一 編『日本石器時代人民遺物発見地名表』第二版、東京帝国大学、一八九八年

60 坪井 正五郎「コロボックルの宗教的遺物」『東洋学術雑誌』二〇九、一八九九年

61 蒔田 鎗次郎「有孔貝器」『東京人類学会雑誌』一四―一五四、一八九九年

62 鳥居 龍蔵「常陸吹上貝塚より発見の人類大腿骨に就いて」『東京人類学会雑誌』一四―一五六、一八九九年

63 古谷 清「有孔貝器について」『東京人類学会雑誌』一四―一五六、一八九九年

64 野中 完一「瓶廼舎雑誌　一」『東京人類学会雑誌』一四―一五七、一八九九年

65 水谷 乙次郎「荏原郡権現台貝塚の大発掘」『東京人類学会雑誌』一四―一五七、一八九九年

66 伊能 喜矩「荒川沿岸石世時期遺跡遠足探究」『東京人類学会雑誌』一四―一五八、一八九九年
67 坪井 正五郎「日本石器時代の網代形編み物」『東京人類学会雑誌』一四―一六一、一八九九年
68 八木 奘三郎「貴族と貝塚調査」『東京人類学会雑誌』一五―一六五、一八九九年
69 八木 奘三郎「西ヶ原貝塚に関する新事実」『東京人類学会雑誌』一五―一六五、一八九九年
70 古谷 清「土版大森貝塚」『東京人類学会雑誌』一五―一七〇、一八九九年
71 八木 奘三郎『日本考古学』東京嵩山房、一八九九年
72 無名子「採集かばん（小豆沢村貝塚発見の端緒）」『東京人類学会雑誌』一五―一六六、一九〇〇年
73 松村 瞭・林 五策「東京府下大森附近古物採集記」『東京人類学会雑誌』一六―一七七、一九〇〇年
74 同行者合筆「人類学的研究遠足会紀行」『東京人類学会雑誌』一六―一七八、一九〇一年
75 蒔田 鎗次郎「鹿角製装飾品（共同備忘録一五）」『東京人類学会雑誌』一六―一八一、一九〇一年
76 蒔田 鎗次郎「染井貝塚」『東京人類学会雑誌』一六―一八一、一九〇一年
77 若林 勝邦「東京千駄木町の石鏃」『考古界』一―六、一九〇一年
78 古谷 清「大森貝塚発見土版」『考古界』一―二七、一九〇一年
79 野中 完一 編『日本石器時代人民遺物発見地名表』第三版、東京帝国大学、一九〇一年
80 蒔田 鎗次郎「関東平野に於ける石器時代の朱」『東京人類学会雑誌』一七―一九一、一九〇二年
81 蒔田 鎗次郎「弥生式土器と共に貝を発見せし事に就いて」『東京人類学会雑誌』一七―一九二、一九〇二年
82 古谷 清「池袋村貝塚発見の土偶と深大寺村発見の石匙」『東京人類学会雑誌』一七―一九六、一九〇二年
83 大野 延太郎「武蔵下沼部及び下総結城の土偶」『東京人類学会雑誌』一九―二一三、一九〇三年
84 江見 忠功・神津 猛・清野 謙次「石器時代　古墳時代遺物発見地名表」『東京人類学会雑誌』一九―二一八、一九〇四年
85 吉田 文俊「東京本郷弓町貝塚」『東京人類学会雑誌』一九―二二〇、一九〇四年
86 大野 雲外「顔面付着香炉形土器に就て」『東京人類学会雑誌』一九―二二五、一九〇四年
87 坪井 正五郎「石器時代遺跡の存在を告ぐる地名」『歴史地理』六―一〇、一九〇四年
88 中沢 澄男・八木 奘三郎『日本考古学』博文館、一九〇六年
89 西谷 珠雄「早稲田大学歴史地理科学生主催第三回遠足会」『東京人類学会雑誌』二二―二五一、一九〇七年
90 坪井 正五郎「市中及び近郊に存する太古の遺蹟」『東京案内　下巻』東京市役所、一九〇七年

91 江見水蔭（忠功）『地底探検記』博文館、一九〇七年
92 江見水蔭（忠功）『地中の秘密』博文館、一九〇九年
93 坪井正五郎「日本石器時代人民使用耳飾りの種類及び相互の関係」『東京人類学会雑誌』二四―二八六、一九一〇年
94 大野雲外「黥面土偶に就て」『東京人類学会雑誌』二六―二九七、一九一〇年
95 東京人類学会「坪井正五郎追悼特集」『人類学雑誌』二八―一〇、一九一三年
96 吉田文俊「東京湾附近に於ける有史以前の日本人遺跡」『人類学雑誌』三二―六、一九一七年
97 喜田貞吉「江戸以前の江戸」『歴史地理』二九―五、一九一七年
98 黒板勝美「西ヶ原貝塚の調査」『歴史地理』二九―六、一九一七年
99 柴田常恵『日本石器時代人民遺物発見地名表』第四版、東京帝国大学、一九一七年
100 江見水蔭（忠功）『三千年前』実業之日本社、一九一八年
101 大野雲外「武蔵野に於ける先住民の遺跡（一）」『武蔵野』一―一、一九一八年
102 松村任三「史蹟名勝天然紀念物より観たる小石川植物園」『史蹟名勝天然紀念物』一―四、一九一八年
103 鳥居龍蔵『有史以前の日本』磯部甲陽堂、一九一八年
104 大野雲外「武蔵野に於ける先住民の遺したる土偶」『武蔵野』二―一、一九一九年
105 大野雲外「武蔵野に於ける古物遺跡研究史」『武蔵野』三―二、一九二〇年
106 大野雲外「武蔵野の古物遺跡研究史」『武蔵野』三―三、一九二〇年
107 鳥居龍蔵「武蔵野の有史以前」『武蔵野』三―三、一九二〇年
108 鳥居龍蔵「武蔵野及其附近の有史以前の人骨に就て」『武蔵野』四―一、一九二一年
109 鳥居龍蔵「有史以前に於ける東京湾」『武蔵野』四―四、一九二一年
110 小松真一「日本に於ける貝塚調査の始まり」『人類学雑誌』三七―九、一九二二年
111 矢倉圃田『貝類叢話』一九二二年
112 有坂鉊蔵「日本考古学懐旧談」『人類学雑誌』三八―五、一九二三年
113 鳥居龍蔵「石器時代に於ける関東と奥羽との関係―殊に土偶に就て」『人類学雑誌』三八―五、一九二三年
114 谷川磐雄「続武相石器時代遺跡概観」『武相研究』二、一九二三年
115 石野瑛「先史時代前期に於ける武蔵・相模」『武相研究』六、一九二三年

116 小松真一『大井町誌』大井町誌編纂刊行会、一九二三年
117 中谷治宇二郎「東大人類学倉庫跡より発見されし二個の石器について」『人類学雑誌』三九―七～九、一九二四年
118 長谷部言人「日本石器時代の猿に就て」『人類学雑誌』三九―四・五・六、一九二四年
119 直良（村本）信夫「貝類学的に観たる石器時代の東京湾附近」『考古学雑誌』一四―一三、一九二四年
120 大里雄吉「東京市及び其附近に於ける石器時代遺物新発見地名表」『歴史地理』四三―二、一九二四年
121 大里雄吉「東京市及び其附近に於ける石器時代遺物新発見地名表」『歴史地理』四四―五、一九二四年
122 武蔵野会「史蹟名勝天然紀念物建議案」『武蔵野』七―一、一九二四年
123 鳥居龍蔵「上代文化史上より見たる上野台」『武蔵野』七―四、一九二四年
124 有坂鉊蔵「過去半世紀の土中」『中央史壇―土中の日本―』九―四、一九二四年
125 鳥居龍蔵「日本の石器時代民族とアイヌとの関係」『中央史壇―土中の日本―』九―四、一九二四年
126 石野瑛『武相の古代文化』早稲田泰文社、一九二四年
127 東京市『東京市史稿　市街篇』一、一九二四年
128 石田収蔵（S.I）「K. Hasebe《Uber die Schadel und Unterkiefer von Steinzeitlichjapanichen Hunderassen》（書評）」『人類学雑誌』四〇―一二、一九二五年
129 長谷部言人「下総犢橋貝塚の猿下顎骨」『人類学雑誌』四〇―一二、一九二五年
130 移川子之蔵・橋本増吉「子安池谷貝塚及び人骨出土状態概報」『史前学雑誌』四―四、一九二五年
131 松村瞭「大森貝塚介墟編」『民族』一―五三六、一九二五年
132 藤枝隆太郎「伊皿子貝塚報告」『武相研究』二―一、一九二五年
133 清野謙次『日本原人の研究』岡書院、一九二五年
134 鳥居龍蔵『武蔵野及其有史以前』磯部甲陽堂、一九二五年
135 鳥居龍蔵「震災の東京府下の先史・原史時代の遺跡」『東京府大正震災誌』一九二五年
136 有坂鉊蔵「思ひ出」『人類学雑誌』四一―二、一九二六年
137 石川千代松「嗟呼モールス先生」『人類学雑誌』四一―二、一九二六年
138 佐々木忠次郎「日本動物学の恩人モールス先生」『人類学雑誌』四一―二、一九二六年
139 白井光太郎「モールス先生と其の講演」『人類学雑誌』四一―二、一九二六年

140 松村任三「江ノ島滞在中のモールス博士」『人類学雑誌』四一―二、一九二六年
141 松村瞭「大森貝塚とモールス教授の研究」『人類学雑誌』四一―二、一九二六年
142 山崎直方「モールス先生を偲びて」『人類学雑誌』四一―二、一九二六年
143 松村瞭「最近の大森貝塚」『人類学雑誌』四一―四、一九二六年
144 佐々木忠次郎「モールス先生発掘の大森貝塚の位置」『人類学雑誌』四一―四、一九二六年
145 大山柏「東京府下調布村千鳥久保貝塚所見」『人類学雑誌』四一―一、一九二六年
146 東木龍七「貝塚分布の地形学的考察」『人類学雑誌』四一―一、一九二六年
147 大野一郎「下総常陸国石器時代遺跡地名表」『考古学雑誌』一六―三、一九二六年
148 谷本光之助・榧本亀次郎・森本六爾「武蔵国荏原郡調布村の遺跡」『考古学雑誌』一六―一〇、一九二六年
149 松下正影「目黒東山竪穴群」『考古学雑誌』一六―八、一九二六年
150 佐々木忠次郎「モールス先生発見の大森貝塚址の保存に就て」『史蹟名勝天然紀念物』一、一九二六年
151 東木龍七「地形と貝塚分布より見たる関東低地の旧海岸線」『地理学評論』二―七・八・九、一九二六年
152 大野延太郎『遺跡遺物より観たる日本先住民の研究』磯部甲陽堂、一九二六年
153 山口高等学校『山口高等学校歴史教室陳列目録』一九二六年
154 一高史談会『東京近郊史蹟案内』一九二七年
155 鳥居龍蔵「下澁谷の竪穴」『上代の東京と其周囲』磯部甲陽堂、一九二七年
156 鳥居龍蔵「東京市内の古墳調査巡回の記」『上代の東京と其周囲』磯部甲陽堂、一九二七年
157 鳥居龍蔵「芝公園の貝塚の遺跡とその土器」『上代の東京と其周囲』磯部甲陽堂、一九二七年
158 鳥居龍蔵「上代文化史上より見たる上野臺」『上代の東京と其周囲』磯部甲陽堂、一九二七年
159 鳥居龍蔵「不忍池に就いて」『上代の東京と其周囲』磯部甲陽堂、一九二七年
160 中根君郎「武蔵国荏原郡池上町久ヶ原及びその附近に於ける弥生式遺跡」『考古学雑誌』一八―七、一九二八年
161 大野雲外「東京市内附近に存在せし遺跡と遺物」『武蔵野』一一―一、一九二八年
162 大野雲外「東京市内附近に存在せし遺跡と遺物」『武蔵野』一一―四、一九二八年
163 大野雲外「本郷神明町の貝塚について」『武蔵野』一一―六、一九二八年
164 帝室博物館『帝室博物館年報（昭二・一乃至一二月）』一九二八年

165 鳥居 龍蔵『上代の東京と其周囲』磯部甲陽堂、一九二七年
166 杉山 寿栄男 編『日本原始工芸概説』工芸美術研究会、一九二八年
167 杉山 寿栄男 編『日本原始工芸』工芸美術研究会、一九二八年
168 八幡 一郎・中谷 治宇二郎 編『日本石器時代遺物発見地名表』第五版、東京帝国大学、一九二八年
169 有坂 鉊蔵「史前学雑誌発刊を喜ぶにつけて過去五十年の思ひ出」『史前学雑誌』一―一、一九二九年
170 大山 柏「東京府下千鳥窪貝塚の貝類」『史前学雑誌』一―一、一九二九年
171 大山 柏「エドワルト・モールス『大森介墟篇』邦訳、明三〇年」『史前学雑誌』一―一、一九二九年
172 甲野 勇「東京府下西ヶ原発見の遺物」『史前学雑誌』一―一、一九二九年
173 宮坂 光次「千鳥窪貝塚の竪穴」『史前学雑誌』一―一、一九二九年
174 石川 千代松『人間不滅』万里閣書房、一九二九年
175 E. S.モース（石川 欣一 訳）『日本その日その日』科学知識普及会、一九二九年
176 清野 謙次「民族論」『考古学講座』一〇、雄山閣、一九二九年
177 柴田 常恵「史蹟と考古学」『考古学講座』一七、雄山閣、一九二九年
178 八幡 一郎「先史時代遺跡」『考古学講座』一九、雄山閣、一九二九年
179 中谷 治宇二郎『日本石器時代提要』岡書院、一九二九年
180 中山 平次郎「近畿縄紋土器・関東弥生式土器・向ヶ岡貝塚の土器竝に所謂諸磯式土器に就て」『考古学雑誌』二〇―二、一九三〇年
181 松下 胤信「考古雑報」『考古学雑誌』二〇―二、一九三〇年
182 有坂 鉊蔵「大森貝塚記念碑建設に就て」『史前学雑誌』二―一、一九三〇年
183 Chiyomatsu Ishikawa「Prof. Edward S. Morse」『史前学雑誌』二―一、一九三〇年
184 K. Ohyama「Denkelbeim Muschelhaufen Ohmori zum Gedachtnis am Prof. Edward S. Morse」『史前学雑誌』二―一、一九三〇年
185 甲野 勇「大森貝塚発見の土版に就て」『史前学雑誌』二―一、一九三〇年
186 甲野 勇「東京府下池上町久ヶ原弥生式竪穴に就て」『史前学雑誌』二―一、一九三〇年
187 杉山 寿栄男「大森貝塚の土器に就て」『史前学雑誌』二―一、一九三〇年

188 関口 竹次「東京府下岩淵村袋窪田の弥生式土器及び縄紋式土器」『史前学雑誌』二―一、一九三〇年
189 徳富 蘇峰「大森の貝塚モールス翁の記念」『史前学雑誌』二―一、一九三〇年
190 宮坂 光次「大森貝塚記念碑建設の経過」『史前学雑誌』二―一、一九三〇年
191 本山 彦一「大森貝塚記念碑除幕式に臨みて」『史前学雑誌』二―一、一九三〇年
192 大場 磐雄「繊維土器出土の遺跡に就いて」『史前学雑誌』二―二、一九三〇年
193 八幡 一郎「奥羽文化南漸資料」『考古学』一―一、一九三〇年
194 水谷 泰夫「東京市内の貝塚に就て」『駒沢大学地歴研究』一、一九三〇年
195 佐野 淡一 編「各地発見遺物」『郷土せたかい』一九三〇年
196 直良 信夫「日本石器時代の民衆と馬との関係」『史学』一九三〇年
197 高橋 正人「上沼部貝塚」『丘の上』五、一九三〇年
198 佐々木 忠次郎『大森貝墟由来』東京帝国大学農学部農芸化学教室、一九三〇年
199 八幡 一郎『土器・石器』古今書院、一九三〇年
200 八幡 一郎・中谷 治宇二郎 編『日本石器時代遺物発見地名表』第五版追補一、東京帝国大学、一九三〇年
201 斎藤 房太郎「東京府下池上町久ヶ原庄仙出土の石器時代遺物」『人類学雑誌』六四―九、一九三一年
202 直良 信夫「武蔵国小豆沢貝塚表面採集の馬歯」『史前学雑誌』三―五、一九三一年
203 片倉 信光「東京府下池上町久ヶ原弥生式竪穴に就て」『上代文化』六、一九三一年
204 大野 延太郎「東京市附近の遺跡と遺物」『土中の文化』春陽堂、一九三一年
205 大野 延太郎「骨器の形式分類」『土中の文化』春陽堂、一九三一年
206 大野 延太郎「土版、岩版の形式分類」『土中の文化』春陽堂、一九三一年
207 大野 延太郎「香爐形土器に就て」『土中の文化』春陽堂、一九三一年
208 大野 延太郎「有髯土偶に就て」『土中の文化』春陽堂、一九三一年
209 大野 延太郎「石鋸に就て」『土中の文化』春陽堂、一九三一年
210 鳥居 龍蔵「世界発見史としての大森貝塚」『武蔵野』一八―一、一九三二年
211 鳥居 龍蔵「九段坂下牛ヶ淵の貝塚」『武蔵野』一九―一、一九三二年
212 中根 君郎「縄紋ある土器片Ⅱ」『史前学雑誌』四―三、一九三二年

213 中根 君郎「武蔵久ヶ原庄仙出土の土器片」『史前学雑誌』四—三・四合併号、一九三二年
214 堀野 良之助「江古田御嶽の石器時代遺跡に就て」『史前学雑誌』四—三・四合併号、一九三二年
215 三宅 宗悦「日本石器時代人は巨人（小人）だったらうか」『ドルメン』一—一、一九三二年
216 和田 千吉「本邦考古学界の回顧」『ドルメン』一—一、一九三二年
217 三宅 宗悦「人骨研究」『ドルメン』一—三、一九三二年
218 三宅 宗悦「コロボックル説激論始末」『ドルメン』一—五、一九三二年
219 山内 清男「日本遠古之文化」『ドルメン』一—五、一九三二年
220 西岡 秀雄「田園調布及び附近の人類学上及び考古学上の遺物（上）」『田園調布会誌』五—六、一九三二年
221 佐野 又治「久ヶ原庄仙遺跡に就いて」『上代文化』八、一九三二年
222 志村『志村郷土誌』一九三二年
223 西岡 秀雄「多摩川沿岸東京南部に於ける古代の遺跡・遺物」『人類学雑誌』四八—一〇、一九三三年
224 斉藤 武一・斉藤 房太郎「東京市大森区久ヶ原町庄仙の土器」『考古学雑誌』二三—一〇、一九三三年
225 黒田 善次「多摩川を中心とした先史時代」『武蔵野』二〇—四、一九三三年
226 鳥居 龍蔵「麻布の有史以前と原始時代」『武蔵野』二〇—五、一九三三年
227 服部 清五郎「西ヶ原貝塚いづこ」『武蔵野』二〇—三、一九三三年
228 大山 柏・宮坂 光次・池上 啓介「東京湾に注ぐ主要渓谷の貝塚に於ける縄文式石器時代の編年学的研究予報（一）」『史前学雑誌』三—六、一九三三年
229 簡野 啓「貝塚雑記」『史前学雑誌』五—五、一九三三年
230 森本 六爾「最初の弥生式土器」『考古学』四八—一一、一九三三年
231 吉川 芳秋 写「日本人類の始祖—故坪井正五郎博士の自叙伝」『ドルメン』二—六・七、一九三三年
232 西岡 秀雄「田園調布及び附近の人類学上及び考古学上の遺物（下）」『田園調布会誌』六—一、一九三三年
233 池上 啓介「土版岩版の研究—特に土版岩版の形式及び分布状態に就て」『上代文化』一〇、一九三三年
234 斉藤 武一「縄紋土器の出土する久ヶ原庄仙の遺跡及遺物に就いて（一）」『銅鐸』三、一九三三年
235 蒲田町史編纂会『蒲田町史』一九三三年
236 菊地 政雄（蒲田区概観刊行会）『蒲田区概観』一九三三年

237 佐藤虎雄『日本考古学』国史講座、日本文学社、一九三三年
238 高橋正人（横浜考古学研究会）『世界人類考古学者列伝』一九三三年
239 鈴木尚「東京市王子区上十条清水坂貝塚」『人類学雑誌』四九—五、一九三四年
240 鈴木尚「貝塚出土ハマグリの年代的変化に就て」『人類学雑誌』四九—六、一九三四年
241 斉藤武一・斉藤房太郎「大森雪ヶ谷遺跡」『考古学雑誌』二四—六、一九三四年
242 服部清五郎「お茶の水の所謂横穴式古墳に就いて」『武蔵野』二一—七、一九三四年
243 大給尹「日本石器時代陸産動物質食料」『史前学雑誌』六—一、一九三四年
244 簡野啓「東京市久ヶ原町庄仙出土の異形石器に就いて」『史前学雑誌』六—四、一九三四年
245 斉藤房太郎「東京市大森区久ヶ原町一〇二六番地貝塚」『史前学雑誌』六—四、一九三四年
246 土岐仲雄「東京市道灌山石器時代遺物包含層発掘報告」『史前学雑誌』六—四、一九三四年
247 樋口清之「釣針様石器の数例」『史前学雑誌』六—四、一九三四年
248 池上啓介「関東地方貝塚出土の朱塗り土器に就て」『史前学雑誌』六—五、一九三四年
249 立正大学考古学会「立正大学考古学会石器時代遺跡展覧会目録」『史前学雑誌』六—二、一九三四年
250 土岐仲雄「関東地方に於ける貝塚貝層新旧とハイガイ放射肋数の関係に就いて」『史前学雑誌』六—六、一九三四年
251 後藤守一「東京帝室博物館所蔵の弥生式土器」『考古学』五—三、一九三四年
252 斉藤武一「武蔵雪ヶ谷発見の石槍」『考古学』五—六、一九三四年
253 段丘生「本郷弥生町貝塚の位置」『ドルメン』三—一、一九三四年
254 森本六爾「弥生式土器」『ドルメン』三—一、一九三四年
255 大場磐雄「近郊考古名所図會　二」『ドルメン』三—四、一九三四年
256 八幡一郎「関東石器時代系譜　一」『ドルメン』三—四、一九三四年
257 八幡一郎「関東石器時代遺跡系譜　二」『ドルメン』三—六、一九三四年
258 中根君郎「小さな採集袋より」『ドルメン』三—八、一九三四年
259 宮崎糺「本郷お茶の水地下穴にて発見したる縄紋土器片に就て」『ドルメン』三—一〇、一九三四年
260 小川五郎・澄田正一「打製石斧文化相」『ドルメン』三—一一、一九三四年
261 丘浅次郎「人類学会創立当時の思ひ出」『ドルメン』三—一二、一九三四年

262 甲野 勇「東京人類学会創立五十年大会」『ドルメン』三―一二、一九三四年
263 大場 磐雄「お茶の水発見の地下坑」『歴史公論』三―八、一九三四年
264 大熊 喜邦「お茶の水に発見された地下穴の状態」『歴史公論』三―九、一九三四年
265 斉藤 武一「十三菩提式土器資料」『銅鐸』四、一九三四年
266 水野 孝紹「下沼部発掘の一骨器について」『銅鐸』四、一九三四年
267 斉藤 房太郎「文献に現はれたる武蔵久ヶ原貝塚」『丘の上』一二、一九三四年
268 東京女子高等師範学校『東京女子高等師範学校六〇年史』一九三四年
269 後藤 守一「日本考古学」『世界歴史大系』二 東洋考古学、平凡社、一九三四年
270 大熊 喜邦「お茶の水に発見された地下横穴に就て」『武蔵野』二二―三、一九三五年
271 久保 常晴「馬込貝塚発見の石槍と棗玉」『史前学雑誌』七―二、一九三五年
272 鈴木 尚「東京湾を繞ぐる主要貝塚に於けるハマグリの形態変化による石器時代の編年学的研究」『史前学雑誌』七―二、一九三五年
273 佐野 又治・斉藤 房太郎「東京市大森区雪ヶ谷町清明学園附近に於ける弥生式遺跡」『史前学雑誌』七―五、一九三五年
274 水上 毅「考古学年代の決定に就いて―紀年の考古学考察 三―」『ドルメン』四―五、一九三五年
275 有坂 鉊蔵「弥生式土器発見の頃の思出」『ドルメン』四―六、一九三五年
276 池上 啓介「山字紋ある土版」『ドルメン』四―六、一九三五年
277 大場 磐雄「日本石器時代研究小史」『ドルメン』四―六、一九三五年
278 松岡 巌(甲野 勇)「大森介墟の分裂」『ドルメン』四―六、一九三五年
279 柴田 常恵「石器時代研究概観」『ドルメン』四―六、一九三五年
280 田沢 金吾「貝塚」『ドルメン』四―六、一九三五年
281 浜田 青陵「石鏃の思出語」『ドルメン』四―六、一九三五年
282 編集部 編「日本石器時代の遺跡と遺物」『ドルメン』四―六、一九三五年
283 八木 静山「明治考古学史」『ドルメン』四―六、一九三五年
284 斉藤 武一「繊維を含む土器」『銅鐸』五、一九三五年
285 水野 孝紹「下沼部貝塚出土の貝輪」『銅鐸』五、一九三五年

286 中谷治宇二郎『日本先史学序説』岩波書店、一九三五年
287 清野謙次・金関丈夫「日本石器時代人種論の変遷」『日本民族』岩波書店、一九三五年
288 八幡一郎「日本石器時代文化」『日本民族』岩波書店、一九三五年
289 西岡秀雄「荏原台地に於ける先史及原始時代の遺跡・遺物」『考古学雑誌』二六―五、一九三六年
290 塩原博・後藤寿一「下総国香取郡米沢村及其の附近の遺跡並びに遺物に就て」『考古学雑誌』二六―一一、一九三六年
291 土岐仲雄・竹下次作「神奈川県都筑郡中川村山田西ノ谷貝塚に於ける埋葬されたる犬の全身骨格発掘に就て」『史前学雑誌』八―一、一九三六年
292 大山桂・土岐仲雄「貝塚貝類種別考　三」『史前学雑誌』八―四、一九三六年
293 斉藤弘「大山史前学研究所所蔵・日本新石器時代家犬遺骸に関する報告並に内地史前家犬の分類」『史前学雑誌』八―四、一九三六年
294 池上啓介「土版岩版発見地名」『史前学雑誌』八―五、一九三六年
295 大山桂・土岐仲雄「貝塚貝類種別考　四」『史前学雑誌』八―五、一九三六年
296 八幡一郎「故松村博士と考古学」『ミネルヴァ』一―五、一九三六年
297 大場磐雄「大東京湮滅遺跡雑記」『ミネルヴァ』一―六・七、一九三六年
298 甲野勇編「東京市内の土版」『ミネルヴァ』一―六、一九三六年
299 甲野勇編「東京市内の石器時代土偶」『ミネルヴァ』一―六、一九三六年
300 甲野勇編「東京市内の石器時代遺物」『ミネルヴァ』一―六、一九三六年
301 甲野勇編「東京市内の貝塚」『ミネルヴァ』一―六、一九三六年
302 甲野勇「土偶を取りに行って土方の親分に叱られた話」『ミネルヴァ』一―六、一九三六年
303 八幡一郎「石器時代の大東京」『ミネルヴァ』一―六、一九三六年
304 福家梅太郎・坪井正五郎「土器塚考」『ミネルヴァ』一―七、一九三六年
305 鳥居龍蔵「学界生活五十年の回顧」『ミネルヴァ』一―八、一九三六年
306 篠崎四郎「飛鳥山古代遺跡秘聞」『ミネルヴァ』二―二、一九三六年
307 斉藤弘吉「石器時代犬の体格とヤマイヌ鑑別法私見」『日本犬』五―五、一九三六年
308 帝室博物館『帝室博物館年報（昭一〇年版）』一九三六年

309 大山柏『史前学講義要録（基礎史前学）』史前学会、一九三六年
310 石川千代松「大森貝塚の発見」『石川千代松全集』四、一九三六年
311 斉藤房太郎「武蔵下沼部一一八〇番地貝塚覚之書」『史前学雑誌』九―三、一九三七年
312 桑山龍進「大森望翠樓ホテル址弥生式遺跡」『先史考古』一―一、一九三七年
313 斉藤房太郎「武蔵馬込貝塚出土の繊維土器」『先史考古』一―二、一九三七年
314 酒詰仲男・江坂輝彌「東京市板橋区志村小豆沢町四枚畑貝塚に於ける一石器時代住居址の発掘に就いて」『考古学雑誌』二八―六、一九三八年
315 松岡六郎「東京市大森区馬込西四丁目貝塚B地点報告書」『考古学雑誌』二八―八、一九三八年
316 江坂輝彌「東京市麻布区本村町貝塚調査概報」『考古学雑誌』二八―一〇、一九三八年
317 山崎重兵衛「西関東考古学図譜について（二）」『武蔵野』二五―六、一九三八年
318 吉田格「武蔵東六所貝塚出土の繊維土器」『史前学雑誌』一〇―六、一九三八年
319 鳥居龍蔵「日本人類学界創期の回想（座談会）」『ドルメン』四―九、一九三八年
320 金関丈夫・宮内悦蔵「日本民族論」『日本文化史大系』一、一九三八年
321 江坂輝彌「弥生町貝塚を再発見して」『考古学論叢』八、一九三八年
322 三森定男「古式土器に関する考察」『考古学論叢』九、一九三八年
323 直良信夫「史前日本人の食糧文化 Ｉ」『人類学・先史学講座』一、雄山閣、一九三八年
324 酒詰仲男編「学界点描」『貝塚』一、一九三八年
325 酒詰仲男編「学界点描」『貝塚』二、一九三八年
326 芹沢長介「塚越貝塚発見記」『貝塚』二、一九三八年
327 坪井良平編「学界点描」『貝塚』三、一九三八年
328 坪井良平編「学界点描」『貝塚』四、一九三八年
329 佐藤虎雄『日本考古学』（新装本）一九三八年
330 有坂鉊蔵「人類学会の基因」『人類学雑誌』五四―一、一九三九年
331 江坂輝彌・白崎高保・芹沢長介「伊豆、相模、武蔵早期縄紋式土器出土遺跡地名表」『人類学雑誌』五四―七、一九三九年

332 長谷部 言人「明治廿六年以前に採集された貝塚人骨」『人類学雑誌』五四―一二、一九三九年
333 鳥居 龍蔵「大森貝塚積成人に就いてのジョン・ミルン氏の考察」『武蔵野』二六―二、一九三九年
334 山崎 重兵衛「貝塚の研究（一）」『武蔵野』二六―四、一九三九年
335 山崎 重兵衛「貝塚の研究（承前）」『武蔵野』二六―九、一九三九年
336 大山 柏「史前人口遺物分類（第二綱） 骨角器」『史前学雑誌』一一―四・五・六、一九三九年
337 江坂 輝彌・久保田 辰弥・近藤 隆定「下沼部貝塚出土の動物土偶と紡錘車形土製品」『考古学』一〇―三、一九三九年
338 江坂 輝彌「関東縄文式土器の層位的出土遺蹟の集成」『考古学』一〇―四、一九三九年
339 坪井 良平 編「学界点描」『貝塚』五、一九三九年
340 江坂 輝彌「東京市世田谷区石器時代遺物発見地名表（一）」『貝塚』六、一九三九年
341 酒詰 仲男「日本の石器時代及び原史時代にマイマイ類を食用に供せし痕跡がある」『貝塚』六、一九三九年
342 坪井 良平 編「学界点描」『貝塚』六、一九三九年
343 酒詰 仲男 編「学界点描」『貝塚』七、一九三九年
344 酒詰 仲男・江坂 輝彌・芹沢 長介「新発見東京市瀬田貝塚に就て」『貝塚』七、一九三九年
345 坪井 良平 編「学界点描」『貝塚』九、一九三九年
346 坪井 良平 編「学界点描」『貝塚』一一、一九三九年
347 酒詰 仲男 編「学界点描」『貝塚』一四、一九三九年
348 大塚 弥之助「酒詰氏の大森貝塚の年代計算に就て」『科学』九―七、一九三九年
349 樋口 清之「日本先史時代の身体装飾品 上」『人類学・先史学講座』一三、雄山閣、一九三九年
350 山内 清男「諸磯式土器」『日本先史土器図譜』二、一九三九年
351 山内 清男「加曾利B式（古い部分）」『日本先史土器図譜』三、一九三九年
352 西岡 秀雄「石器時代の大森」『大森区史』東京市大森区役所、一九三九年
353 品川区教育研究会 編『品川区郷土読本』品川区、一九三九年
354 浜田 耕作『考古学研究』座右寶刊行会、一九三九年
355 酒詰 仲男「貝塚遺跡による古代聚落の研究（第二回報告抄録）」『財団法人 服部報公会研究抄録』七、一九三九年
356 Drothy G. Waymann（酒詰 仲男 訳）「エドワード・シルベスター・モース」『人類学雑誌』五五―七、一九四〇年

357 吉田格「埼玉県石神貝塚調査」『人類学雑誌』五五—一一、一九四〇年
358 樋口清之「垂玉考」『考古学雑誌』三〇—六、一九四〇年
359 江坂輝彌「狛江村和泉圦上旧川田男爵別邸内遺跡概報」『史前学雑誌』一二—一、一九四〇年
360 大山桂「大山史前学研究所々蔵貝塚貝類目録」『史前学雑誌』一二—二・三、一九四〇年
361 斎藤弘吉「大山史前学研究所々蔵日本新石器時代家犬遺骨に関する報告並に内地史前家犬の分類」『史前学雑誌』一八—四、一九四〇年
362 江坂輝彌「旧東京市内先史時代遺跡調査概報」『考古学』一一—五、一九四〇年
363 杉原荘介「武蔵弥生町出土の弥生式土器に就て」『考古学』一一—七、一九四〇年
364 江坂輝彌「東京市板橋区小豆沢町宮ノ前貝塚出土の獣骨種名」『貝塚』一六、一九四〇年
365 酒詰仲男編「学界点描」『貝塚』一六、一九四〇年
366 酒詰仲男編「用語解説—花積下層式」『貝塚』一六、一九四〇年
367 吉田格「武蔵国久ヶ原町の一弥生式竪穴発掘に就て」『貝塚』二〇、一九四〇年
368 酒詰仲男「人類学雑誌第一号に出て来る貝塚遺跡名」『貝塚』二一、一九四〇年
369 松岡六郎「上池上貝塚略報」『貝塚』二一・二二、一九四〇年
370 長谷部言人「神代の日本犬」『日本犬』九—三、一九四〇年
371 樋口清之「日本先史時代の身体装飾品　下」『人類学・先史学講座』一四、雄山閣、一九四〇年
372 山内清男「堀之内式」『日本先史土器図譜』六、一九四〇年
373 宮坂光次「おうもりかいずか」『国史辞典』二、冨山房、一九四〇年
374 酒詰仲男「貝輪」『人類学雑誌』五六—五、一九四一年
375 長谷部言人・酒詰仲男「土佐佐川町城台石灰洞堆積調査概報」『人類学雑誌』五六—九、一九四一年
376 長谷部言人「石器時代遺跡出土の日本産狼二種」『人類学雑誌』五六—一一、一九四一年
377 江坂輝彌「異條斜縄文ある加曾利E式土器片」『古代文化』一二—五、一九四一年
378 白崎高保「東京稲荷台先史遺蹟」『古代文化』一二—八、一九四一年
379 直良信夫「史前遺跡出土の獣骨　三」『古代文化』一二—一一、一九四一年
380 直良信夫「史前遺跡出土の獣骨　四」『古代文化』一二—一二、一九四一年

381 酒詰 仲男「貝塚を伴わぬ三つの土器文化期」『貝塚』二三、一九四一年
382 酒詰 仲男 編「人の動き」『貝塚』二三、一九四一年
383 山内 清男「安行式土器」『日本先史土器図譜』一〇、一九四一年
384 直良 信夫『古代の漁猟』一九四一年
385 直良 信夫『日本産獣類雑話』山岡書店、一九四一年
386 浜田 青陵『考古学入門』創元社、一九四一年
387 八幡 一郎・和島 誠一「武蔵野台地の遺跡と遺物」『武蔵野』科学主義工業社、一九四一年
388 長谷部 言人「石器時代の猿に就て」『人類学雑誌』五七―一、一九四二年
389 酒詰 仲男「南関東石器時代貝塚の貝類相と土器形成との関係に就いて」『人類学雑誌』五七―六、一九四二年
390 八幡 一郎「関東地方先史硬玉製品目録」『人類学雑誌』五七―一、一九四二年
391 松谷 貞義「西ヶ原貝塚発見の奇形土器」『考古学雑誌』三二―一二、一九四二年
392 直良 信夫「史前遺跡出土の獣骨　五」『古代文化』一三―一、一九四二年
393 甲野 勇「日本石器時代産釣針」『古代文化』一三―三、一九四二年
394 直良 信夫「史前遺跡出土の獣骨　八」『古代文化』一三―四、一九四二年
395 直良 信夫「史前遺跡出土の獣骨　九」『古代文化』一三―五、一九四二年
396 直良 信夫「史前遺跡出土の獣骨　一〇」『古代文化』一三―六、一九四二年
397 直良 信夫「史前遺跡出土の獣骨　一一」『古代文化』一三―七、一九四二年
398 江坂 輝彌「古代の武蔵野を探る　二」『古代文化』一三―一一、一九四二年
399 直良 信夫「考古秋想」『古代文化』一三―一一、一九四二年
400 直良 信夫「史前遺跡出土の獣骨　一三」『古代文化』一三―一二、一九四二年
401 江坂 輝彌「先史時代各期に於ける東京湾沿岸の海岸線に就いて」『地歴』一一、一九四二年
402 長谷部 言人「田結の馬」『人類学雑誌』五八―一、一九四三年
403 桑山 龍進「東京市芝公園の貝塚と遺物」『人類学雑誌』五八―六、一九四三年
404 田辺 義一「日本石器時代の朱に就いて」『人類学雑誌』五八―一二、一九四三年
405 江坂 輝彌「南関東新石器時代貝塚より観たる沖積世に於ける海進・海退」『古代文化』一四―四、一九四三年

406 上田三平『東京御茶の水に於て発見せる地下式横穴の研究』一九四三年
407 大場磐雄『日本古文化序説』明世堂書店、一九四三年
408 中谷治宇二郎・梅原末治校『校訂日本石器時代提要』養徳社、一九四三年
409 梅原末治『東亜考古学論攷』一九四四年
410 大山柏『基礎史前学』平凡社、一九四四年
411 清野謙次『日本人種論変遷史』小山書店、一九四四年
412 鋳方貞亮『日本古代家畜史』一九四五年
413 甲野勇「モールス先生と日本考古学」『あんとろぽす』一―二、一九四六年
414 谷津直秀「E・S・モースと日本の動物学」『あんとろぽす』一―二、一九四六年
415 直良信夫『古代日本の漁猟生活』葦牙書房、一九四六年
416 甲野勇『図解先史考古学入門』山岡書店、一九四七年
417 酒詰仲男「石器時代の東京湾のハイガイ」『人類学雑誌』六〇―二、一九四八年
418 江坂輝彌「旧東京市内先史時代遺跡調査概報（二）」『日本考古学』一―二、一九四八年
419 江坂輝彌「日本新石器時代文化の上限年代」『日本考古学』一―二、一九四八年
420 大山柏『史前芸術』古文化叢刊、大八洲出版株式会社、一九四八年
421 酒詰仲男『貝塚の話』彰考書院、一九四八年
422 宮坂英弌『原住民族の遺蹟』蓼科書房、一九四八年
423 藤森栄一『石器と土器の話』蓼科書房、一九四八年
424 川上聰「皇居内貝塚の発掘に参加して」『史窓』二、一九四九年
425 後藤守一『武蔵野の考古学』武蔵野博物館叢書一、一九四九年
426 ねずまさし『原始社会―考古学的研究―』三笠書房、一九四九年
427 西岡秀雄『寒暖の歴史―日本気候七百年周期説―』好学社、一九四九年
428 江坂輝彌「講座・縄文式文化について（一）」『歴史評論』二三、一九五〇年
429 田実英一「東京都庄仙貝塚調査概報」『貝塚』二五、一九五〇年
430 吉田格『東京近郊石器時代遺跡案内』武蔵野博物館叢書三、一九五〇年

431 石田寅次郎「石器から古墳へ」『新しい東京　三』一九五〇年
432 甲野勇「日本石器時代の住民」『先史文化』一九五〇年
433 斎藤忠『考古学の研究法』吉川弘文館、一九五〇年
434 島岡静二郎・後藤三郎『私たちの東京』一九五〇年
435 芹沢長介「後期・晩期縄文式文化」『古代土器標本解説書』二、一九五〇年
436 たかはししんいち・まつしまえいいち・みやもりしげる『日本の国ができるまで』日本評論社、一九五〇年
437 湯浅光朝『解説科学文化史年表』一九五〇年
438 酒詰仲男「石器時代のアワビ類（Haliotidae）について」『人類学雑誌』六二―一、一九五一年
439 酒詰仲男「地形上より見たる貝塚―殊に関東地方の貝塚について」『考古学雑誌』三七―一、一九五一年
440 江坂輝彌「講座・縄文式文化について（七）」『歴史評論』二九、一九五一年
441 江坂輝彌「講座・縄文式文化について（十）」『歴史評論』三二、一九五一年
442 滝沢浩「赤塚城址付近で新しく発見した貝塚」『考古学ノート』一、一九五一年
443 酒詰仲男「東京都西ヶ原昌林寺附近（飛鳥中学校附近）貝塚概報」『飛鳥の友』一、一九五一年
444 国立博物館『日本古代文化展―見方と解説―』一九五一年
445 酒詰仲男「東京都千代田区皇居内旧本丸西方貝塚」『日本考古学協会年報』一、日本考古学協会、一九五一年
446 川崎房五郎「先史時代」『北区史』北区、一九五一年
447 伊藤専成編「石器時代の武蔵」『豊島区史』豊島区、一九五一年
448 大田区役所「石器時代」『大田区史』大田区、一九五一年
449 野口義麿「諸磯式文化の土偶」『考古学雑誌』三八―一、一九五二年
450 酒詰仲男編「学界点描」『貝塚』四三、一九五二年
451 酒詰仲男編「学界点描」『貝塚』四四、一九五二年
452 酒詰仲男「編年上より見た貝塚（概説）―特に関東地方の貝塚について―」『日本民族』日本人類学会、一九五二年
453 郷土誌編集委員編『私たちの大田区』大田区、一九五二年
454 吉田格『石器時代の文化』さ・え・ら書房、一九五二年
455 別所光一「その後の湯島（旧岩崎邸内）貝塚について」『貝塚』四七、一九五三年

456 榎本金之丞『貝塚』一、市ヶ谷高校、一九五三年
457 甲野勇「石器時代の土器」『縄文土器のはなし』世界社、一九五三年
458 甲野勇「縄文土器の発見とその研究史」『縄文土器のはなし』世界社、一九五三年
459 円谷亀重「大森貝塚発掘年代について」『貝塚』五〇、一九五四年
460 西岡秀雄「大田区の考古学」『大田郷土の会月報』一、一九五四年
461 酒詰仲男『板橋区史』板橋区、一九五四年
462 吉田格「石器時代遺物新収品に就いて」『武蔵野』三四―二、一九五五年
463 酒詰仲男「本邦貝塚産八代貝超科 Donnacea について」『ゆめ蛤』八〇、目八天狗社、一九五五年
464 桜井清彦「先史時代」『新修荒川区史　上』荒川区、一九五五年
465 平田雄三「先史時代」『台東区史　上』台東区、一九五五年
466 吉田格『武蔵野の石器時代』武蔵野郷土館叢書七、一九五五年
467 池田政敏『外人の見た幕末　明治初期日本図会』文化景観篇、一九五五年
468 稲村坦元・豊島寛彰『東京の史蹟と文化財』光の友社、一九五五年
469 並木久治『貝塚と歴史の話』一九五五年
470 朝日新聞社会部『東京むかしむかし』朝日新聞社、一九五五年
471 早稲田大学考古学研究室『荒川区日暮里道灌山遺跡』一九五五年
472 岡本勇「縄文文化」『日本考古学講座』二、河出書房、一九五五年
473 岡崎敬・金関恕「弥生文化」『日本考古学講座』二、河出書房、一九五五年
474 和島誠一「発達の諸段階」『日本考古学講座』二、河出書房、一九五五年
475 八幡一郎「大森貝塚」『世界大百科事典』平凡社、一九五五年
476 坂詰秀一「東京都台東区キリスト教墓地内貝塚」『立正考古』七、一九五五年
477 長谷部言人「野島貝塚出土ネコの頭骨について」『人類学雑誌』六五―三、一九五六年
478 酒詰仲男「日本原始農業試論」『考古学雑誌』四二―二、一九五六年
479 平井尚志編「考古だより」『貝塚』五二、一九五六年
480 坂詰秀一「馬込出土の安行3C式土器」『貝塚』五四、一九五六年

481 東京国立博物館『収蔵品目録（考古　土俗　法隆寺献納宝物）』一九五六年
482 三枝博音「自然科学」『図説日本文化史大系』一一、小学館、一九五六年
483 吉田格「各地域の縄文式土器（関東）」『日本考古学講座』縄文文化三、河出書房、一九五六年
484 吉田格「関東地方の縄文時代文化概観」『日本考古学講座』縄文文化三、河出書房、一九五六年
485 肥後和男『日本史物語』偕成社、一九五六年
486 三木文雄『考古学入門』河出書房、一九五六年
487 酒詰仲男「日本原始農業試論」『考古学雑誌』四二―二、一九五七年
488 早大考古学研究室「練馬区大泉丸山遺跡」『古代』二三、一九五七年
489 菊池義次「千鳥久保貝塚発見の骨角器を着装せる人骨に就て」『古代』二五・二六、一九五七年
490 江坂輝彌「前期縄文文化に対する一考察―羽状縄文土器の展開―」『史想』七、一九五七年
491 江坂輝彌「いわゆる硬玉製大珠について」『銅鐸』一三、一九五七年
492 高杉洋二郎「切通北貝塚発掘調査概報」『日本大学考古学通信』四、一九五七年
493 滝口宏「東京都荒川区道灌山遺跡」『日本考古学年報』七、日本考古学協会、一九五七年
494 平沢一久「東京都本郷切通し北貝塚」『第二〇回考古学協会発表要旨』一九五七年
495 江坂輝彌「先史時代　Ⅱ　縄文文化」『考古学ノート』Ⅱ、日本評論新社、一九五七年
496 吉田格「東京都赤塚城址貝塚」『武蔵野』四一―一、一九五八年
497 江坂輝彌「日本石器時代に於ける骨角製釣針の研究」『史学』三一―一・二・三・四、一九五八年
498 滝口宏「東京都荒川区道灌山遺跡」『日本考古学年報』七、日本考古学協会、一九五八年
499 平井尚志編「考古通信」『貝塚』八四、一九五九年
500 野口義麿『日本の土偶』紀伊国屋書店、一九五九年
501 江坂輝彌「縄文文化の発現」『世界考古学大系』日本Ⅰ、平凡社、一九五九年
502 西村正衛「内陸文化の繁栄」『世界考古学大系』日本Ⅰ、平凡社、一九五九年
503 吉田格「漁撈文化の展開―縄文後・晩期文化―」『世界考古学大系』日本Ⅰ、平凡社、一九五九年
504 三野与吉・工藤暢須「関東地方の歴史」『日本地理ハンドブック』大明堂、一九五九年
505 酒詰仲男『日本貝塚地名表』日本科学社、一九五九年

506 吉田格「東京都飛鳥山公園内弥生式竪穴住居址調査概報」『武蔵野』三九―一・二・三、一九六〇年
507 吉田格「東京都六所東貝塚」『武蔵野』三九―四・五・六、一九六〇年
508 平井尚志編「考古通信」『貝塚』九七、一九六〇年
509 和島誠一「考古学上よりみた千代田区」『千代田区史』上、千代田区、一九六〇年
510 和島誠一「付一、皇居内遺跡の踏査」『千代田区史』上、千代田区、一九六〇年
511 和島誠一「付二、九段上貝塚の発掘」『千代田区史』上、千代田区、一九六〇年
512 和島誠一「付三、中里貝塚の発掘」『千代田区史』上、千代田区、一九六〇年
513 清水潤三「原始時代」『港区史』上、港区、一九六〇年
514 江坂輝彌『土偶』校倉書房、一九六〇年
515 甲野勇「二つある大森貝塚記念碑―大森貝塚の分裂―」『武蔵野を掘る』雄山閣、一九六〇年
516 佐野大和『日本の古代文化』小峯書店、一九六〇年
517 芹沢長介『石器時代の日本』築地書館、一九六〇年
518 高木卓『日本の歴史』読売新聞社、一九六〇年
519 京都大学文学部『京都大学文学部博物館考古学資料目録』第一部日本先史時代、一九六〇年
520 可児弘明「東京東部における低地帯と集落の発達（上）」『考古学雑誌』四七―一、一九六一年
521 可児弘明「東京東部における低地帯と集落の発達（下）」『考古学雑誌』四七―二、一九六一年
522 吉田格「東京都北区飛鳥山公園内関山式竪穴住居跡発掘報告」『武蔵野』四〇―三・四、一九六一年
523 吉田格「東京都板橋区赤塚城址貝塚調査報告」『武蔵野』四一―一、一九六一年
524 樋口清之「目黒の原始時代」『目黒区史』目黒区、一九六一年
525 酒詰仲男『日本縄文石器時代食料総説』土曜会、一九六一年
526 渡辺直経「東京都方南町・西田町・飛鳥山公園内遺跡の炉および竈の焼土の帯磁方向から推定される年代について」『歴史科学』一九、一九六二年
527 桜井清彦ほか『新修世田谷区史』世田谷区、一九六二年
528 小野磐彦『大井大森矢口方面』一九六二年
529 坂詰秀一・山田賢吾・今村喜代「品川区の考古学的調査」『品川区文化財調査報告書』一、品川区、一九六二年

530 平井宣子・小林浩子「池袋東貝塚について」『史苑』二四―二、一九六三年
531 大場磐雄・亀井正道・永峯光一・寺村光晴「荏原地区における考古学上の調査」『荏原地域文化財総合調査報告』東京都文化財調査報告書一三、東京都、一九六三年
532 久保常晴「東京都品川区居木橋貝塚」『日本考古学年報』六、日本考古学協会、一九六三年
533 宇野信四郎「東京都北区飛鳥山遺跡」『日本考古学年報』一〇、日本考古学協会、一九六三年
534 文京区教育委員会『文京区の文化史と史跡』一九六三年
535 坂詰秀一『古代の品川』品川区教育委員会、一九六三年
536 斎藤忠「大森貝塚の発掘」『日本の発掘』東京大学出版会、一九六三年
537 吉田格『石器と土器』（『石器時代の文化』一九五二年刊の改装新版）さ・え・ら書房、一九六三年
538 樋口清之『発掘』学生社、一九六三年
539 菊池義次「考古」『大田区の文化財』一、大田区、一九六四年
540 山内清男「縄文式土器・総論」『日本原始美術』縄文式土器一、講談社、一九六四年
541 江坂輝彌「縄文式土器・各論」『日本原始美術』縄文式土器一、講談社、一九六四年
542 磯崎正彦「図版解説」『日本原始美術』縄文式土器一、講談社、一九六四年
543 野口義麿「図版解説」『日本原始美術』縄文式土器一、講談社、一九六四年
544 吉田格「図版解説」『日本原始美術』縄文式土器一、講談社、一九六四年
545 山内清男・甲野勇・江坂輝彌「参考図版」『日本原始美術』縄文式土器一、講談社、一九六四年
546 甲野勇「土偶」『日本原始美術』土偶・装身具二、講談社、一九六四年
547 甲野勇「動物形土製品」『日本原始美術』土偶・装身具二、講談社、一九六四年
548 西村正衛「骨角器と貝器」『日本原始美術』土偶・装身具二、講談社、一九六四年
549 野口義麿「図版解説」『日本原始美術』土偶・装身具二、講談社、一九六四年
550 貝塚爽平『東京の自然史』紀伊國屋書店、一九六四年
551 黒部渓三『板橋ものがたり』三友社、一九六四年
552 太田博太郎「弥生町貝塚はどこにあったか」『古代文化』一五―二、一九六五年
553 太田博太郎「弥生式土器の発見地」『日本歴史』二〇三、一九六五年

554 吉田格「東京都板橋区赤塚城址貝塚」『日本考古学年報』一三、日本考古学協会、一九六五年
555 清水潤三「海岸の歴史と風俗」『港区の文化財』一九六五年
556 菊池義次「考古」『大田区の文化財』二、河出書房、一九六五年
557 宮川茂「大森貝塚～大田区の歩み」『大田区報』二七六、一九六五年
558 江坂輝彌「縄文時代の生活と社会　生活の舞台」『日本の考古学』縄文時代、河出書房、一九六五年
559 岡本勇・戸沢充則「縄文文化の発展と地域性　関東」『日本の考古学』縄文時代、河出書房、一九六五年
560 金子浩昌「縄文文化の発展と地域性　貝塚と食料資源」『日本の考古学』縄文時代、河出書房、一九六五年
561 鎌木義昌「縄文文化の概観」『日本の考古学』縄文時代、河出書房、一九六五年
562 西村正衛「縄文時代の生活と社会　埋葬」『日本の考古学』縄文時代、河出書房、一九六五年
563 野口義麿「縄文時代の生活と社会　信仰」『日本の考古学』縄文時代、河出書房、一九六五年
564 臼井米次郎「復刻にあたって」『大森貝墟の由来』復刻版、大森貝塚保存会、一九六六年
565 槇尾豊「東京都居木橋A貝塚緊急調査〈予報〉」『立正考古』二五、一九六六年
566 樋口清之「石器時代の渋谷」『新修　渋谷区史』上、渋谷区、一九六六年
567 内田輝彦『江の島とモース博士』一九六六年
568 宇野信四郎「東京都北区飛鳥山遺跡の調査報告」『古代』四九・五〇、一九六七年
569 吉田格「板橋区中台馬場崎貝塚報告」『武蔵野』四六―二、一九六七年
570 内藤政恒「モールスの講演と欧化思想の潜在」『考古学ジャーナル』六、一九六七年
571 岩崎卓也「原始時代のころ」『文京区史』一、文京区、一九六七年
572 榎本金之丞「付一　お茶の水貝塚の調査」『文京区史』一、文京区、一九六七年
573 木下正史「付二　湯島切通貝塚の調査」『文京区史一』文京区、一九六七年
574 清水潤三「古代遺跡と遺物」『増上寺とその周辺　港区の文化財』三、港区、一九六七年
575 山内清男「東京都板橋区小豆沢発見の安行3C式土器」『先史考古学論文集』三、先史考古学会、一九六七年
576 酒詰仲男『貝塚に学ぶ』学生社、一九六七年
577 明治大学文学部考古学研究室『西ヶ原二丁目貝塚緊急発掘調査概報』一九六八年
578 吉田格・川崎義雄「東京都大田区下沼部貝塚出土の晩期縄文式土器」『石器時代』九、一九六九年

579 江坂輝彌『土偶と土面』春の特別展目録、サントリー美術館、一九六九年
580 金子浩昌・和田哲「板橋の考古学」『板橋区史』板橋区、一九六九年
581 藤森栄一『縄文式土器』中央公論美術出版、一九六九年
582 岡本勇「縄文後期文化　関東」『新版考古学講座』先史文化―無土器・縄文文化―三、雄山閣、一九六九年
583 藤森栄一『石器と土器の話』学生社、一九六九年
584 柴田富陽「目黒北辺の地質と貝塚」『郷土目黒』一四、一九七〇年
585 岩崎卓也「東京都湯島切通貝塚」『日本考古学年報』一九、一九七一年
586 宇野信四郎「東京都北区飛鳥山遺跡調査報告」『日本考古学年報』一九、一九七一年
587 大場磐雄「日本」『新版　考古学講座』一〇、特論（下）、雄山閣、一九七一年
588 可児弘明「原始時代のころ」『新修　北区史』北区、一九七一年
589 大槻信次「世田谷区北部の遺跡の概要」『考古学ノート』二、一九七二年
590 吉田格「板橋区中台馬場崎貝塚」『日本考古学年報』二〇、一九七二年
591 永峯光一・菊池義次・金子浩昌・小田静夫「豊島・板橋・練馬三区における考古学的調査」『北西区部文化財総合調査報告』東京都文化財調査報告書、東京都、一九七二年
592 飯島武次・山野井清人「本郷発見の地下式横穴遺構」『文化財の保護』四、東京都、一九七二年
593 小林達雄「縄文主要遺跡要覧」『新版　考古学講座』一一、別巻、雄山閣、一九七二年
594 鈴木公雄「伊皿子と木戸作―二つの縄文時代貝塚の比較をめぐって」『松本信広先生追悼論文集　稲・舟・祭』一九七二年
595 坂詰秀一『品川区史』通史編（上）、品川区、一九七三年
596 江坂輝彌「自然環境の変化」『古代史発掘』二、縄文土器と貝塚、講談社、一九七三年
597 江坂輝彌「縄文人の生活と土器」『古代史発掘』二、縄文土器と貝塚、講談社、一九七三年
598 渡辺誠『縄文時代の漁業』考古学選書七、雄山閣、一九七三年
599 金子浩昌「E・S・モースによって報告された大森貝塚出土の骨角製品、特に銛頭について」『古代』五八、一九七四年
600 関俊彦「大田区の遺跡（一）　日本考古学発祥の地―大森貝塚―」『史誌』一、一九七四年
601 関俊彦「大田区の遺跡（二）　海を見つめる弥生のムラ―大森望翠楼ホテル跡―」『史誌』二、一九七四年

602 菊池 義次『大田区史（資料編）』考古Ⅰ、大田区、一九七四年
603 江坂 輝彌「動物形土製品」『古代史発掘』三、土偶芸術と信仰、講談社、一九七四年
604 江坂 輝彌「獣面把手と人面付土器」『古代史発掘』三、土偶芸術と信仰、講談社、一九七四年
605 野口 義麿「土偶の研究史」『古代史発掘』三、土偶芸術と信仰、講談社、一九七四年
606 野口 義麿「土偶の変遷」『古代史発掘』三、土偶芸術と信仰、講談社、一九七四年
607 野口 義麿「遺構から発見された土偶」『古代史発掘』三、土偶芸術と信仰、講談社、一九七四年
608 斎藤 忠『日本考古学史』吉川弘文館、一九七四年
609 佐藤 達夫「向ヶ岡貝塚はどこか」『歴史と人物』四六、一九七五年
610 関 俊彦「大田区の遺跡（四）—馬込貝塚の住人—」『史誌』四、一九七五年
611 安孫子 昭二「文京区動坂遺跡」『調査・研究発表会』Ⅰ、一九七五年
612 江坂 輝彌『縄文式土器』小学館、一九七五年
613 大場 磐雄『太陽磐雄著作集』六 楽石雑筆上、雄山閣、一九七五年
614 桜井 清彦編『世田谷区史料』第八集 考古編、世田谷区、一九七五年
615 関 俊彦「大田区の遺跡（五）—馬牧の人たち—」『史誌』五、一九七六年
616 大坪 庄吾「下沼部貝塚を調べて」『史誌』五、一九七六年
617 清水 潤三「港区内の貝塚について—青山墓地内貝塚を中心として—」『港区の文化財—赤坂・青山—その二—』一二、一九七六年
618 坪井 清足「始源の美—可塑性への陶酔」『縄文』日本陶磁全集一、中央公論社、一九七六年
619 永峯 光一『荒川沿岸地区における考古学的調査』東京都埋蔵文化財調査報告、東京都、一九七六年
620 ドロシー・G・ウェイマン（蜷川 式胤 訳）『エドワード・S・モース』上・下、中央公論美術出版、一九七六年
621 小池 裕子「E・S・モースの大森貝塚における貝類の研究」『考古学研究（大森貝塚一〇〇年記念特集）』二四—三・四、考古学研究会、一九七七年
622 後藤 和民「モースと貝塚研究」『考古学研究（大森貝塚一〇〇年記念特集）』二四—三・四、考古学研究会、一九七七年
623 佐原 真「大森貝塚百年」『考古学研究（大森貝塚一〇〇年記念特集）』二四—三・四、考古学研究会、一九七七年
624 椎名 仙卓「E・S・モースと博物館」『考古学研究（大森貝塚一〇〇年記念特集）』二四—三・四、考古学研究会、

一九七七年
625 清水 潤三「大森貝塚の発掘」『考古学研究（大森貝塚一〇〇年記念特集）』二四―三・四、考古学研究会、一九七七年
626 関 俊彦「公開された『大森介墟の碑』」『考古学研究（大森貝塚一〇〇年記念特集）』二四―三・四、考古学研究会、一九七七年
627 戸沢 充則「日本考古学元年をおおった黒い影」『考古学研究（大森貝塚一〇〇年記念特集）』二四―三・四、考古学研究会、一九七七年
628 西岡 秀雄「大森貝塚の発掘から百年」『考古学研究（大森貝塚一〇〇年記念特集）』二四―三・四、考古学研究会、一九七七年
629 野村 増一「大森の碑を思う」『考古学研究（大森貝塚一〇〇年記念特集）』二四―三・四、考古学研究会、一九七七年
630 平井 尚志「わが大森貝塚と沿海州ヤンコフスキー貝塚の二つの発掘」『考古学研究（大森貝塚一〇〇年記念特集）』二四―三・四、考古学研究会、一九七七年
631 渡辺 直経「生物学者モースと考古学」『考古学研究（大森貝塚一〇〇年記念特集）』二四―三・四、考古学研究会、一九七七年
632 E・S・モールス（近藤 義郎・佐原 真 訳）「大森貝塚」『考古学研究（大森貝塚一〇〇年記念特集）』二四―三・四、考古学研究会、一九七七年
633 関 俊彦「大田区の遺跡（八）―モースと発掘一〇〇周年を迎えた大森貝塚―」『史誌』八、一九七七年
634 西岡 秀雄「大森貝塚の発掘一〇〇周年」『史誌』八、一九七七年
635 小林 達雄「縄文土器の世界」『日本原始美術大系』一、縄文土器、講談社、一九七七年
636 永峯 光一「土偶」『日本原始美術大系』三、土偶・埴輪、講談社、一九七七年
637 渡辺 直経・野口 義麿・椎名 仙卓『モースと大森貝塚』日本考古学協会、一九七七年
638 江坂 輝彌「日本の貝塚研究一〇〇年」『考古学ジャーナル』一四四、一九七八年
639 後藤 和民「貝塚のとらえかた」『考古学ジャーナル』一四四、一九七八年
640 江坂 輝彌「日本の貝塚研究一〇〇年 Ⅱ」『考古学ジャーナル』一四六、一九七八年
641 牛沢 百合子「E・S・モースと一九世紀的貝塚研究」『史誌』一〇、一九七八年
642 清水 潤三「伊皿子貝塚」『港区の文化財 高輪・白金―その二―』一〇、一九七八年

643 安孫子昭二「縄文式土器の型式と編年」『日本考古学を学ぶ（一）』有斐閣、一九七八年
644 戸沢充則「日本考古学とその背景」『日本考古学を学ぶ（一）』有斐閣、一九七八年
645 小林達雄『日本の美術』一四五、縄文土器、至文堂、一九七八年
646 動坂貝塚調査会『文京区動坂遺跡』一九七八年
647 石井則孝・金子浩昌・後藤和民・藤村東男・堀越正行『シンポジウム・縄文貝塚の謎』人物往来社、一九七八年
648 鈴木公雄「貝塚の研究と自然遺物」『どるめん』二四・二五、一九七九年
649 鈴木公雄「貝塚における貝の総量について（上・下）」『考古学ジャーナル』一七〇・一七一、一九七九年
650 西岡秀雄「世界史の memorandum 大森貝塚の時代から、その発見まで」『史誌』一一、一九七九年
651 近藤義郎「大森貝塚に学ぶ」『史誌』一一、一九七九年
652 吉田格「大田区下沼部貝塚雑考」『史誌』一一、一九七九年
653 芹沢長介「外国人による縄文時代の研究―ジョン・ミルンのばあい」『歴史公論』五―二、一九七九年
654 鈴木公雄「貝塚の調査」『自然科学と博物館』四六―四、一九七九年
655 中村若枝「港区伊皿子貝塚の調査」『調査・研究発表会』V、一九七九年
656 坂詰秀一「原始・古代の品川」『品川の歴史』品川区、一九七九年
657 前野日暮久保遺跡調査団『前野日暮久保遺跡』一九七九年
658 東京大学文学部『向ヶ岡貝塚―東京大学構内弥生二丁目遺跡の発掘調査報告―』一九七九年
659 斎藤忠『日本考古学史資料集成』二　明治時代一、吉川弘文館、一九七九年
660 斎藤忠『日本考古学史資料集成』三　明治時代二、吉川弘文館、一九七九年
661 斎藤忠『年表でみる日本の発掘・発見史』一　奈良時代～大正篇、日本放送出版協会、一九八〇年
662 斎藤忠『年表でみる日本の発掘・発見史』二　昭和篇、日本放送出版協会、一九八〇年
663 牛沢百合子「縄文貝塚研究史序説」『どるめん（特集　縄文貝塚の再検討）』二四・二五、一九八〇年
664 鈴木公雄「貝塚の研究と自然遺物」『どるめん（特集　縄文貝塚の再検討）』二四・二五、一九八〇年
665 近藤雅樹「大森貝塚の土器を描いて―土器との対話」『史誌』一三、一九八〇年
666 関俊彦「大森貝塚の土版について」『史誌』一三、一九八〇年
667 西岡秀雄「大森貝塚のカンニバリズム（Cannibalism）」『史誌』一三、一九八〇年

668 加藤緑「馬込貝塚（遺跡）表採の遺物」『史誌』一四、一九八〇年
669 安孫子昭二・秋山道生・中西充「東京・埼玉における縄文中期後半土器の編年試案」『土器資料集成図表―縄文時代中期後半の諸問題』神奈川考古一七、一九八〇年
670 関俊彦編『大田区史（資料編）』考古Ⅱ、大田区、一九八〇年
671 下沼部遺跡調査団『下沼部遺跡』一九八〇年
672 前田保夫『縄文の海と森』蒼樹書房、一九八〇年
673 太田博太郎「再び弥生式土器の発見地について」『日本歴史』三九三、一九八一年
674 安孫子昭二「主要遺跡・図版解説」『縄文土器大成』三、後期、講談社、一九八一年
675 安孫子昭二「縄文後期の土器　関東・中部地方」『縄文土器大成』三、後期、講談社、一九八一年
676 野口義麿・安孫子昭二「縄文後期の土器磨消縄文の世界」『縄文土器大成』三、後期、講談社、一九八一年
677 小林達雄「総論」『縄文文化の研究』四、縄文土器Ⅱ、雄山閣、一九八一年
678 永峯光一・坂詰秀一『江戸以前』東京新聞出版局、一九八一年
679 岡本勇「原始・古代」『豊島区史』通史編一、豊島区、一九八一年
680 舘野孝「渋谷区豊沢貝塚の調査」『調査・研究発表会』Ⅵ、一九八一年
681 中目黒遺跡調査団『中目黒遺跡』一九八一年
682 野本孝明『山王遺跡』一九八一年
683 港区伊皿子貝塚遺跡調査会『伊皿子貝塚遺跡』一九八一年
684 山崎京美「縄文貝塚産魚類遺体研究の歴史と今後の課題」『考古学と自然科学』一五、一九八二年
685 関俊彦・鈴木正博・鈴木加津子「大森貝塚の安行式土器（一）」『史誌』一七、一九八二年
686 関俊彦・鈴木正博・鈴木加津子「大森貝塚の安行式土器（二）」『史誌』一八、一九八二年
687 小野田正樹「海進・海退（Ⅱ）」『縄文文化の研究』一、縄文人とその環境、雄山閣、一九八二年
688 スチュアート・ヘンリ「海進・海退（Ⅰ）」『縄文文化の研究』一、縄文人とその環境、雄山閣、一九八二年
689 山口敏「研究のあゆみ」『縄文文化の研究』一、縄文人とその環境、雄山閣、一九八二年
690 今村啓爾「諸磯式土器」『縄文文化の研究』三、縄文土器Ⅰ、雄山閣、一九八二年
691 小田静夫「黒曜石」『縄文文化の研究』八、社会・文化、雄山閣、一九八二年

692 板橋区教育委員会『中台馬場崎貝塚B地点、予備調査報告書』一九八二年
693 渋谷区教育委員会『豊沢貝塚』一九八二年
694 江坂輝彌・小淵忠秋「世田谷区上野毛稲荷丸北遺跡の調査」『調査・研究発表会』Ⅶ、一九八二年
695 岡本東三「日本の美術」『日本の美術』一八九、縄文時代Ⅰ、至文堂、一九八二年
696 土肥孝「日本の美術」『日本の美術』一九〇、縄文時代Ⅱ、至文堂、一九八二年
697 安孫子昭二「港区西久保八幡神社貝塚」『東京の遺跡』一、一九八三年
698 谷井彪・宮崎朝雄ほか「縄文中期土器群の再編」『埼玉県埋蔵文化財調査事業団研究紀要』一九八二年
699 野本孝明「大田区馬込貝塚遺跡」『東京の遺跡』二、一九八三年
700 中島広顕「(仮)北区農研跡地遺跡の調査」『東京の遺跡』二、一九八三年
701 山崎京美「縄文時代の貝塚分布からみた海岸線と漁撈活動の復元―特に古川谷を中心として」『史学研究集録』八、一九八三年
702 堀越正行「谷奥貝塚の意味するもの」『史館』一五、一九八三年
703 関俊彦・鈴木正博・鈴木加津子「大森貝塚出土の安行式土器(三)」『史誌』一九、一九八三年
704 金子浩昌「狩猟対象と技術」『縄文文化の研究』二、生業、雄山閣、一九八三年
705 小池裕子「貝塚分析」『縄文文化の研究』二、生業、雄山閣、一九八三年
706 千浦美智子「糞石―コプロライト」『縄文文化の研究』二、生業、雄山閣、一九八三年
707 丹羽百合子「解体・分配・調理」『縄文文化の研究』二、生業、雄山閣、一九八三年
708 松井章「貝塚の情報性」『縄文文化の研究』二、生業、雄山閣、一九八三年
709 小林達雄「総論」『縄文文化の研究』五、縄文土器Ⅲ、雄山閣、一九八三年
710 戸田哲也「縄文」『縄文文化の研究』五、縄文土器Ⅲ、雄山閣、一九八三年
711 藤村東男「縄文土器組成論」『縄文文化の研究』五、縄文土器Ⅲ、雄山閣、一九八三年
712 戸沢充則「総論」『縄文文化の研究』七、道具と技術、雄山閣、一九八三年
713 堀越正行「貝器」『縄文文化の研究』七、道具と技術、雄山閣、一九八三年
714 安藤文一「翡翠大珠」『縄文文化の研究』九、縄文人の精神文化、一九八三年
715 稲野彰子「岩版」『縄文文化の研究』九、縄文人の精神文化、一九八三年

716 小島俊彰「有孔球状土製品」『縄文文化の研究』九、縄文人の精神文化、一九八三年
717 設楽博己「土製耳飾」『縄文文化の研究』九、縄文人の精神文化、一九八三年
718 稲荷丸北遺跡調査団『稲荷丸北遺跡』ニュー・サイエンス社、一九八三年
719 E・S・モース（近藤義郎・佐原真編訳）『大森貝塚』岩波文庫、岩波書店、一九八三年
720 堀越正行「貝塚—関東地方—」『日本歴史地図』原始・古代編（上）・『考古遺跡遺物地名表』原始・古代、柏書房、一九八三年
721 野本孝明「大田区大森貝塚遺跡」『東京の遺跡』三、一九八四年
722 大塚達朗「縄文時代後期加曾利B式土器の研究（I）」『東京大学文学部考古学研究室研究紀要』二、一九八三年
723 塩野栄「大森貝塚」『日本の遺跡発掘物語』二　縄文時代、社会思想社、一九八三年
724 安孫子昭二ほか「東京における縄文時代早期末・前期初頭土器集成図集」『神奈川考古』一七、縄文時代早期末・前期初頭の諸問題、一九八三年
725 玉利勲『発掘への執念　大森貝塚から高松塚まで』新潮社、一九八三年
726 坂詰秀一「奥東京湾　東京湾が大きかった頃」『クリエート』五八、佐藤工業株式会社、一九八四年
727 佐原真「シーボルト父子とモールスと—日本考古学の出発」『月刊文化財』二五〇、一九八四年
728 鈴木公雄「各種遺跡発掘の実際—貝塚」『考古学調査研究ハンドブックス』一、野外編、雄山閣、一九八四年
729 阿部朝衛「ジョン・ミルン論」『縄文文化の研究』一〇、縄文時代研究史、雄山閣、一九八四年
730 加藤稔「小金井良精論」『縄文文化の研究』一〇、縄文時代研究史、雄山閣、一九八四年
731 坂詰秀一「大山柏論」『縄文文化の研究』一〇、縄文時代研究史、雄山閣、一九八四年
732 関俊彦「エドワード・S・モース論」『縄文文化の研究』一〇、縄文時代研究史、雄山閣、一九八四年
733 永峯光一「坪井正五郎論」『縄文文化の研究』一〇、縄文時代研究史、雄山閣、一九八四年
734 林謙作「鳥居龍蔵論」『縄文文化の研究』一〇、縄文時代研究史、雄山閣、一九八四年
735 藤村東男『縄文土器の知識』Ⅱ—中・後・晩期—、東京美術、一九八四年
736 小野美代子『土偶の知識』東京美術、一九八四年
737 菊池義次・野本孝明「大田区馬込貝塚遺跡の調査」『東京都遺跡調査・研究発表会』Ⅸ、一九八四年
738 金子浩昌『貝塚の獣骨の知識—人と動物とのかかわり—』東京美術、一九八四年

739 戸沢 充則 編『遺跡が語る東京の三万年』柏書房、一九八四年
740 東北新幹線中里遺跡調査会『中里遺跡・発掘調査の概要Ⅰ』一九八四年
741 斎藤 忠『日本考古学史辞典』東京堂出版、一九八四年
742 東京都教育委員会『都心部の遺跡—貝塚・古墳・江戸—』東京都教育委員会、一九八五年
743 江坂輝彌「東京の貝塚調査一〇〇年史—戦前編—」『都心部の遺跡—貝塚・古墳・江戸—』東京都教育委員会、一九八五年
744 永峯 光一「都心部における貝塚の再発見と将来の展望」『都心部の遺跡—貝塚・古墳・江戸—』東京都教育委員会、一九八五年
745 永峯 光一・村松 篤「北区袋遺跡の調査」『東京都遺跡調査研究発表会』一九八五年
746 品川区教育委員会『東京都品川区 大森貝塚』一九八五年
747 品川区立品川歴史館『モース博士と大森貝塚』一九八五年
748 大田区史編さん調査会『大田区史』上巻、大田区、一九八五年
749 関 俊彦「ハインリヒ・シーボルトと日本考古学」『考古学の先覚者たち』中央公論社、一九八五年
750 太田 博太郎「弥生町貝塚の位置」『論争・学説 日本の考古学』四 弥生時代、雄山閣、一九八六年
751 磯野 直秀『モースその日その日 ある御雇教師と近代日本』有隣堂、一九八七年
752 坂詰 秀一『日本の古代遺跡』三二 東京二三区、保育社、一九八七年
753 吉岡 郁夫『日本人種論争の幕開け—モースと大森貝塚—』共立出版株式会社、一九八七年
754 関 俊彦「大森貝塚の位置」『論争・学説 日本の考古学』三 縄文時代Ⅱ、雄山閣、一九八七年
755 安孫子 昭二・宮崎 博 ほか「港区西久保八幡貝塚」『文化財の保護』一九、東京都教育委員会、一九八六年
756 東京都教育委員会「東京遺跡展」『文化財の保護 特集東京の遺跡展』一九、一九八七年
757 文京区教育委員会『文京区千駄木貝塚他発掘調査報告書』一九八八年
758 谷口 榮「大森貝塚出土の安行3式後半の土器群について（その二）」『品川歴史館紀要』四、品川区立品川歴史館、一九八八年
759 勅使河原 彰『日本考古学史 年表と解説』考古学選書［二］、東京大学出版会、一九八八年
760 椎名 仙卓『モースの発掘 日本に魅せられたナチュラリスト』恒和出版、一九八八年

761 磯野 直秀「日本におけるモースの足跡」『モースと日本』小学館、一九八八年
762 守屋 毅「モースとその日本研究」『モースと日本』小学館、一九八八年
763 佐原 眞「日本近代考古学の始まるころ」『モースと日本』小学館、一九八八年
764 磯野 直秀「進化論の日本への導入」『モースと日本』小学館、一九八八年
765 佐原 眞「日常茶飯の大切さ―モース蒐集の民具に学ぶ―」『モースの見た日本展 セイラム・ピーボディー博物館 モースコレクション』小学館、一九八九年
766 品川区遺跡調査会『居木橋遺跡一（A地区）―株式会社明電舎大崎会館新築工事に伴う発掘調査報告書―』品川区教育委員会、一九八九年
767 品川区遺跡調査会『居木橋遺跡二（D地区）』品川区教育委員会、一九八九年
768 岡本 健児「土佐における考古学の先覚者 松浦佐用彦」『土佐史談（市町村制百年記念 明治の土佐特集号）』一八二、一九八九年
769 荒川区『荒川区史』上巻、一九八九年
770 鈴木 公雄『貝塚の考古学』東京大学出版会、一九八九年
771 戸沢 充則 編『縄文人と貝塚』六興出版、一九八九年
772 荒川区教育委員会『日暮里延命院貝塚』一九九〇年
773 阿部 芳郎「西ヶ原貝塚小泉ビル地点出土の堀之内1式土器について」『文化財研究紀要』四、北区教育委員会、一九九〇年
774 高山 優・牟田 行秀「港区麻布本村町貝塚K地点の調査」『研究紀要』一、港区教育委員会、一九九〇年
775 常松 成人「縄文時代の土器製塩（二）―大森貝塚出土の製塩土器―」『考古学の世界』六、学習院考古会、一九九〇年
776 立正大学文学部考古学研究室『吉田格コレクション 考古資料図録』立正大学学園、一九九〇年
777 品川区遺跡調査会『池田山北遺跡 御殿山遺跡』品川区教育委員会、一九九〇年
778 大田区教育委員会『田園調布本町貝塚発掘調査 国史跡亀甲山古墳測量調査 昭和六三年度～平成三年度発掘調査概要』一九九一年
779 渡辺 ネウザ・小野 裕子・大井 晴男「伊皿子貝塚の再検討（下）―それを残した集団とその貝漁撈―」『考古学雑誌』七七―三、一九九一年

780 関 俊彦「考古学とモース—日本考古学の先駆者—」『関東の考古学』学生社、一九九一年
781 後藤 和民「関東における貝塚と考古学」『関東の考古学』学生社、一九九一年
782 品川区立品川歴史館『モース博士と大森貝塚　大森貝塚ガイドブック』一九九二年
783 岡本 勇「東京都池袋貝塚について」『武蔵野の考古学　吉田格先生古稀記念論文集』吉田格先生古稀記念論文集刊行会、一九九二年
784 加藤 緑「千鳥窪貝塚発見の縄文土器（Ⅱ）」『博物館ノート』№七二、大田区立郷土博物館、一九九二年
785 品川区遺跡調査会『池田北遺跡二』品川区教育委員会、一九九二年
786 品川区遺跡調査会『居木橋遺跡四（B地区）』品川区教育委員会、一九九二年
787 東北新幹線赤羽地区遺跡調査会『袋低地遺跡—考古編—』東北新幹線赤羽地区遺跡調査会・東日本旅客鉄道株式会社、一九九二年
788 植木 武・村上 征勝「千葉県貝塚データベースの計量分析（Ⅳ）—東京湾貝塚標準モデル作成—」『考古学における計量分析—計量考古学への道（Ⅲ）—』統計数理研究所、一九九三年
789 宮内 良隆・西本 豊弘「茨城県取手市中妻貝塚における多数合葬の考察」『日本考古学協会第五九回総会研究発表要旨』日本考古学協会、一九九三年
790 矢野 文明「中妻貝塚出土の安行式浅鉢形土器」『考古学の世界』九、学習院考古会、一九九三年
791 斎藤 忠『日本考古学史年表』学生社、一九九三年
792 品川区遺跡調査会『大森貝塚　平成五年度範囲確認発掘調査概報』品川区教育委員会、一九九四年
793 北区教育委員会『西ヶ原貝塚Ⅱ・東谷戸遺跡』一九九四年
794 安孫子 昭二「東京・大森貝塚」『季刊考古学』四八、雄山閣、一九九四年
795 北区史編纂委員会『北区史』資料編　考古一（西ヶ原貝塚）、一九九四年
796 小林 謙一「五領ヶ台貝塚出土土器について—江坂輝弥氏発掘資料の再提示を中心に—」『民族考古—大学院論集—』二、慶應義塾大学文学部民族学考古学研究室、一九九四年
797 松本 健「伊皿子貝塚遺跡第四号住居跡出土称名寺式小型深鉢形土器」『港区立港郷土資料館だより』二五、港区立港郷土資料館、一九九四年
798 戸沢 充則 編『縄文時代研究事典』東京堂出版、一九九四年

799 品川区遺跡調査会『池田北遺跡四』品川区教育委員会、一九九四年
800 品川区遺跡調査会『居木橋遺跡七（B地区）』品川区教育委員会、一九九四年
801 大坪 庄吾『東京の貝塚と古墳を歩く』大月書店、一九九五年
802 板橋区史編さん調査会『板橋区史』資料編一 考古、板橋区、一九九五年
803 品川区遺跡調査会『池田北遺跡五』品川区教育委員会、一九九五年
804 ドイツ-日本研究所『シーボルト父子のみた日本 生誕二〇〇年記念』ドイツ-日本研究所、一九九六年
805 北区史編纂調査会『北区史』通史編 原始古代、一九九六年
806 大田区教育委員会『大田区の縄文貝塚』一九九七年
807 北区教育委員会『中里貝塚一九九七 発掘調査概報』一九九七年
808 文京区遺跡調査会『神明貝塚』一九九七年
809 美浦村教育委員会『陸平貝塚～過去・現在・未来をつなぐ物語～』一九九八年
810 都内重要遺跡等調査団『都内重要遺跡等調査報告書 北区西ヶ原貝塚 港区丸山貝塚 三宅村大里遺跡 町田市相原窯跡』一九九八年
811 北区飛鳥山博物館『貝塚と縄文人のくらし』東京都北区教育委員会、一九九九年
812 杉山 博久『魔道に魅入られた男たち 揺籃期の考古学界』雄山閣、一九九九年
813 北区教育委員会『中里貝塚』二〇〇〇年
814 加藤建設㈱埋蔵文化財調査部『女塚貝塚』二〇〇〇年
815 植月 学「縄文時代における貝塚形成の多様性」『文化財研究紀要』一四、東京都北区教育委員会、二〇〇〇年
816 菊池 真・松岡 有希子「縄文後期の拠点集落とその領域―渋谷区豊沢貝塚を中心として―」『物質文化』七〇、物質文化研究会、二〇〇〇年
817 北区教育委員会『国指定史跡 中里貝塚二』北区教育委員会、二〇〇〇年
818 北区教育委員会『七社神社裏貝塚・西ヶ原貝塚Ⅲ・中里貝塚Ⅱ』二〇〇一年
819 斎藤 忠 監修・中山 清隆 編『江見水蔭「地中探検記」の世界 解説・研究編』雄山閣、二〇〇一年
820 品川区立品川歴史館『大森貝塚ガイドブック モース博士と大森貝塚』改訂版、品川区立品川歴史館、二〇〇一年
821 玉川文化財研究所『大田区雪ヶ谷貝塚』玉川文化財研究所、二〇〇二年

822 東京都埋蔵文化財センター『文京区お茶の水貝塚』二〇〇二年
823 目黒区教育委員会『目黒区東山貝塚遺跡六（Y地点）』二〇〇二年
824 小薬一夫・竹尾進「お茶の水貝塚」『たまのよこやま』五五、東京都埋蔵文化財センター、二〇〇二年
825 坂上直嗣・植月学「北区西ヶ原貝塚」『東京都遺跡調査・研究発表会二八　発表要旨』東京都教育委員会、二〇〇二年
826 坂上直嗣・植月学「西ヶ原貝塚発掘調査の成果」『文化財研究紀要』一六、北区教育委員会、二〇〇二年
827 中西道子『モースのスケッチブック』雄松堂出版、二〇〇二年
828 北区飛鳥山博物館『七社神社前遺跡の〝諸磯〟集落』北区教育委員会、二〇〇二年
829 北区教育委員会『北区西ヶ原貝塚Ⅳ』二〇〇三年
830 坂詰秀一・安孫子昭二・関俊彦・岡田一郎「シンポジウム　大森貝塚の歴史と現在」『品川歴史館紀要』一八、二〇〇三年
831 ㈱浅沼組東京本店埋蔵文化財担当室『目黒区東山貝塚遺跡七（Z地点発掘調査報告書）』二〇〇四年
832 北区教育委員会『西ヶ原貝塚Ⅳ』二〇〇四年
833 阿部芳郎『失われた史前学　公爵大山柏と日本考古学』岩波書店、二〇〇四年
834 美浦村教育委員会『茨城県稲敷郡美浦村　陸平貝塚―調査研究報告書一・一九九七年度発掘調査の成果―』二〇〇四年
835 文京ふるさと歴史館『弥生町遺跡発見一二〇周年記念　文京むかしむかし』二〇〇四年
836 テイケイトレード㈱埋蔵文化財事業部『羽沢貝塚』二〇〇五年
837 松島義章『貝が語る縄文海進―南関東＋2℃の世界』有隣堂、二〇〇六年
838 加藤緑『日本考古学の原点　大森貝塚』新泉社、二〇〇六年
839 美浦村教育委員会『茨城県稲敷郡美浦村　陸平貝塚―調査研究報告書二・学史関連資料調査の成果―』二〇〇六年
840 上田宏範『ロマイン・ヒッチコック―滞在二か年の足跡―』橿原考古学協会、二〇〇六年
841 鈴木克彦『注口土器の集成研究』雄山閣、二〇〇七年
842 小林達雄「縄文土器学事始―"SHELL MOUNDS OF OMORI"」『大森介墟古物編』を読む」『国学院大学考古学資料館紀要』二三、二〇〇七年
843 原祐一「弥生時代名称由来土器発見場所の推定―明治一七年本郷区向ヶ岡弥生町の土地利用状況」『国学院大学考古学資料館紀要』二三、二〇〇七年
844 坂詰秀一「貝塚研究の展望」『考古学ジャーナル（特集　縄文貝塚と社会　大森貝塚発掘一三〇周年記念）』五六二、ニュー

サイエンス社、二〇〇七年

845 阿部 芳郎「貝塚から縄文社会を読み解く」『考古学ジャーナル（特集 縄文貝塚と社会 大森貝塚発掘一三〇周年記念）』五六三、ニューサイエンス社、二〇〇七年

846 樋泉 岳二「貝殻成長線から見た縄文集落の形成」『考古学ジャーナル（特集 縄文貝塚と社会 大森貝塚発掘一三〇周年記念）』五六三、ニューサイエンス社、二〇〇七年

847 黒住 耐二「微小貝が解き明かす先史地表面の環境」『考古学ジャーナル（特集 縄文貝塚と社会 大森貝塚発掘一三〇周年記念）』五六三、ニューサイエンス社、二〇〇七年

848 西野 雅人「大型貝塚の群集する地域社会」『考古学ジャーナル（特集 縄文貝塚と社会 大森貝塚発掘一三〇周年記念）』五六三、ニューサイエンス社、二〇〇七年

あとがき

二〇〇七年の秋、普段は比較的広く感じる品川歴史館のロビーが全長六メートルにもおよぶ丸木舟で圧倒された。中里貝塚（東京都北区）出土の縄文中期の丸木舟が所狭しとばかりに展示されたのである。都内で唯一の出土事例とされるムクノキ材の丸木舟は、海に生きた縄文人のたくましい生活ぶりを髣髴する貴重な資料であった。

品川歴史館では、大森貝塚発掘一三〇周年の記念の年にあたり、国の重要文化財に指定された大森貝塚出土品を始めとして、エドワード・S・モースによる貝塚発掘にまつわる関係資料を一堂に集めた特別展を開催したのである。

私事となるが大森貝塚には、ひとつ思い出がある。今にして思えば冷や汗をかいてしまうような思い出である。今から三〇年前のこと、私は、その時に、期せずして教科書の中でしか知らなかった大森貝塚に遭遇することになった。折りしも大森貝塚発掘一〇〇周年の年であった。

周知のように大森貝塚には、記念碑が二つある。一つは一九二九年（昭和四）の品川区側の「大森貝塚」碑、もう一つは翌一九三〇年（昭和五）の大田区側の「大森貝墟」碑であり、ともに発掘当時の関係者が建てたものである。一九五五年（昭和三〇）に大森貝塚が国の史跡に指定されたが、当時、鉄道の線路沿いにあった記念碑は、近づくことにも難渋するような状態に置かれていた。

少し離れて建てられた二つの記念碑の周辺が史跡に指定されたことは、時の経過とともに明治時代の発掘調査の正確な場所がわかりにくくなっていたことにも起因する。

発掘調査の頃には「大井村発見の介墟」とも言われていたが、調査地が最寄の大森停車場に近いこともあって、その後、「大森貝塚」が貝塚の名称として定着した。

「大森」が大田区域の地名であったことも関係して、大田区の地元の人々の熱心な保存運動がおこり、保存会による多様な活動が展開された。

一方、品川区側の記念碑周辺は、荒れるに任されていたのである。この現状を憂えた大井在住の岡田一郎氏（元品川区教育委員会委員）など地元の篤志家により、貴重な大森貝塚を守ろうという機運が高まっていた。そこでまずは記念碑の案内板を設置するとの話が持ち上がったのである。

当時、品川区には埋蔵文化財の専門職員もいないことから、門外漢の私が説明文を書くこととなった。その内容は覚えていないが、適切な説明が書けたか、今でも心許ない気がしている。大森貝塚に行く度にそのことが、思い出されて一瞬、不安を覚えたのであった。

大森貝塚遺跡庭園の開設により、その説明板は役割を終えて、いつしか撤去された。

それから三〇年、品川歴史館で発掘一三〇周年を迎えたことは、奇遇であるとともに幸運なめぐり合わせであった。大森貝塚については、品川区の遺跡庭園整備にともなう発掘調査により、貝層の残存や縄文人の住居跡が発見されている。

発掘関係者が熱い思いを込めて建立した二つの記念碑は、今でも鉄道の線路沿いに静かにそして重々しく建っている。二つの記念碑は日本考古学発展の道を開いたモースとその弟子たちによる大森貝塚発掘の歴史的意義を、後世にずっと語り継ぐものとなろう。

品川歴史館での大森貝塚発掘一三〇周年記念の特別展も盛況のうちに終了した。

縄文の笛コンサート、しながわ観光協会共催の大森貝塚一三〇周年記念ツアー、大森貝塚クッキーの販売など特別展を彩るイベントも大森貝塚に関心をもつ多くの方々に喜ばれるところとなった。

特別展に合わせて大森貝塚を検証するシンポジウムを開催して、この機に多様な関心が寄せられていた大森貝塚研究の一区切りとすることができたことは喜ばしい。

本書では、考古学史研究の重鎮・斎藤　忠先生の貴重な特別寄稿を賜り、品川歴史館での記念講演会やシンポジウム「東京の貝塚を考える」を記録して一冊の本にまとめた。

掲載したディスカッション「貝塚研究の新視点と貝塚の保存・活用」では、最先端の研究成果を踏まえた検討がされて、貝塚研究の今後の展開に向けた多くの提言があった。
本書の刊行が、大森貝塚に新たな光が当たる契機となって、貝塚研究がさらに進展していく一助となれば幸いである。品川歴史館の特別展およびシンポジウムの開催にご指導・ご協力を賜った多くのみなさまに心より感謝したい。

二〇〇八年七月

品川区立品川歴史館　副館長　柘植信行

執筆者紹介（執筆順）

斎藤　　忠　大正大学名誉教授
永峯　光一　元國學院大学教授
小林　達雄　國學院大学名誉教授
坂詰　秀一　品川区立品川歴史館館長・立正大学名誉教授
松原　典明　石造文化財調査研究所所長
阿部　芳郎　明治大学教授
安孫子昭二　元東京都教育庁学芸員
樋泉　岳二　早稲田大学講師
岡崎　完樹　東京都教育庁埋蔵文化財係長・学芸員
中島　広顕　東京都北区教育委員会学芸員
秋山　邦雄　歴史環境計画研究所所長
宮崎　　博　東京都教育庁学芸員
江坂　輝彌　慶応義塾大学名誉教授
柘植　信行　品川区立品川歴史館副館長

ディスカッション風景（2007年11月11日）

東京《とうきょう》の貝塚《かいづか》を考《かんが》える

2008年11月5日　印刷
2008年11月20日　発行

監　修　坂　詰　秀　一
編　集　品川区立品川歴史館
発行者　宮　田　哲　男
発行所　株式会社　雄山閣
〒102-0071　東京都千代田区富士見2-6-9
振替 00130-5-1685　電話 03（3262）3231
FAX 03（3262）6938
印刷・永和印刷㈱　製本・協栄製本㈱

落丁本・乱丁本はお取替えします。　2008 Printed in Japan
ISBN4-639-02060-8 C1021